LES PRÉDATEURS

Borniche Story 2

DU MÊME AUTEUR

Aux Éditions Fayard

FLIC STORY (porté à l'écran avec Alain Delon et Jean-Louis Trintignant).
RENÉ LA CANNE (porté à l'écran avec Gérard Depardieu, Michel Piccoli et Sylvia Kristel).
LE GANG (porté à l'écran avec Alain Delon et Nicole Calfan).

Aux Éditions Grasset

LE PLAY-BOY.
L'INDIC (porté à l'écran avec Daniel Auteuil et Thierry Lhermitte).
L'ARCHANGE.
LE RICAIN.
LE GRINGO.
LE MALTAIS.
LE TIGRE.
LE BOSS.
VOL D'UN NID DE BIJOUX.
L'AFFAIRE DE LA MÔME MOINEAU.
LE CORÉEN.

Aux Presses de la Cité

LA FILIÈRE.
LA CIBLE.
KIDNAPPING.
BORNICHE STORY.
FRENCHIE.

Roger Borniche

LES PRÉDATEURS

Borniche Story 2

Récit

PRESSES DE LA CITÉ

ISBN 2-258-77737-5

PRÉFACE

La police est une aventure. Une grande et belle aventure que j'ai vécue au cours d'une vie particulièrement fertile en événements de toutes sortes. Aujourd'hui, je me suis fixé comme objectif de retracer des enquêtes que j'ai menées contre des ennemis de la société.

Flic Story, mon premier ouvrage, relatait le duel qui m'avait opposé, pendant près de trois années, à l'impitoyable tueur de l'après-guerre Émile Buisson. D'autres livres ont suivi dans lesquels j'abordais des aspects plus délicats de ma lutte contre le banditisme.

Certains truands m'étaient sympathiques. Je les ai dépeints dans *Borniche Story*, sous-titré *Gendarmes et Voleurs*.

Avec *Les Prédateurs* apparaissent d'autres « clients » qui ont semé la mort, fait trembler civils et policiers et ont souvent payé de leur vie l'égarement qui en avait fait des ennemis publics.

Mon récit est basé sur des faits authentiques. Cependant, pour préserver la vie privée et la réputation de personnes qui ont été emportées, malgré elles, dans le tourbillon des enquêtes criminelles ou qui ont, depuis, changé d'existence, j'ai modifié à dessein les noms de quelques personnages.

AVANT-PROPOS

28 février 1956.

L'hiver est en train d'agoniser en une de ces bourrasques de pluie qui balaient le boulevard, sifflent le long des immeubles, jettent sous les portes cochères les passants essoufflés. Fouettée par un vent de traverse, la rue Lepic n'échappe pas au déluge. Les caniveaux charrient une eau bouillonnante que les égouts, à demi engorgés, aspirent avec des borborygmes de tuyauterie. Enfouies dans leur suroît de pêcheur breton, les marchandes de quatre-saisons qui ont bâché leurs voiturettes se livrent, à l'abri des auvents, à un caquetage aussi futile qu'assourdissant. En cette matinée de février, il ne manque plus que l'Arche de Noé.

Les épaules tassées, le col relevé, je dévale la rue Blanche en direction de la rue Moncey. Elle ne m'a jamais paru aussi triste, la rue Moncey. Surtout quand je m'ébroue devant la porte palière de Me Carboni, l'index sur le bouton de sonnerie. Le carillon tinte bruyamment, dans la cage d'escalier, provoquant l'apparition d'un boy indochinois, un plumeau multicolore à la main. Je donne mon nom, le sésame fonctionne, l'entrebâilleur aussi. J'accroche ma pelure au portemanteau de la galerie, suis le gilet rayé rouge et noir jusqu'au salon d'attente où les tableaux de maîtres, le mobilier Empire et surtout le masque mortuaire de l'empereur Napoléon, en biscuit de Sèvres, témoignent de l'opulence du célèbre avocat.

Moi, je suis riche de l'autorisation d'exercer le métier d'agent privé de recherches dont le ministre de l'Intérieur m'a gratifié en récompense de quinze années de bons et loyaux services. Détective privé, en quelque sorte. Depuis neuf mois, j'ai restitué à la direction du personnel de la Sûreté les emblèmes qui faisaient de moi un flic à part entière. Je vole désormais de mes propres ailes. Avec des hauts et des bas, comme tout oiseau qui se respecte. Mais, comme l'oiseau, je suis libre, indépendant, heureux. J'avais accédé trop rapidement au sommet de la hiérarchie des inspecteurs principaux. L'horizon administratif était bouché. On avait nommé tant et tant de commissaires de police à la Libération, sur la foi d'actions de résistance parfois fictives, que toute admission au grade supérieur, au choix ou par concours, était exclue. En désespoir de cause, j'avais sollicité une mise en disponibilité qui m'avait exceptionnellement été accordée avec la possibilité de retrouver mes fonctions si, par malheur, mes investigations privées s'avéraient peu rentables. Par chance, elles avaient assez bien démarré.

Hier soir, donc, alors que je rentrais d'une difficile enquête dans le Sud-Ouest – une mutilation volontaire dans le but de percevoir une substantielle indemnité d'assurance – et que je m'apprêtais à me coucher, le coup de fil inattendu de Me Carboni m'avait laissé groggy. Dans la voix, d'habitude pleine de morgue, l'émotion perlait.

– Désolé de vous déranger, mais je voulais vous dire que Buisson, c'est pour demain. Si vous avez un message à lui transmettre...

Certes, Émile Buisson était un tueur et le verdict de la cour d'assises – une double condamnation à mort – avait paru équitable à plus d'un observateur. Mais nous avions parcouru un tel bout de chemin ensemble, depuis son arrestation, nous nous étions si souvent rencontrés, que j'en étais arrivé à souhaiter une commutation de peine. Durant cinq années, beaucoup mieux qu'un juge d'instruction ou qu'un avocat qui ne peuvent se consacrer qu'à leurs dossiers, faute de temps, je l'avais observé. La fréquence de nos contacts m'avait fait percer sa cuirasse, pénétrer son jardin secret. Des jours, des semaines, des mois durant, j'avais sondé, analysé, épié celui que la presse avait surnommé « l'ennemi public numéro un » et qui, sans regret aucun, aurait pu m'expédier au paradis des flics si je lui en avais laissé le temps. Son enfance malheureuse, son adolescence sans affection, son existence sans discernement, m'avaient conduit à éprouver pour l'être fruste que j'interrogeais, parfois sans ménagement, plus de pitié que de ressentiment. Avec une philosophie fataliste, Buisson acceptait son sort, haussant ses maigres épaules : « Le couvreur tombe du toit, le voleur va en prison, l'assassin à la Veuve. C'est normal que la société des braves gens se défende contre les voyous. »

Nos entretiens, sur fond de sympathie, en dehors des affaires qui me préoccupaient, m'avaient permis de découvrir, reléguées au fond de son être, une sentimentalité un peu mièvre et romanesque, une tendresse inavouée pour les enfants mal aimés, les animaux maltraités. Les experts psychiatres qui l'avaient tout d'abord déclaré irresponsable et avaient prescrit son internement à vie dans un asile, jugeant qu'il se trouvait en état de démence lorsqu'il avait commis ses crimes, avaient vite révisé leur jugement quand il s'était évadé de Villejuif. Comme un seul homme, ils avaient affirmé à la barre que l'accusé n'était pas fou au sens de l'article 64 du Code pénal et qu'il les avait tout simplement abusés. D'après eux, la peine de mort était applicable. A quoi tient le diagnostic d'un psychiatre expert près les Tribunaux !

– Vous m'entendez, Borniche?

– Oui, maître. Dites-lui adieu de ma part. Si vous voulez, je vous appellerai demain.

– Passez plutôt vers neuf heures à mon cabinet. Je serai rentré.

Avec Carboni, nous avions eu des mots, aux assises, lorsque mon témoignage contrecarrait les intérêts de ses clients. Curieusement, en cette soirée du 27 février 1956, l'exécution de Buisson nous rapprochait.

Charles Carboni me désigne un fauteuil, face à l'imposant bureau d'acajou aux bronzes ciselés, que domine le portrait de l'Empereur. Ses traits sont tirés.

– Il m'a remis une lettre à votre intention, dit-il. Une autre pour sa sœur Ninette.

A l'intérieur de l'enveloppe, quelques lignes d'une écriture maladroite, sur un feuillet de papier quadrillé. Je lis : « Monsieur l'inspecteur. J'aurais aimé que vous soyez là. J'emporte de vous l'image d'un gars propre. Merci pour l'aide que m'a apportée aussi votre femme. Vous avez été sympa tous les deux. Un conseil avant le saut final. Si vous êtes un jour amené à arrêter un type comme moi, soyez moins nerveux au téléphone. Votre communication dans l'auberge était bidon. Je l'ai réalisé trop tard. Sans ça, je ne serais pas là. Je meurs innocent. Adieu. Buisson. »

Je ferme les yeux. Instantanément, ma pensée m'entraîne vers la prison de la Santé. Il est quatre heures du matin. Dans la cour aux pavés luisants, sous le feu d'un projecteur, un aide-bourreau, en salopette, vérifie le parallélisme des bois de justice. Il doit être rigoureux pour que le couperet glisse, lourdement, dans les rainures. L'homme s'applique, un niveau à bulle d'air à la main. Près de lui, son collègue tire du ventre du fourgon garé dans un coin obscur de la cour un énorme panier en osier, rempli de sciure. Il sifflote, prend du recul pour admirer le jeu de construction de son camarade. La pluie redouble.

A l'abri d'un auvent, le bourreau André Obrecht, qu'une « petite faim » tenaille avant chaque décapitation, attend. Comme son oncle, Anatole Deibler, comme son cousin, Henri Desfourneaux, il a hérité du titre d'Exécuteur des hautes œuvres puisque, suivant la tradition, la charge se transmet en famille. Obrecht a fait ses classes en tant qu'assistant au lendemain de la Grande Guerre. Il avait vingt-deux ans. A l'époque, les exécutions capitales étaient monnaie courante.

Pourtant, rien ne le prédestinait à devenir le bourreau de la République. Il avait débuté dans la vie comme apprenti-ajusteur. C'est sans doute en souvenir de son ancienne profession qu'il a perfectionné son outil de travail en remplaçant le système à glissière du docteur Guillotin par des roulements à billes, plus performants. Il a voulu que les trente-deux kilos du couperet tombent plus vite. Il a fait aussi élargir la lame de quatre centimètres afin que la décollation soit totale. « Je donne la mort sans couper à côté », dit-il. Quand la planche verticale bascule sous le poids du condamné, positionnant la tête sous la demi-section de la lunette, c'est encore André Obrecht, bourreau consciencieux, qui centre convenablement la nuque avant de refermer la partie supérieure.

Un serviteur efficace de la République à qui la mort ne coupe pas l'appétit.

Derrière la porte vitrée d'accès à la détention, voilée de noir, en haut des trois marches, les notables sont là, vêtus de sombre pour la circonstance. Un tapis a été tendu pour étouffer leurs pas. La communauté carcérale doit ignorer l'exécution. La stature du président Jadin écrase la petite taille de l'avocat général Cunéo. Le directeur de la prison, le surveillant-chef, le médecin-légiste chargé de constater le décès arborent un visage de cire. Dans sa cellule, Buisson, réveillé en sursaut, a d'abord tempêté, juré, insulté les gardiens. Puis il s'est calmé, s'est confessé, a communié. L'aumônier, le père Devoyod, prie devant lui, un chapelet dans ses doigts fins. Devant la porte grande ouverte, Me Carboni, que les magistrats ont rejoint, attend, blême, le regard dissimulé derrière des verres fumés.

Débarrassé de ses chaînes et de ses vêtements de bure, Buisson endosse maintenant le costume gris, à filets clairs, tacheté, fripé, qu'il portait le jour de son arrestation et que les gardiens ont sorti du greffe. Le voici en tenue civile comme pour une libération. La troupe se met en marche, se dirige à pas feutrés vers une cabine, antichambre de la mort. D'un trait, Buisson avale le traditionnel verre de rhum, s'assied, remplit le bulletin définitif de sortie. Le crayon qu'on lui tend court sur les feuillets d'écolier. Muet, Me Carboni assiste aux pages d'écriture.

Au tour d'un aide-bourreau d'entrer en scène. Les cheveux noirs de Buisson ne sont pas si longs. De quelques coups maladroits qui cisaillent le silence, il échancre surtout le col de la chemise, là où le tranchant du couperet ne doit pas rencontrer de résistance. Le regard de Buisson est ailleurs. Pas un mot, pas une plainte. On lui lie les mains derrière le dos. Le convoi repart, silencieux, vers la destination fatale.

Les lèvres de l'aumônier continuent à frémir. Buisson avance dans le couloir à petits pas, courbé en avant, en raison des liens serrés qui l'entravent. Les aides-bourreaux le soutiennent par les coudes. La porte voilée lui apparaît. Lorsqu'elle s'ouvrira, Buisson butera contre la planche verticale qui basculera pour amener son cou à la hauteur du carcan. Il n'en est qu'à quelques mètres. L'aréopage de magistrats marque le pas. Justice va être faite.

Ce n'est plus qu'une question de secondes. La porte s'ouvre, sans ménagement, les aides plaquent Buisson contre la planche.

Je quitte mes pensées. Une question me brûle les lèvres.

– Il est mort comment, maître?

– Courageusement, mais avec le sentiment que je ne l'avais pas bien défendu. Juste avant de basculer, il a tourné la tête de mon côté et m'a lancé : « Maître, la Société va être contente de vous. » Dur, pour un avocat, non?

J'ai retrouvé la rue Blanche que de larges gouttes de pluie étoilent. Je me hâte, à grandes enjambées, vers mon douillet trois-pièces-cuisine de la butte Montmartre qui met Paris à mes pieds. Je ne suis pas seul. Le fantôme de Buisson m'accompagne. Dans la poche de mon imper aux épaules trempées, mes doigts triturent la lettre de cet homme qui repose maintenant, la tête entre les jambes, dans le carré des condamnés à mort du cimetière de Thiais. Un coin de terre anonyme que nul ne viendra fouler.

L'ondée a cessé. Je me faufile à travers les voitures des marchandes de quatre-saisons, pousse le portail de l'immeuble, grimpe l'escalier aux marches raides. Je vais retrouver ma femme, Marlyse, qui, six ans plus tôt, avait passé les menottes à Buisson. La scène de l'arrestation me revient en mémoire. Dans un ruissellement de soleil de ce mémorable début d'après-midi de juin 1950, les Parisiens se pressaient sur la nationale 13, en direction de Deauville. Plusieurs couples, pour se rafraîchir, s'étaient assis sous les parasols de l'Auberge de la Mère Odue, à Claville, à dix kilomètres d'Évreux. Les gens heureux n'ont pas d'histoire. Ceux-là ne pouvaient soupçonner le drame qui se jouait à l'intérieur de l'établissement. Drame qui tournait à mon avantage. Marlyse délestait Buisson de son Colt pendant que je le ceinturais de toutes mes forces.

– Bouge pas, Émile, tu es fait!

Une fois Buisson réduit à l'impuissance, un homme, court sur pattes, au masque de bouledogue, avait fait irruption dans la salle. Un Américain, en vacances. Je lui avais baragouiné combien le tueur était dangereux. Il avait sorti de son portefeuille une carte de visite, demandé à Buisson de la signer, puis à Marlyse et à moi. Scène étrange. Buisson, calme, lointain, les mains cerclées d'acier, s'était exécuté. Machinalement, j'avais apposé ma signature sur la carte, encore brûlant du feu de l'action qui m'avait tenu sur mes gardes plus d'une heure, face au bandit. Au moment de restituer la carte, j'avais pu lire :

John Edgar Hoover
Director
Federal Bureau of Investigations
Washington

Il ne nous restait plus qu'à regagner Paris. Un interminable interrogatoire, qui devait durer cinq années et permettre de solutionner trente-six meurtres et agressions à main armée, commencerait dès le lendemain.

***

Depuis qu'à son corps défendant Émile Buisson fréquente mon bureau, depuis qu'à son insu je l'observe, je me demande pourquoi la société engendre de tels prédateurs. Jamais, au cours de mon métier de flic, je n'ai jusqu'alors rencontré de cas semblable. Une enfance malheureuse est-elle seule responsable d'une telle vocation criminelle? La folie n'y est-elle pas pour une grande part?

Quand, du haut de ses cent cinquante-neuf centimètres, il se penche sur son passé, Buisson ne peut que revoir le cloaque de Paray-le-Monial où il naquit, le 19 août 1902, à l'heure de la soupe, au beau milieu d'une cuisine de terre battue.

– Celui-là, ce sera un phénomène, avait décrété son ivrogne de père, briquetier en fours de boulangerie, entre deux lampées de gros rouge.

Il ne croyait pas si bien dire. A l'âge où les petits garçons apprennent à lire, Émile, favorisé par sa taille, éduqué par son frère Jean-Baptiste, dit le Nuss, de huit ans son aîné, se perfectionne dans le vol des tiroirs-caisses. Le stratagème est simple : les deux frères entrent dans une boutique, Émile se précipite sous le comptoir, le Nuss demande le prix d'un sucre d'orge et sort. Quand l'épicière regagne son arrière-boutique, Émile rafle le contenu du tiroir et s'enfuit, laissant la porte grande ouverte. La commerçante pense d'abord à une plaisanterie de gamin. Elle déchante vite en constatant la disparition de la recette.

Les plaintes affluent à la gendarmerie à laquelle on a aussi signalé le pillage en règle des clapiers de la cité.

– C'est la bande à Buisson, commence-t-on à murmurer.

Les gendarmes tendent un piège dans lequel Émile se précipite tête baissée. Mais il met tant d'acharnement à nier les faits que le président du tribunal pour enfants de Charolles en est ébranlé. Émile est acquitté.

Raide comme la justice, lissant ses moustaches en guidon de bicyclette, le père Buisson subit les remontrances du magistrat. Puis il quitte le prétoire, traînant Émile par la main, et s'en va noyer ses remords dans les cafés de la ville.

François Buisson n'était pas tendre. Quand il rentrait le soir à la maison, saoul perdu, rond comme une queue de pelle, il mangeait sa soupe en l'aspirant bruyamment. Sans raison, il quittait alors sa chaise et se mettait à brutaliser sa femme. La séance finissait toujours de la même façon. Sans se soucier de la présence des enfants, il lui relevait les jupes et la pénétrait en bavant des injures. Onze fois enceinte, cinq mort-nés, six enfants vivants : Cassius, Jean-Baptiste, Eugénie, Émile, Emma et Jeanne, la dernière, en 1911. La malheureuse femme, épuisée, devait mourir folle l'année suivante. Émile avait dix ans.

– Elle avait beau hurler, les voisins ne bougeaient pas, m'avait-il dit au tout début de nos entretiens. Ailleurs, c'était la même chose que chez nous. Avec Jean-Baptiste, on intervenait. Je plongeais de toutes mes forces dans les jambes de mon père, il était tellement plein de vin que j'arrivais à le faire tomber. Quand il était à terre, le Nuss lui tapait sur le crâne avec une grosse louche et l'assommait. Après, on l'abandonnait pour aller nous coucher. Bien sûr, on ne gagnait pas à tous les coups. Le vieux nous envoyait souvent dinguer au bout de la pièce. Et il recommençait avec ma mère. Ça explique qu'elle ait été enceinte si souvent. Elle accouchait toute seule dans la cuisine. Quand les douleurs la prenaient, elle remontait ses jupes et poussait en braillant. Le moutard sortait. Nous, qu'il vive ou qu'il ne vive pas, on s'en foutait : avec le Nuss on allait l'enterrer dans un champ. Des fois, on le découpait au hachoir pour que les morceaux passent mieux dans les latrines. Ça faisait des bouches de moins à nourrir.

François le briquetier ne rapportait jamais d'argent à la maison. Ou si peu qu'il fallait que les enfants aillent voler pour manger. Il les encourageait. Pas longtemps, puisqu'il sombra à son tour dans la démence et décéda à l'hôpital psychiatrique.

A seize ans, Émile est condamné pour vol. C'est sa première peine, quinze jours avec sursis. Cela aurait dû le faire réfléchir. Mais il récidive et son casier judiciaire s'allonge avec une régularité de métronome. Années de prison et interdictions de séjour ne sont pas faites pour l'amender puisqu'il vit désormais dans le milieu très spécial des hors-la-loi. On l'expédie dans l'infanterie coloniale, à Ouezzan, au Maroc, où il se familiarise avec les armes. Il obtient le « cor de chasse », récompense décernée aux meilleurs tireurs. Il fait le coup de feu contre Abd el-Krim, est blessé, décoré, pensionné. Démobilisé, il rejoint Jean-Baptiste à Paris. Un autre voyou, surnommé « Petit Bleu » à cause de tatouages aux yeux et sur les mains, se joint à eux. Le trio écume les pavillons de banlieue. Jusqu'au jour où « Petit Bleu » préfère le guet à l'action directe. Méfiant, Émile l'observe. Et, incidemment, derrière un bosquet, il aperçoit des képis de gendarmes. On ne reverra jamais plus « Petit Bleu » vivant.

En 1925, Émile est arrêté pour escroquerie. Il intimide tellement son accusateur que celui-ci se rétracte. Émile obtient un non-lieu. Il devient le champion incontesté des non-lieux pendant plusieurs années tant les plaignants le craignent ou disparaissent subitement de la circulation.

Si la prison est, selon certains, l'école du vice, on peut dire qu'Émile a été un bon élève. Discret lors des interrogatoires, froid dans l'exécution de ses forfaits, il commence à se faire un nom dans le milieu de la pègre où bientôt son prestige s'affirme à la suite de nouvelles exécutions de complices peu réguliers. On le recherche pour la réalisation de coups importants, on admire sa maîtrise et son ingéniosité, on vante sa loyauté dans les partages. Le loup solitaire devient chef de file. En décembre 1937, à Troyes, il réalise le hold-up qui restera un modèle du genre dans les annales du crime. En l'espace de quelques secondes, une somme de 1 800 000 francs, considérable pour l'époque, change de mains. L'ennemi public numéro un est né.

1937! C'était le temps où je n'étais pas encore flic. Si Buisson m'avait rencontré dans la rue, il ne m'aurait même pas regardé. Comment aurait-il deviné que ce jeune homme maigre et râpé serait à ses trousses pendant trois années? Il arpentait, sûr de lui, le pavé de la capitale, entouré de malfrats prêts à tout. Il avait l'argent, il jouissait d'une honteuse puissance. Moi, j'étais seul, je n'avais rien. Dans ce monde peuplé de bruits de bottes, je ne savais même pas ce que j'aurais pu souhaiter. De manger à ma faim, peut-être. Fût-ce grâce au contrat mirobolant qu'Auguste, le régisseur du Petit-Casino, un music-hall du boulevard Montmartre, m'avait promis si je réussissais mon audition de comique-troupier. Las! elle était reportée de semaine en semaine, cette audition. Louise Daville, mon professeur de chant, ne m'estimait pas suffisamment prêt. Chaque jour, je m'en allais alors vanter la supériorité des registres à feuillets mobiles pour lesquels, moyennant un salaire dérisoire, la société Kalamazoo m'avait engagé. J'ouvrais les narines pour mieux humer les plats des restaurants huppés que lui, Émile, devait fréquenter. Je n'avais encore jamais entendu parler de lui, ni de son frère Jean-Baptiste, ni de ses amis Abel Danos, Francis Guillo ou Roger Dekker.

Ils ne perdaient rien pour attendre. Mais ils ne le savaient pas. Moi non plus. Nos destinées ne s'étaient pas encore croisées. Les uns et les autres pillaient ou tuaient en toute impunité. Moi je vivais triste, dégoûté, désœuvré, le roman d'un jeune homme pauvre dans l'attente d'un hypothétique vedettariat que mon indiscutable talent devait un jour me procurer.

Les années 38 et 39 furent loin de concrétiser mes espoirs. Les nuages s'accumulaient sur l'Europe. L'armée allemande avait envahi l'Autriche, Chamberlain et Daladier donnaient satisfaction aux revendications de Hitler et de Mussolini, l'Italie avait annexé l'Albanie. La conquête éclair de la Pologne par les nazis inaugurait une nouvelle et terrible façon de conduire la guerre. Moi, chassant un cachet de plus en plus rare, j'étais à mille lieues de me douter que j'embrasserais la carrière policière, pour me préserver d'un départ en Allemagne au titre du Service du Travail Obligatoire. J'étais surtout loin de soupçonner que j'aurais à connaître le monde de la truanderie, de ces vedettes du crime dont les exploits faisaient la une des journaux, de ces prédateurs qui choisissent de vivre dans l'illégalité.

En pénétrant le Milieu, j'ai pu me rendre compte que ses membres possédaient des qualités et des facilités susceptibles d'assurer leur réussite dans un cadre normal, mais qu'ils s'avéraient incapables de les utiliser, en raison de carences affectives ou éducatives dont ils avaient souffert dans leur prime jeunesse. La plupart d'entre eux avaient déserté l'école, n'avaient reçu aucune instruction religieuse, étaient dans l'impossibilité de différencier le bien du mal. Inadaptés sociaux, ils s'abritaient derrière une personnalité de substitution, affichaient une supériorité qui n'était que mise en scène et qui s'effondrait vite dans mon bureau de la rue des Saussaies.

Avant de m'attaquer aux gros bonnets du banditisme, je n'avais eu à connaître que des crimes sordides qui m'avaient mis le pied à l'étrier policier et m'avaient tristement éclairé sur la nature humaine. J'appartenais alors à la 1re brigade de police judiciaire, 42 rue de Bassano à Paris, à deux pas des Champs-Élysées. Un bel hôtel particulier réquisitionné par le ministère de l'Intérieur abritait le service régional dont la compétence s'étendait sur les départements de Seine, Seine-et-Oise, Seine-et-Marne, Oise et Eure-et-Loir. Je devais y rester jusqu'en 1949, avant ma mutation pour convenances personnelles à la Direction des services de police judiciaire.

C'est rue de Bassano, dans la brigade du commissaire Camard, que j'avais fait mon apprentissage de flic.

L'INCONNUE DE SAINT-NOM

Théophile Laffitan fonce dans le matin d'hiver, sous le ciel bas, comme une locomotive dans un tunnel. La route se jette dans nos phares. Je frissonne. Ni de froid ni de peur. D'angoisse, seulement. De ce trac qui me guettait lorsque, piètre comédien, je tâtais les feux de la rampe [1]. Ma langue se colle au palais. Mes lèvres sont sèches. Tandis que la traction avant dévore l'asphalte, c'est à mon avenir de flic que je pense. Les images du commissaire principal Camard, le colosse blond aux lunettes d'écaille qui commande la brigade, se succèdent au rythme du parcours. Quand il m'a sifflé tout à l'heure dans mon pigeonnier comme on siffle un chien fidèle, j'ai manqué de réflexe. J'aurais dû faire le mort, ne pas répondre à son coup de sonnette, rester terré dans ma planque de policier de bureau, à continuer mon petit bonhomme d'étiquetage de sondes et de spéculums qui font de mon gourbi un bazar à avortements. Au lieu de cela, je me suis précipité sur le

1. Voir *Borniche Story, Gendarmes et Voleurs*, aux Presses de la Cité.

téléphone, un appareil sans cadran qui permet au standardiste, caché dans son réduit sous le monumental escalier d'honneur, de contrôler les communications.

– C'est vous, Borniche?

Que me voulait-il, le grand dispensateur des notes, bonnes ou mauvaises, de fin d'année? Deux mois plus tôt, il m'avait fait quitter mon perchoir pour m'annoncer, renfrogné à son habitude, ma titularisation en tant qu'inspecteur de quatrième classe, troisième échelon. Le bas du tableau. Depuis, c'était la première fois que j'avais l'honneur d'entendre le son de sa voix.

– Oui, monsieur le Principal.

– Si vous voulez descendre...

La sécheresse de ton ne présageait rien de bon. Sans doute avait-il buté sur une définition mystérieuse de son jeu quotidien? Son premier soin, en arrivant au service, est de se jeter sur les grilles des mots croisés des journaux du matin. J'avais reposé la boîte de crayons abortifs que je me disposais à sceller de cire rouge, emprunté l'escalier de service qui, au troisième étage, traverse l'office aux carreaux rouges et blancs de l'ancien hôtel particulier, rejoint l'escalier principal en bois sculpté. Sur le palier du premier étage, à gauche du secrétariat, j'avais frappé à la porte directoriale. Je ne m'étais pas trompé : une colonne verticale du *Figaro* avait résisté au passionné cruciverbiste.

Camard m'avait toisé un moment, en silence, avant de lâcher :

– Je me suis laissé dire que vous ne vous plaisez pas dans l'équipe du commissaire Juffin, Borniche?

C'était doncça! Juffin, le gendarme parachuté commissaire, Juffin l'onctuosité faite homme, le sourire patelin et l'œil pétillant de malice derrière les lunettes cerclées de métal, était venu se plaindre de mon peu d'empressement à exécuter les missions qu'il m'imposait. Pourtant, je ne l'avais pas pris en traître. Depuis mon affectation dans son groupe, je l'avais à plusieurs reprises avisé que si un poste nouveau ne m'était pas offert, je quitterais la police, cette fois de mon plein gré. Parce que je n'avais pas voulu arrêter des patriotes, le gouvernement de Vichy m'avait révoqué. J'espérais que mes nouvelles fonctions me permettraient de procéder à des enquêtes dignes de ce nom. Or, avec Juffin, je me coltinais des sales besognes, je menais des investigations plus sordides les unes que les autres, je vérifiais des dénonciations anonymes sur de soi-disant collaborateurs, inspirées pour la plupart par des motifs méprisables. La grande spécialité du bureau, c'était surtout de traquer des avortées, épouses de prisonniers dont, avec une joie sadique, Juffin tirait les aveux après avoir épluché les registres des entrées des hôpitaux et des cliniques de la région parisienne. La chasse aux malheureuses me déplaisait. Je m'avilissais chaque jour davantage. Comme j'abhorrais les brutalités qu'un commissaire et son équipe infligeaient dans un bureau voisin aux suspects de collaboration qui tombaient entre leurs mains. Le même commissaire et la même équipe qui, sous l'Occupation, torturaient Juifs, résistants et communistes.

– Ce n'est pas que je ne me plaise pas mais j'aimerais faire de la vraie police, monsieur le principal. Traiter des affaires criminelles intéressantes, comme le font les équipes Bonnel, Delamour ou Prioux, par exemple.

Le regard avait brillé derrière les verres épais.

– Eh bien, vous allez être gâté, mon vieux! La gendarmerie de Marly-le-Roi vient justement de me signaler la présence d'un cadavre de femme inconnue, à Saint-Nom-la-Bretèche. Vous prenez Cocagne, Laffitan comme chauffeur, et vous foncez. Un gendarme vous attendra à l'entrée de Marly, je les préviens. Si vous réussissez, tant mieux. Dans le cas contraire...

Camard avait laissé la phrase en suspens. Mais en fermant derrière moi la porte vitrée, masquée par un rideau de tulle, j'avais soudain pris concience qu'il était du plus grand intérêt de ne pas rater l'affaire.

Ma première affaire criminelle.

Des filaments de brouillard s'étirent sur les pelouses du bois de Boulogne. Les cônes lumineux du pont de Saint-Cloud dessinent des cercles luisants sur le macadam. En ce terrible hiver 45, la France tout entière grelotte. Il est impossible de trouver un sac de charbon. Le gaz est coupé chaque soir à neuf heures, l'électricité entre huit heures du matin et dix-sept heures. La carte de pain est toujours en vigueur et la ration de viande ne peut dépasser cent cinquante grammes par semaine.

Nous attaquons la montée vers Versailles sans rencontrer grande circulation. Quelques flocons de neige nous surprennent. Les essuie-glaces couinent sur le pare-brise encore sec comme un métronome rouillé. La bretelle de sortie se présente bientôt. Laffitan s'y engage puis vire en direction de Marly. Il conduit sans ralentir, comme s'il avait fait le parcours toute sa vie. Un chauffeur sympa, Théo, aux cheveux bruns crantés, au rire franc, à l'accent du Sud-Ouest. Sur la banquette arrière, coincé entre une roue de secours et sa mallette, bric-à-brac d'objectifs, de pinceaux et de poudre pour relevés d'empreintes, Georges Cocagne, le vétéran de l'appareil à soufflets, râle. Sa permanence de nuit sur le lit-cage du laboratoire d'identité – un bien grand mot puisqu'il s'agit, en fait, d'une cuisine désaffectée – s'achevait dans le calme lorsque Camard l'avait privé de son jour de repos. Son matériel à la main, il m'avait rejoint à contrecœur devant l'entrée le porche de la brigade. Laffitan, moteur tournant, nous attendait.

A l'entrée de Marly, une lampe-torche s'agite. Le gyrophare bleu d'une fourgonnette passe et repasse sur les arbres, qui prennent une teinte morbide. La Citroën s'arrête, Théo baisse la glace. Sous le képi, une trogne écarlate s'incruste dans l'encadrement. La bouche crache des nuages de buée.

– L'adjudant m'a dit de vous guider jusqu'à la Fausse Porte de la Tuile. Parce que c'est pas facile à trouver quand on connaît pas, vu que c'est pas commode...

– On vous suit, monsieur de La Palice, plaisante Laffitan après avoir vivement remonté la glace.

L'air froid et humide a envahi l'habitacle. Les codes jaunes de la onze légère collent aux feux rouges du fourgon. Nous suivons une allée bordée d'arbres de plus en plus hauts, roulons sur un tapis de feuilles de plus en plus épais, de plus en plus glissant. Je me dis que l'été, le paysage est sans doute idyllique mais que, par ce temps qui gèle le sang et paralyse les membres, l'endroit n'est guère propice aux promenades sentimentales. Le café de gland que j'ai ingurgité avant de quitter mon trois-pièces est déjà loin.

Au bout de l'allée, deux projecteurs vacillent, comme pour accueillir les visiteurs du château de Frankenstein. Le fourgon s'arrête. Nous aussi. Ma montre indique dix heures dix. Le givre de la nuit a transformé la forêt de Marly en futaie du Grand Nord.

Je mets pied à terre, me dirige vers un groupe de gendarmes et de sapeurs-pompiers qui battent la semelle près d'une civière dressée contre une estafette.

– Le procureur et le juge d'instruction n'ont pas pu attendre, m'informe l'adjudant dont le ceinturon supporte un énorme pistolet d'ordonnance. Ils étaient gelés. Le légiste pratiquera l'autopsie dès que vous aurez terminé vos constatations. Les miennes n'ont pas donné grand-chose.

Son menton désigne une fondrière, derrière un éboulis.

– C'est par cette brèche dans le mur qui longe la forêt que les gens du pays passent pour venir ramasser le bois mort. Le jeudi, les gosses qui n'ont pas classe en font autant. C'est comme ça qu'ils sont tombés ce matin sur le cadavre de la jeune femme.

Nous enjambons des pierres écroulées. A quelques pas, une forme accroupie, rigide, mal dissimulée par le fourré, gît sur un lit de feuilles glacées. Une femme jeune, c'est sûr, élégante sans aucun doute : tailleur bleu sous une canadienne de cuir à larges pans de fourrure, jupe claire qui, relevée sur la cuisse droite, dévoile une chair ferme, bottillons fourrés. Je ferme les yeux, les rouvre. Je me force à m'imprégner de la position du corps qui s'est effondré au pied d'un arbuste, sur un genou, d'abord, avant de basculer légèrement sur le côté. La tête, pourvue d'une abondante chevelure brune, repose sur les avant-bras repliés, comme si la victime avait voulu se protéger des coups de feu mortels. Deux orifices de balle sont visibles, l'un dans la tempe gauche, l'autre dans le cou. A un mètre du point de chute, un sac à main, couché sur l'humus forestier.

L'adjudant vient à la rencontre de ma pensée :

– Je l'ai remis où je l'ai trouvé, dit-il. L'inventaire n'a rien donné : une paire de bas, un tube de rouge, deux mille francs en billets, cinq bracelets-montres en or, c'est tout. De la fraude, probablement. Par contre, aucun papier. Difficile à identifier...

– Le crime crapuleux est donc à écarter, dis-je, avec l'aplomb du flic à qui on ne la fait pas. Sinon l'assassin n'aurait pas laissé ça dans le sac. S'il a subtilisé les papiers, c'est qu'il avait quelque raison de vouloir laisser la fille dans l'anonymat et de protéger le sien par la même occasion.

Je ne puis m'empêcher de regretter la manipulation du sac. Les empreintes qu'aurait pu y laisser le meurtrier sont vraisemblablement effacées.

Les pouces passés sous la boucle de son ceinturon, le gradé ne veut pas être en reste de déductions :

– Pour moi, le crime est passionnel. Je vois la scène d'ici. J'ai l'habitude. L'homme, un jaloux, s'en prend à la femme au cours d'une balade en forêt. Elle se rebiffe. Le ton monte. Il l'abat. Son geste de folie passé, il panique. Les papiers sont compromettants. Il s'en empare. Il rejoint la nationale 307 où il avait laissé sa voiture. Il s'enfuit, croyant à l'impunité. C'est clair comme de l'eau de roche. Des gens riches, sûrement, il n'y a qu'à voir les vêtements de la femme.

Le scénario de l'adjudant ne me convainc pas. Pas du tout.

– Malgré le sol détrempé, les semelles sont nettes de boue, dis-je. On a dû la porter là et la jeter comme un paquet derrière les éboulis...

Mon raisonnement fait mouche. Déboulonné de son piédestal, le sous-officier demeure silencieux. Je m'écarte, ramasse le sac en le prenant par la bride, le tend à Laffitan qui vient de me rejoindre.

– Les journalistes poireautent devant la brèche, dit-il. Tu as quelque chose à leur donner?

– Rien pour le moment, hélas.

Cocagne a extrait un pied photographique de son étui de toile cirée, l'a déplié, planté dans le sol gelé. En sifflotant, il visse sur le trépied son légendaire appareil à soufflets, se camoufle sous le drap noir. Il plie les genoux, règle la distance. Quand il émerge, il sourit, satisfait de sa mise au point. Il glisse une plaque dans le magasin, extirpe un flash qu'il brandit vers le corps pendant que sa main droite appuie sur la poire de caoutchouc. Un déclic. Dans la lueur du magnésium, la position du cadavre m'apparaît plus tragique encore. Cocagne retire la plaque, change l'ampoule du flash, glisse une nouvelle plaque, double la prise de vue.

– Et de deux, dit-il. Au piano, maintenant.

En argot de métier, le piano c'est le moyen d'identification d'un individu par ses empreintes.

Cocagne retourne le cadavre comme un matelas. Des feuilles se sont collées au front et aux cheveux. Le col de la canadienne est maculé de taches brunâtres.

– Tirée à bout portant ! lance-t-il à la cantonade. Une balle dans le cou pour commencer, une dans le pariétal pour l'achever. De l'ouvrage de pro.

Tout en parlant, il extrait un tampon d'une trousse en moleskine, l'imbibe d'un liquide transparent, s'accroupit pour nettoyer la paume et les doigts de la main droite. Et il en rajoute, pour la galerie :

– Visez-moi les ongles. Elle ne devait pas se salir souvent les pognes, la môme.

Il enduit chaque doigt à l'aide d'un feuillet goudronné d'encre noire, les fait rouler l'un après l'autre sur un papier blanc, comme sur les touches d'un piano. Les empreintes digitales se dessinent. La nicotine a jauni l'index et le majeur de la main droite.

Et, comme chacun se tait pour observer son manège, la conversation dégénère vite en soliloque :

– Avec la ligne de vie qu'elle avait, cette poupée n'aurait jamais dû finir comme ça ! De vie et de chance ! C'est pas du toc, la montre qu'elle porte. Du dix-huit carats au moins, garantie pure Suisse. Faut maintenant que je la foute à poil, pour prendre ses mensurations. Dans son état, elle ne risque pas d'avoir froid aux fesses.

Sans une amorce de dégoût, il soulève le corps

raide, le dénude. J'ai le cœur au bord des lèvres. Je récupère la canadienne, le tailleur, le slip, les bas et les bottillons, et j'en fais un paquet. En roulant le tailleur, je constate la présence d'une griffe cousue à l'intérieur du col. Je lis : « Tomasi, Haute Couture, Paris. »

– Vous pouvez l'emballer, lance Cocagne à l'intention des sapeurs-pompiers. Moi, j'ai terminé. Il n'y a pas un bistrot dans le coin pour casser la croûte ?

M. Tomasi est petit, fort, court sur jambes. Il marche en se dandinant comme un phoque. Il a la cinquantaine dégarnie, le teint mat, la paupière lourde. Je n'ai eu aucun mal à découvrir son officine dans le quartier de la Madeleine, il m'a suffi de consulter l'annuaire. Malheureusement, un salon en appartement n'est pas une boutique. J'ai trouvé porte close à l'heure sacro-sainte du déjeuner. Et j'ai rongé mon frein en trempant un quignon de pain gris dans ma tasse de chicorée au café-tabac de la rue Saint-Florentin.

Si la nature n'a pas gâté physiquement le couturier qui se meut entre un plafond à lambris dorés et une succession de tapis moelleux, elle l'a doté par contre d'un excellent coup d'œil professionnel.

– Si je le reconnais, ce tailleur, zézaie-t-il en me rendant la photographie cocagnesque, forcément que je le reconnais ! Je n'en ai fait que trois de cette coupe et de cette qualité en 1945 : un pour Mme Ricord, un pour Mme Spirito et le troisième pour une cliente de la rue de Ponthieu.

Les deux noms me font sursauter. On ne parle

que d'eux à la brigade, au sein de l'équipe de répression des menées antinationales. Ricord par-ci, Spirito par-là... Deux truands méridionaux venus des bas-fonds qui se sont mis, sous l'Occupation, au service de la Gestapo et ont amassé une fortune considérable. Puis qui se sont volatilisés à la Libération, laissant à leurs épouses le soin de répondre aux questions des policiers.

– Le troisième?

M. Tomasi fronce le sourcil :

– Justement, j'ai comme un trou. Ce dont je me souviens, c'est que la cliente n'a plus voulu de son tailleur. Il m'était resté pour compte et les arrhes qu'elle m'avait versées ont servi à un autre achat. Je cherche qui a pris sa suite. J'aimerais pouvoir vous rendre service...

Vais-je aboutir à une impasse? L'homme de l'art se penche sur le cliché en gros plan que je lui présente, secoue la tête :

– Le visage ne m'est pas tout à fait inconnu mais pour dire où je l'ai vu, c'est une autre histoire! Si vous pouviez repasser demain ou après-demain, le temps de récupérer mes livres chez le comptable...

Ça sent l'échec. Il ne me reste plus que la préfecture de Police pour tenter de mettre un nom sur la propriétaire des empreintes digitales. Au fichier anthropométrique, sous les combles du palais de justice, tout individu interpellé est « couché » sur deux cartons différents. Le premier, de format carré, appartient au classement alphabétique et porte la date de sa comparution, les indications d'état civil, ses éventuels antécédents judiciaires et ses mensurations. L'autre, rectangulaire, fait partie du classement signalétique. Les empreintes digitales y sont consignées avec une telle précision que l'identification est presque immédiate. Sous réserve que l'individu ait déjà fait l'objet d'un examen de situation, bien entendu.

– Vos clientes ne vous proposaient-elles jamais de montres suisses? dis-je soudain, repensant à l'inventaire du sac dans lequel j'avais aussi repéré la présence d'un paquet de cigarettes Craven, aux trois quarts vide.

Le visage de M. Tomasi s'éclaire. Lancée au hasard, ma question l'aiguillonne. C'est pour lui un trait de lumière.

– Un moment...

Il se déhanche en direction d'un secrétaire à tablier de bois, saisit un carnet à couverture moirée, le feuillette en revenant vers moi, m'explique :

– Je note toutes les mesures sur ce calepin de commandes. Maintenant, ça me revient. La cliente à qui j'avais vendu l'ensemble m'a téléphoné il y a environ quinze jours pour me proposer des montres suisses, en effet... Elle m'a donné un nom, une adresse et même un numéro de téléphone... Tenez...

Son index s'est arrêté sur un feuillet corné où je lis, inscrit au crayon : Mme Cordier, 272 boulevard Pereire. Étoile 57.30.

– La photo ne vous dit toujours rien?

Il repose le carnet sur une table de coupe, écarte ses petits bras en signe d'impuissance, remue la tête.

– Non... Enfin, c'est très vague... Ce tailleur faisait partie de ma collection 1944-1945, il y a plus d'un an!

Qu'importe! J'ai le nom, l'adresse et le numéro

de téléphone. Fébrile, je déboule l'escalier, réintègre la traction de Laffitan qui me propulse vers le domicile de la belle Mme Cordier.

Le coup dur!

Le 272 boulevard Pereire n'existe pas.

Déconvenue de taille. Mon humeur bascule, mon optimisme se transforme en angoisse. L'apostrophe du champion des mots croisés me hante, comme une comptine peu réjouissante : « Si vous réussissez, tant mieux. Dans le cas contraire... »

Laffitan, qui couvait du regard le décolleté d'une prostituée statufiée devant le café de la Porte Maillot, tourne la tête de mon côté :

– Puisque tu as le numéro, pourquoi tu ne fais pas le coup de l'erreur au téléphone?

– Ça me donnerait quoi?

– Si ça répond, tu demandes l'adresse. Tu prétextes une livraison de fleurs, par exemple.

– Et si ça ne marche pas? Si je me fais griller?

Mon incompréhension paraît le décevoir :

– Je te dis ça parce que, moi, c'est ce que je ferais... Mais c'est toi qui diriges...

– Justement. Tu fonces rue d'Anjou. Si on n'obtient pas l'adresse de l'Étoile 57.30 au central des renseignements téléphoniques, c'est que le Dieu des flics ne nous porte pas dans son cœur.

Quand je quitte la salle du service numérique où une tribu de poulettes casquées caquette dans une cacophonie invraisemblable, j'ai repris espoir. Tomasi ne s'était trompé que d'un chiffre.

– On va où? demande Laffitan que je rejoins à l'angle de la rue de Surène.

– Boulevard Pereire, au 222, cette fois. Je n'ai

rien au nom de Cordier. Tu sais ce que c'est, Étoile 57.30?

La onze légère s'écarte du trottoir. Théo hausse les épaules :

– Comment veux-tu?

– Un meublé. Sans doute une maison de passe, dans ce coin-là!

Le meublé n'a rien d'extraordinaire et ressemble à nombre de petits hôtels particuliers du quartier. Devant la façade de crépi blanc, une péripatéticienne fait les cent pas, la jupe noire ultracourte, les épaules enfouies sous un collet de renard argenté. Sa démarche attire l'innocente réflexion de Laffitan :

– Qu'est-ce qu'elles vont branler les putes si la loi Marthe Richard passe en mars comme les députés MRP le demandent? Il est question de fermer les bordels...

– On en aura dix fois plus qu'avant sur le trottoir, mon vieux. Et des viols en pagaille.

Il est quatre heures vingt lorsque je pousse la porte de l'hôtel. Derrière un guichet, une femme à la chevelure flamboyante m'examine, surprise de me voir pénétrer seul dans l'établissement. Elle peut approcher de la cinquantaine. La couche de fond de teint dont elle a plâtré son visage ne réussit pas à dissimuler les flétrissures du temps.

– Monsieur?

– Police judiciaire, dis-je en lui collant sous le nez la plaque de bronze que la Sûreté a distribuée à ses ouailles pour concurrencer l'insigne couleur argent de la préfecture de Police. La gérante est là?

– C'est moi, dit-elle. Pourquoi?

– J'aimerais vous parler sans être dérangé.

– A quel sujet?

– Parce que j'ai des questions à vous poser.

Elle esquisse une grimace, quitte sa chaise, m'ouvre la porte de son antre où flotte une odeur de parfum bon marché. Je la sens sur ses gardes. Sur un pouf, un chat somnole.

– Vous en choisissez une heure pour débarquer! maugrée-t-elle. Vous vous rendez compte, c'est le moment où les femmes mariées font du cinq à sept. Vous ne pourriez pas revenir plus tard?

– Vous ne recevez pas seulement des femmes mariées, dis-je. Le quartier est plein de putes!

Elle hausse les épaules, me désigne un canapé couvert de velours grenat, monté sur des pieds incurvés.

– Asseyez-vous, dit-elle.

Elle donne un tour de clé à la serrure, ferme la vitre du guichet, lance :

– Je vous écoute.

Je tire de ma poche la photo de la victime, la lui présente :

– Connaissez-vous cette femme-là?

Elle a un mouvement de recul.

– Quelle horreur! C'est un cadavre!

– Ça, je sais. Auparavant, c'était une de vos clientes. Une belle fille, à ce que je vois.

– Qui est-ce?

– Je vous le demande.

A nouveau le front se penche sur le cliché.

– Connais pas.

– Sûr?

– Sûr.

Elle a pourtant habité ici. Elle a même donné votre adresse et votre numéro de téléphone à pas mal de monde.

La tenancière relève la tête, me fixe avec aplomb :

– Possible mais je ne la remets pas. Il vient tant de gens chez moi ! Comment voulez-vous que je reconnaisse une cliente de passage ?

Ou elle dit vrai ou elle joue bien la comédie. Le cliché réintègre ma poche. La femme Cordier aurait-elle donné de fausses indications à Tomasi ? Pourtant, le numéro Étoile 57.30 correspond à cette adresse. Je répugne à quitter la pièce, à abandonner la piste qui m'a amené là. Mon regard s'appesantit sur la gérante qui ne me semble pas tellement à l'aise. Mais la photographie que j'ai exhibée ne l'a-t-elle pas désagréablement impressionnée ?

– Elle s'appelait Cordier, dis-je, laconique.

– Ça ne me dit rien. Rien du tout. Cordier comment ?

– Votre livre de police devrait nous l'apprendre. La loi sur les meublés exige que vous inscriviez les noms de vos clients.

– Pas dans la journée.

Elle a repris un peu d'assurance.

– Dans la journée, d'accord. Mais la nuit, c'est obligatoire. A plus forte raison lorsqu'on en passe plusieurs. Vous l'avez, ce registre, que j'y jette un coup d'œil ?

Avec un soupir de résignation, la femme-tableau se baisse pour aller dénicher sous une pile de draps l'objet de ma demande. Son emplacement même signifie qu'elle n'y a pas souvent recours. Mais ce n'est pas la vision du livre de police qui provoque en moi une émotion soudaine. Lorsqu'elle a allongé le bras gauche, la manche de sa robe s'est relevée, et j'ai constaté la présence au poignet d'un bracelet-montre identique à ceux retrouvés dans le sac à main de la victime. Je crois rêver.

Du coup, les dires de mon interlocutrice à l'outrageant maquillage ne me paraissent pas exempts de suspicion. Je plante une banderille qui, normalement, doit faire mouche :

– La montre suisse que vous portez là, c'est Mme Cordier qui vous l'a vendue?

Et comme je n'obtiens pas de réponse :

– Je crois que je vais être obligé de vous emmener à la PJ, dis-je en abandonnant le canapé. J'ai horreur qu'on me raconte des histoires. Vous la connaissiez très bien, cette Cordier. Et je vous en apporterai la preuve à mon bureau. Un conseil : prenez une couverture, car il fait assez froid dans nos cellules par ces temps de restrictions.

La contraction des mâchoires que je capte m'incite à donner le coup de grâce :

– Prenez aussi votre livre de police. Si les entrées ne correspondent pas avec votre déclaration de chiffre d'affaires, vous avez du mauvais sang à vous faire...

Il n'en faut pas plus pour que les réticences de la logeuse s'évanouissent. Et c'est avec une joie dissimulée que j'enregistre une amorce de confession :

– Faites-moi revoir la photo?

Ce n'est qu'un début, mais cela me satisfait.

Reste à ne pas laisser transparaître le sentiment de victoire que j'éprouve. A nouveau, je sors le cliché. La femme l'examine en silence, sans quitter son fauteuil, secoue la tête à plusieurs reprises.

– Il y a quelque chose dans la chevelure et dans le front, bredouille-t-elle. Il faut dire que la mort n'arrange pas les traits... Bizarre...

– Pourquoi bizarre?

– On dirait, dit-elle, cherchant visiblement une porte de sortie, on dirait...

Elle s'interrompt, ouvre le registre de police. Son ongle écaillé remonte le temps sur les feuillets numérotés, s'arrête sur une ligne où l'encre a bavé.

– Vous parliez de Cordier, c'est pour ça que je tiquais. Je n'ai jamais eu de Cordier chez moi. Cordier, ce devait être le nom du gars qui venait la voir à la 17 où elle n'est restée que trois jours. Tenez. C'était pas Cordier qu'elle s'appelait. C'était Simonpieri, née Françoise Graziani le 10 octobre 1922 à Arles.

– Et lui?

L'embarras creuse les traits peinturlurés. Pas longtemps. La logeuse a vite trouvé l'esquive :

– Lui? Il ne venait que dans la journée. Alors, forcément, je ne peux rien vous dire d'autre.

– Forcément. Et la montre suisse?

– M'en parlez pas, elle me l'a fait payer assez cher, la garce. Et elle continue, avec les emmerdes qu'elle me crée aujourd'hui!

Le service des garnis de la préfecture de Police tient ses assises au quatrième étage de l'escalier D, au fond de la cour d'honneur de la caserne de la

Cité. Un ascenseur vétuste m'y dépose en fin de journée. Je remets la fiche de recherche libellée au nom de Françoise Graziani-Simonpieri à l'archiviste chauve qui me reçoit derrière un guichet à plateau supportant deux appareils téléphoniques.

– C'est urgent?

– Très. Je suis sur un crime...

Il jette un œil inquiet à l'horloge murale.

– T'as vu l'heure? T'aurais quand même pu venir plus tôt! Dans dix minutes, moi, je me casse.

Je me garde de répondre. La blouse bleue s'évapore derrière le portillon battant. J'attends. Les minutes me paraissent longues. Le plafonnier de verre dépoli jette une lueur blafarde sur la grisaille des murs. L'endroit n'a rien de gai. Sinistre, même. Sinistre comme l'époque que nous traversons. Il fait un froid terrible, le brouillard ne s'est pas dissipé de la journée et depuis quinze jours, court-circuité par les communistes et les socialistes, le général de Gaulle a claqué la porte.

La rapidité avec laquelle l'homme à la blouse a effectué ses vérifications me stupéfie. Il réapparaît, deux fiches rouges à la main.

– Drôle de nana, ta Graziani, dit-il. En cavale, because l'article 75. Mandat d'arrêt au cul d'un juge d'instruction de Marseille en date du 13 janvier 1945. En observation avec son jules, un certain Raymond Putod, alias Cordier, Faivre, Blanc, et j'en passe.

Je fais un rapide calcul. En 1940, Françoise Graziani avait dix-huit ans, vingt-deux en 1944. Qu'elle se soit, si jeune, rendue coupable de trahison comme le stipule l'article 75 du Code pénal, m'étonne. Il est vrai que, depuis la Libération, les cours de justice l'appliquent beaucoup, cet article 75. Pas toujours à bon escient.

– Je comprends pas qu'on ne l'ait pas piquée au meublé du boulevard Pereire si elle était en observation, dis-je.

Les « garnis » ont, en effet, été créés pour surveiller la population flottante de la région parisienne et signaler aux services actifs les délinquants séjournant en hôtel.

La réplique ne se fait pas attendre :

– On a tellement épuré de flics qu'il n'y en a plus assez pour coincer les truands. Et ils ne cessaient de changer de meublé, tous les deux. Je les retrouve au Kleber, 7, rue de Belloy ; au Palais, 265, boulevard Pereire ; au 43, rue Washington ; au 19, rue Roger et enfin au 60, rue Pigalle, dernière adresse connue. Je te souhaite bien du courage pour les remonter. Lui se dit né dans le Doubs, à Audincourt, ou à Saint-Jouin-sur-Marne, dans les Deux-Sèvres. Il n'a pas l'air très sûr de son identité ni de son domicile. Ça te va comme ça ?

– Tu n'as rien au 222, boulevard Pereire ?

Il se retourne, sur le seuil du portillon :

– Faut pas t'étonner, mon gars. La plupart des mères maquerelles inscrivent les noms des clients sur les registres pour avoir un alibi en cas de contrôle. Seulement, elles se gardent de déposer les fiches aux commissariats. Comme ça, pas de taxes à payer. Salut.

Il disparaît dans le froissement de sa longue blouse.

***

J'ai passé une nuit exécrable. Implacablement, l'image de Françoise Graziani me trottait devant les yeux. L'hypothèse de l'adjudant de gendarmerie revenait sans cesse sous mon crâne : « Pour moi, c'est un meurtre passionnel. L'homme, un jaloux, fait une scène à la femme... Elle se rebiffe... Il l'abat, s'empare des papiers, rejoint sa voiture... »

Il faut retrouver Putod. Lui seul détient la clé de l'énigme. J'en ai acquis la certitude à l'hôtel de la rue Pigalle où je me suis pointé hier soir après avoir quitté la caserne de la Préfecture.

– Un beau, un très joli garçon, m'a susurré avec des trémoussements de hanches l'éphèbe qui fait office de veilleur de nuit. Dommage qu'il soit avec cette fille... Il est parti sans rien dire le 20 janvier. Depuis, on ne l'a plus revu...

– Et elle?

– Elle non plus. Ah, si! Elle est revenue deux jours plus tard pour demander si Raymond était repassé... J'ai dit non et je lui ai tourné le dos, à celle-là...

Dans une enquête criminelle, les portes sont souvent longues à ouvrir. Aujourd'hui, je m'en rends compte. J'ai dressé un plan de travail pour la journée : tout d'abord, passer à la brigade, pour éplucher le dossier de ce Raymond Putod, s'il s'en trouve un. Aller le compléter ensuite au fichier de la Sûreté, rue des Saussaies, où les informations sur le plan national sont centralisées. Pas celles de la Préfecture de Police, non. Un État dans l'État, la Préfecture! Laffitan m'y déposera si besoin est. Si je ne découvre rien ailleurs.

La radio débite ses informations de sept heures

trente. Comme dans un brouillard, j'entends qu'il est question de Félix Gouin, président du Conseil, pour succéder à de Gaulle, que le général Leclerc doit partir incessamment pour Hanoi à la tête de la 2e D.B., et que la première assemblée générale des Nations unies a réuni à Londres cinquante et une nations. C'est ensuite le rappel d'un fait divers qui a passionné l'opinion publique : « Le procès du docteur Petiot se déroulera le 18 mars prochain devant la cour d'assises de la Seine présidée par le conseiller Leser », annonce le speaker. « Me Floriot assurera la défense de l'accusé. Cent témoins ont été cités, le dossier pèse trente kilos et comprend plus de trois tonnes de pièces à conviction. » Et d'enchaîner : « La 1re brigade mobile est sur les traces de l'assassin de l'inconnue de Saint-Nom-la-Bretèche. Il s'agit d'un meurtre passionnel selon les renseignements obtenus auprès du commissaire Juffin. »

Je n'écoute plus. Dans ma tête, toutes sortes de suppositions s'enchevêtrent. Je pense que la logique veut, au su des informations diffusées, que le meurtrier, se croyant identifié, mette de la distance entre la police et lui. Je pense que je n'aurais pas dû, hier soir, communiquer à la permanence, qui l'a répercuté sur le chef de brigade, le résultat de mes recherches. Je pense surtout que Juffin, douillettement installé derrière son bureau de hêtre verni du quatrième étage, une écharpe de laine autour du cou et les pieds posés sur la brique qui lui sert de chaufferette, ferait mieux de tenir sa langue.

Je me rase, je me lave, j'avale mon ersatz de café froid, je m'habille et je fonce chez le boucher commander ma viande de la semaine. J'ai droit à un clin d'œil de connivence et à cinquante grammes supplémentaires de mou de veau lorsque je glisse, sous sa blouse, un des paquets de tabac gris que je conserve en vue du troc né des restrictions de l'Occupation. Pendant que mon voisin retire les nerfs et la graisse inutile du faux filet, je jette un coup d'œil sur le comptoir où s'étale, en première page du *Parisien libéré*, la photographie du corps de l'inconnue de Saint-Nom. Elle occupe les deux colonnes de droite, avec pour légende : « Mystérieux assassinat sur la nationale 307 – Quelle est l'identité de la femme aux montres d'or? »

Moins de trente minutes plus tard, je tourne la clé dans la serrure de mon bureau.

Le téléphone sonne avec insistance.

– Je viens, je viens, marmonné-je. Une seconde!

Dès que je décroche, une voix rugit dans l'appareil :

– Borniche?

– Oui.

– Gaillet, de la Préfecture. Le standard me dit que c'est toi qui t'occupes de l'affaire de Marly?

– Exact.

– Voilà, papa. J'ai vu la tête de « Mimi » dans le canard.

– Quelle Mimi?

– Celle qu'on a retrouvée flinguée à Saint-Nom. Je la connaissais. Son mari aussi, un pêcheur, comme moi. J'ai fait leur connaissance au pont de Neuilly. On peut se voir?

– Bien sûr, mais où? je ne peux pas quitter la brigade avant d'avoir fait mon rapport au patron.

– J'arrive.

L'inspecteur Gaillet, attaché aux délégations judiciaires du quai des Orfèvres, est blond, trapu, et il a la poignée de main énergique. Son témoignage est providentiel. A ses heures de repos, il se livre au plaisir de la pêche. Un homme, un certain Raymond qui se prétendait ingénieur, s'était intéressé à sa façon d'embecquer l'hameçon : chenevis ou asticot. Il se plaignait de rentrer souvent bredouille. Il lui avait présenté sa femme qu'il surnommait « Mimi », celle dont Gaillet a reconnu la physionomie ce matin dans le journal. Le dimanche 20 janvier, il avait revu le couple au café du pont de Neuilly. « On s'en va à Sandrancourt, du côté de Mantes, un coin tout ce qu'il y a de poissonneux », avait annoncé Raymond. Le surlendemain, mardi, Mimi lui avait téléphoné au service pour lui confier ses craintes :

– Je suis inquiète. Raymond est parti pêcher avec Claude, un camarade, pendant que je les attendais à l'hôtel. Claude est revenu seul au Martin-Pêcheur, avec la ligne de Raymond, qui était soi-disant resté à bavarder avec des amis rencontrés de l'autre côté de la Seine. Je l'ai attendu jusqu'à minuit. Ce matin, je suis rentrée à Paris mais je n'ai toujours pas de nouvelles de Raymond.

Gaillet avait conseillé à la jeune femme de s'adresser au commissariat ou à la gendarmerie de Mantes. Il pouvait s'agir d'un coup de canif dans le contrat, et la vie privée de Raymond et Mimi ne le regardait pas. Aujourd'hui l'affaire prenait une autre tournure.

– Tu fais ce que tu veux de tout ça, conclut Gaillet en prenant congé. Si j'ai un quelconque tuyau, je te file un coup de téléphone, hein, papa?

Ça me fait tout drôle de m'entendre appeler « papa » alors que je suis plus jeune que lui. Je ne m'en offusque pas pour autant. C'est sans doute un terme d'affection des gens de la Préfecture. Au besoin, je me servirai de leur formule.

– Tu savais que Raymond et Mimi avaient des mandats d'arrêt aux fesses? dis-je à Gaillet sur le seuil de mon bureau.

Du coup, son teint de porcelet devient verdâtre.

Sandrancourt, c'est le calme, le paradis des pêcheurs. Les rives de la Seine, large, profonde, sont d'accès facile. Au centre du pays, les Évrard tiennent le Martin-Pêcheur, une salle avec un comptoir et un billard qui communique avec la boulangerie.

– On ne les connaissait pas plus que ça, monsieur l'inspecteur. Ils étaient venus à Noël, tous les quatre...

– Qui ça, tous les quatre?

– Mimi, Raymond, Claude et Eugène. Ils sont restés ici quatre jours.

Le feu pétille dans la cheminée. Le bistrot sent la friture. C'est vrai que l'endroit est sympathique, sans cette bise qui charrie de la neige fondue.

– Ils sont revenus en janvier, le 20 au soir. Pas tous.

Ce dimanche-là, seuls Raymond et sa « fiancée » ont dîné et passé la nuit dans la chambre du fond. Le lendemain, Claude est arrivé de Paris et ils sont partis pêcher, de bonne heure, tous les deux, Raymond et lui. Mimi a attendu leur retour en lisant. Une bien belle jeune femme, Mimi! Et si simple...

Mme Évrard s'empare d'un verre à pied posé sur l'étagère, derrière le comptoir, le mire, souffle dessus avant de passer le torchon à l'intérieur :

– Ils sont rentrés vers cinq heures. Il commençait à faire nuit. Eugène a voulu que je lui fasse un grog...

– Eugène ?

– Le copain de Claude. Celui de Noël. Ils s'étaient soi-disant retrouvés à Méricourt, sur l'autre rive. Ils ont annoncé à Mimi que Raymond avait rencontré des amis, deux hommes et une femme, avec lesquels il était parti boire un coup. Ils ne l'avaient pas attendu et avaient traversés en barque pour venir dîner. J'avais prévu quatre couverts. Le trio a veillé jusqu'à minuit. Comme Raymond ne rentrait pas, ils se sont couchés. Le lendemain, Claude et Eugène l'ont encore attendu une partie de la matinée. Puis ils ont regagné Paris avec Mimi, pour leurs affaires.

Au téléphone, le cafetier de Méricourt que je contacte est catégorique :

– Monsieur l'inspecteur, je peux vous le jurer, ils n'étaient que deux : le beau garçon que vous me dites s'appeler Raymond et un petit Corse à l'œil noir, un jeunot de vingt ans avec un sacré accent. C'est simple, ce jour du 21 janvier, je n'ai eu que ces deux-là comme clients.

Le signalement du « jeunot » correspond à la description de Claude que m'a donnée Mme Évrard. Mais comment le retrouver puisque les hôteliers du Martin-Pêcheur ne lui ont pas fait remplir de fiche de police ? Pas plus qu'à Eugène, d'ailleurs. Ni aux autres.

Mme Évrard se recueille, secoue la tête, prend son mari à témoin :

– Tu ne te souviens pas du coup de fil que j'ai reçu le mardi après le départ de Claude? Un homme qui a demandé à lui parler. Je ne pouvais pas le lui passer, et pour cause. Il m'a dit d'avertir Mimi de ne pas s'inquiéter, que Raymond avait été interpellé par les gendarmes pour défaut de papiers d'identité, mais qu'il allait être bientôt relâché. Il a ajouté qu'elle pouvait rentrer tranquille. Quand je lui ai demandé son nom, il a raccroché. Il avait un accent corse, comme celui du petit Claude.

M. Évrard approuve du chef.

– Je m'en souviens! enchaîne-t-il. Ça t'avait frappé. Le vendredi suivant, le 25, Mimi est repassée au Martin-Pêcheur. Elle était souriante. Elle venait récupérer les affaires de Raymond qu'elle n'avait pas pu emporter la fois précédente. « Tout va bien, m'a-t-elle dit. Raymond est rentré. Ça lui apprendra à sortir sans papiers. » Vous n'avez qu'à demander à notre voisin, monsieur l'inspecteur. Comme il remontait à Paris avec sa voiture, c'est lui qui l'a ramenée, la petite...

Le temps, la patience et la chance sont les trois armes des policiers. Jusqu'alors le temps a joué pour moi. Je n'en ai pas perdu. La chance, je la dois aux journalistes qui ont ébruité l'affaire et permis à Gaillet de me mettre sur une piste. La patience, c'est maintenant d'enregistrer les explications filandreuses du voisin des Évrard, alors que je brûle de connaître l'adresse parisienne de Mimi.

– Je l'ai laissée place de l'Opéra, me confie-t-il entre deux gorgées de muscadet. Je voulais porter sa valise mais elle m'a dit qu'elle n'allait pas bien loin. Un sacré beau brin de fille, croyez-moi! Faut vous dire que je l'ai suivie des yeux jusqu'à la rue du Quatre-Septembre et que je l'ai perdue de vue. Elle a dû tourner à droite.

– Vous avez pu constater ça de la place?

– C'est-à-dire que je l'ai un peu suivie, en voiture, sans qu'elle me repère. Elle se retournait souvent. C'est pas que j'avais de mauvaises intentions, vu que je suis père de famille. Mais vous savez ce que c'est, hein, vous, les Parisiens. A la campagne, on est un peu curieux. D'avoir aperçu ces jeunes gens si bien habillés au Martin-Pêcheur, avec leurs grosses montres en or, ça m'avait donné des doutes...

– Donc, elle a tourné à droite.

– Je crois même qu'elle s'est arrêtée devant un bureau de tabac, sur une place. Faut que je vous dise, dans ma voiture, elle fumait sans cesse. Des blondes, toujours des blondes. Des Craven, à ce que m'a dit ma femme qui a découvert les mégots. J'ai eu droit à une sacrée scène de jalousie. Comme si, à mon âge...

Une concierge, c'est d'abord un obstacle, une forteresse à enlever ou à contourner. La gamme des concierges parcourt un vaste clavier. De l'intraitable cerbère moustachue à la pipelette accorte et bavarde, sans oublier la gardienne de zoo, bardée de chats, de poissons rouges ou de roquets laids et hargneux.

La concierge du 22, rue Saint-Augustin appartient à la première catégorie. Les sourcils froncés, elle me crache son mépris à la face par-dessus la chaîne de sûreté :

– La police? Je n'ai rien à dire à la police, moi!

L'apparition de mon insigne la laisse de marbre.

– Il faut pourtant que je vous voie, dis-je. Ouvrez, s'il vous plaît.

L'adresse m'a été fournie par le buraliste de la place Gaillon qui, sans hésiter, a reconnu sa cliente dans la photo de Cocagne.

– Elle m'a encore acheté deux paquets de Craven l'autre jour, avec sa communication téléphonique. Elle voulait les payer. Comme c'est gratuit, le service des dérangements, j'ai seulement compté les cigarettes. Je la vois de temps en temps entrer au 22, rue Saint-Augustin. Pourquoi est-ce qu'on l'a abattue?

– Si je le savais!

La chaîne de sûreté tombe, la porte s'ouvre. Dans son cadre ovale orné de houx, au-dessus du lit, l'œil d'un poilu de la guerre 1914-1918 me reproche mon intrusion dans la loge de sa femme. Le casque bien d'aplomb, la moustache en guidon de bicyclette, l'uniforme bleu horizon aux galons en double chevron de caporal, ce devait être un sacré gaillard. Mais sa femme semble plus redoutable encore. La chevelure poivre et sel relevée en chignon, elle attend l'assaut de pied ferme, les poings sur les hanches.

– Je viens pour Mimi, dis-je. Françoise, si vous préférez. Et pour son ami Raymond.

Le cliché jaillit de ma poche. J'ajoute :

– Mimi qui vient souvent ici. Il y a une semaine, elle est encore entrée, portant une grosse valise. On l'a assassinée dans les bois de Marly peu de temps après. Vous la reconnaissez?

La mégère m'a à peine écouté et je me demande

si elle a bien saisi la portée de mes paroles. J'ai beau être jeune dans le métier, je lui ai dit l'essentiel et elle aurait dû réagir. Il n'y a pas tant de façons d'apprendre à un témoin que sa locataire est morte. Au lieu de cela, un visage fermé et un silence qui me poussent à élever le ton.

– Vous avez entendu? Ça n'a pas l'air de vous émouvoir, que Mimi soit morte!

Les lèvres s'entrouvrent enfin, découvrant une denture avariée.

– Qu'est-ce que vous voulez que j'y fasse? Je ne connais ni Mimi, ni Françoise, ni Raymond. Vous devez vous tromper d'immeuble.

Elle dit cela avec une telle assurance que le doute s'installe en moi. Pourtant, le buraliste de la place a été catégorique : sa cliente est bien entrée plusieurs fois au 22!

– Si je vous dis Putod, Cordier, Simonpieri ou Graziani, est-ce que cela vous rappelle quelqu'un? Ou alors Eugène, Claude?

L'aller et retour de la tête est significatif.

– Pas plus. Vous êtes de la police, mon gendre est de la « secrète ». Vous pensez que si je savais quelque chose, je vous le dirais. Excusez-moi, j'ai ma lessive à faire.

Rien à en tirer! Force est de me rabattre sur le buraliste voisin. Je verrai bien qui, de lui ou de la pipelette, a la mémoire la plus fidèle.

Le gros homme aux joues luisantes a un hoquet lorsque je lui rapporte ma conversation avec la concierge.

– Elle est gonflée, celle-là! Je ne suis pas miraud, tout de même. Qu'elle ne la connaisse pas, c'est possible. Elle allait peut-être chez quelqu'un. Ce dont je suis sûr, c'est qu'elle a bien appelé d'ici pour dire que le téléphone était en dérangement. Ce devait être Opéra et quelque chose... Ou 41.92 ou 92.41, l'un des deux. Je vous dis ça parce que le 41, c'est mon département. Je suis de Blois, dans le Loir-et-Cher. C'est comme ça que j'ai retenu le chiffre. Vous savez ce que vous pouvez faire?

– Téléphoner aux dérangements, non?

– Si vous voulez. Mais vous avez l'annuaire par rue, en bas, à côté de la cabine. Regardez donc si au 22, Saint-Augustin il n'y a pas un numéro qui a les chiffres que je vous dis.

Je descends l'escalier qu'éclaire faiblement une lampe à acétylène, me dirige vers la cabine téléphonique, bouscule une pile d'annuaires empilés les uns sur les autres au fond d'un classeur à claire-voie. Le Bottin par rues est dans un tel état que je doute d'y trouver mon bonheur. Des pages sont arrachées, d'autres si écornées que beaucoup d'inscriptions ont disparu. Je remonte quelques marches, me place sous la lampe dont la flamme grésille, tente à sa lueur blafarde de déchiffrer les noms des locataires du 22 de la rue Saint-Augustin. Ils ne sont guère nombreux. Le classement alphabétique me révèle à la dernière ligne le nom de Mme Viriot, Opéra 92.41. Le tenancier ne s'était pas trompé.

Je suis dans l'expectative : ou bien je reprends le chemin de la loge et j'attaque de vive force la citadelle, ou bien je tente ma chance en téléphonant à Mme Viriot sous un prétexte fallacieux.

– Vous avez trouvé quelque chose? s'inquiète le buraliste, du haut de l'escalier.

– Vous aviez raison, dis-je. C'est bien au 22. Je peux avoir un jeton?

– Inutile, je vous donne la ligne, faites votre numéro.

Tout s'explique. Voilà comment le brave homme avait surpris la conversation de Françoise. Il lui suffisait d'écouter de son poste de comptoir.

J'ai la tonalité. D'un index fébrile, je compose le numéro. Une fois, deux fois, trois fois, la sonnerie résonne dans le vide. Je laisse carillonner un moment puis je raccroche. Il me faudra recommencer plus tard. Mme Viriot n'est pas à son domicile.

Déconcerté, je décroche à nouveau le combiné pour renouveler l'appel, à tout hasard. Mon index commence à titiller le cadran quand une idée me vient. Si je me renseignais auprès d'un autre abonné de l'immeuble, puisque j'ai la liste devant moi?

Ma résolution prise, je compose au hasard un numéro, le premier qui me tombe sous les yeux, et j'attends. Pas longtemps. Une voix au chevrotement de vieillesse est en ligne.

– Pourrais-je parler à Mme Viriot? dis-je, hypocrite.

– Mme Viriot?

– Oui.

– Ce n'est pas là, Mme Viriot. C'est au-dessus...

– Au-dessus?

– Oui. Mais elle n'est pas là, Mme Viriot. Elle n'est plus là depuis quelques mois. Elle est chez sa fille...

Ce n'est pas le moment de manquer de politesse, ni d'esprit d'à propos.

– Excusez-moi de vous avoir dérangée, madame. Vous croyez que je peux la rappeler bientôt ?

– Ici, non. Vous pourrez la toucher chez sa fille. La concierge a son adresse... Elle fait suivre son courrier depuis qu'elle a sous-loué son appartement.

Il y a des moments, dans la vie d'un flic, où il ne faut pas hésiter à tenter le coup de poker. A l'autre bout du fil, ma partenaire ne me paraît pas trop avertie. Je mens avec un toupet que ne dénierait pas un commissaire :

– Je savais qu'elle sous-louait mais il n'y a jamais personne quand j'appelle.

Je m'interromps brusquement pour susciter une réponse qui tarde d'autant moins que mon interlocutrice, sans doute seule dans son logement, a envie de s'épancher. Je le pressentais depuis le début de la conversation.

– Forcément, il n'y a personne. Les Faivre ne sont jamais là.

Le nom qu'elle vient de lâcher est celui que m'a cité, parmi d'autres pseudonymes, l'archiviste des garnis. La voix chevrotante tout d'un coup se méfie :

– Vous n'êtes pas de leurs amis, au moins ?

– Ma foi non !

– Tant mieux. Parce que je suis tranquille quand ils ne sont pas là. Je ne sais pas ce qu'ils font, mais ce sont des gens de la nuit... Un boucan, mon bon monsieur ! Et des mégots dans l'escalier ! Surtout le jeune... Un petit voyou, c'est sûr. Le commissaire du faubourg Montmartre a bien fait de le mettre à l'ombre...

– Faivre comment?

– Je ne sais pas... J'entendais qu'on l'appelait Eugène... Voilà mon fils qui rentre. Excusez-moi. Au revoir, monsieur.

Je demeure là, dans la demi-obscurité de la cabine, l'appareil téléphonique en main, tout pantois par ce que je viens d'entendre. Faivre, puis Eugène! J'ai l'impression de toucher au but. Enfin, presque. Les Faivre, c'est le couple Putod-Graziani, j'en mettrai ma main au feu. Mais Eugène? C'est lui, le personnage qu'il me faut interroger en priorité, lui qui, selon les Évrard, était avec le petit Claude à Méricourt le 21 janvier, qui a regagné Paris en sa compagnie le lendemain matin, 22 janvier. Et si « Mimi » est venue rue Saint-Augustin, quelques jours avant sa mort, c'est parce que Eugène se trouvait là, avant d'être mis à l'ombre comme me l'a fait entendre mon interlocutrice anonyme. Il me paraît impensable que la concierge ne soit pas au courant.

Je remonte lentement l'escalier, atterris dans la salle où une queue s'est formée devant le comptoir pour la distribution de la ration de tabac. Le débitant, occupé, m'adresse un clin d'œil :

– Vous avez eu ce que vous vouliez? s'inquiète-t-il en rendant la monnaie.

– Plus que ce que j'espérais. Merci pour Opéra 92.41. Je repasserai vous voir quand ce sera plus calme.

Dehors, le froid me saisit. Je resserre le col de mon imperméable, attaque d'un pas ferme le chemin du commissariat du quartier. Non sans me promettre de revenir dire deux mots à la concierge si j'arrive à établir qu'elle m'a mené en bateau.

*
* *

Ce n'est jamais sans un pincement au cœur que je franchis la porte d'un commissariat. Pourtant la police est mon domaine, et la carte tricolore en carton durci et l'insigne – sésame dont la Sûreté nationale m'a gratifié lorsqu'elle a déployé son aile – me protègent. Ce serrement désagréable remonte à mon adolescence. Je crois que je ne m'en débarrasserai jamais.

Je suis natif de l'Oise. D'un village proche de Chantilly, de son château et d'un champ de courses créé au siècle dernier par des dandys fous de chevaux.

L'entreprise familiale de peinture – mon père s'occupait de la réfection du château et des Grandes Écuries – jouxtait une boucherie. Dans cette boutique où, dès quatre heures du matin, le commerçant maniait couteaux, fusil et couperet, une femme trônait, à l'ouverture, derrière la caisse. Une bien jolie femme, d'origine belge, plantureuse à souhait. De bonnes joues sanguines, une poitrine de génisse à faire rêver l'Adonis que je croyais être. J'avais dix-sept ans, elle en avait le double. Tandis que son bovin de mari tranchait des côtes et des palerons, elle me lançait des œillades prometteuses. Un dimanche après-midi, au terme d'une promenade à bicyclette au cœur de la forêt, elle m'avait déniaisé. Nos amourettes avaient duré ce que durent les passades, du moins, je le croyais. J'avais gagné Paris, décidé à me lancer dans une carrière artistique [1]. Quelle n'avait pas

1. *Gendarmes et Voleurs.*

été ma surprise, en regagnant un soir la modeste chambre que mon oncle m'avait dénichée rue Balagny, devenue depuis Guy-Moquet, de découvrir ma bouchère! Elle m'attendait, une toque en lapin sur ses cheveux blonds, une lourde valise à ses pieds.

– Qu'est-ce que tu fais ici?

– Tu me manquais trop. J'ai quitté mon mari.

Elle m'avait serré contre son corsage géant, dévoré de bécots avec un tel appétit que je n'avais pas pu résister.

Durant quelques semaines, elle m'avait gavé d'amour et de bœuf miroton. Pour mes voisins de palier, elle était devenue ma tante. Nous avions loué un piano-casserole. Tout en poussant mes vocalises, pendant qu'elle m'accompagnait, je humais le parfum entêtant qu'exhalait cette chair de femme et qui se mélangeait au fumet de la viande qui mitonnait dans un coin. Je me sentais enfin être un homme.

Un matin, hélas, catastrophe. Une poigne ferme s'acharne contre la porte d'entrée. Un coup d'œil à la pendulette : il est six heures. J'enfile un slip, vais ouvrir sans méfiance. Devant le boucher furibard, aussi rouge qu'un morceau de persillade, un petit homme à barbiche, ceint d'une écharpe tricolore, rajuste son lorgnon après avoir constaté ma nudité.

– Commissaire de police, annonce-t-il. Je suis chargé d'établir un constat d'adultère à la suite de la plainte déposée par monsieur. Vous pouvez vous habiller.

Je sais maintenant ce qu'est l'humiliation d'être surpris en flagrant délit d'adultère. Plus tard, lorsque j'aurai l'occasion, à mon tour, de procéder à des irruptions matinales pour constater l'existence de relations dites coupables, je saurai, d'un mot ou d'un regard, exprimer ma sollicitude à l'amant débusqué.

Le commissaire du quartier n'a ni l'étroitesse d'épaules, ni la barbichette, ni l'écharpe tricolore de son prédécesseur, vautré, j'imagine, dans la quiétude de sa retraite ou emporté par la vague d'épuration. Il est grand, mince et musclé. Récemment promu sans doute, car le carcan administratif ne l'a pas encore assujetti à l'obligation de réserve des fonctionnaires de la préfecture de Police à l'égard de leurs collègues de la Sûreté nationale. Il me reçoit avec une cordialité qu'il serait bon de voir poindre chez le champion des mots croisés qui me tient lieu de chef.

– Normalement, je n'avais pas le droit d'empiéter sur le terrain de mon collègue du deuxième arrondissement, confesse-t-il avec un sourire qui en dit long sur ce qu'il pense des contraintes territoriales imposées par les circulaires préfectorales. Quand j'ai su qu'Eugène Blanchard se planquait dans un appartement de la rue Saint-Augustin, je ne me suis pas gêné. L'arrestation d'un truand vaut bien quelques entorses au règlement, non?

C'est un point de vue, mais je suis d'accord. Il est stupide d'interdire à des inspecteurs de la police dite municipale de franchir les limites de leur arrondissement. Le « bourgeois » par exemple, ce gardien de la paix en civil, que le petit chapeau et le long imperméable font renifler à cent pas, n'a pas le droit de traverser le boulevardfrontière et d'empiéter sur le secteur voisin. Sa tâche n'est pas facile pour traquer les putes clandestines qui, à sa vue, se réfugient dans les arrondissements limitrophes où il ne peut les poursuivre.

Le commissaire sort de son sous-main une photographie anthropométrique de l'individu qu'il a interpellé au domicile de la dame Viriot. Une face de brute, épaisse chevelure frisée, sourcils touffus, regard sombre, mâchoires carrées et menton à fossette. Je lis : Blanchard Eugène, 28 janvier 1946, cliché 867.342. Et au verso : Blanchard Eugène, né le 22 décembre 1923 à Tunis – Mandat d'arrêt du 1er février 1945 du juge d'instruction de Marseille – Infraction à l'article 75 – Atteinte à la Sûreté extérieure de l'État.

Décidément, cet article 75 enserre dans ses mailles trois des protagonistes du week-end de Sandrancourt.

– Je ne suis pas allé plus loin pour ne pas court-circuiter les gars de la P.J. à qui j'ai transmis le dossier, poursuit l'avisé commissaire. J'ai collé Blanchard à Fresnes en attendant son transfert à Marseille mais il faudrait le passer au piano. Blanchard est peut-être un nom d'emprunt. Avec ces gestapistes, on ne sait jamais...

La prison de Fresnes est devenue le dépotoir de la nouvelle République. Chaque jour, des fourgons déversent dans ses cellules des flots de collaborateurs en instance de jugement, de poteau d'exécution ou de libération. La longue allée de la Liberté, bordée d'arbres, qui conduit de la station de la ligne d'autobus 187 à l'entrée principale de la maison d'arrêt, est truffée de gardes mobiles au nez rougi, mousqueton à l'épaule. Je pénètre dans un couloir au parquet brillant comme une glace, puis, sur la droite, dans un prétoire aussi vaste qu'une cathédrale. Un alignement de chaises précède une table recouverte d'un tapis vert derrière laquelle un fauteuil me tend ses bras. Je m'y installe. Dix minutes plus tard, Eugène Blanchard fait son entrée, encadré de deux gardiens armoires à glace. De taille moyenne, bâti en force, il a piètre allure. La fourberie marque ses traits.

J'ai sur le commissaire du faubourg Montmartre un avantage. Du moins, je le lui dois. La comparaison des empreintes digitales a révélé que Blanchard n'était autre que Biancardi, né le 23 juin 1924 à Marseille, recherché pour vol aux faux policiers, attaque à main armée et tentative d'homicide volontaire sur la personne d'un encaisseur d'Aix-en-Provence. Méfaits qui, ajoutés à son appartenance au Parti Populaire Français de Jacques Doriot, à sa désertion des Chantiers de Jeunesse pour vivre de marché noir dans l'ombre de la Gestapo, peuvent entraîner loin dans les voies de la répression. Je compte sur l'énumération savamment distillée de ses agissements et de leurs conséquences pour obtenir des éclaircissements sur le dossier Graziani qui m'intéresse.

Sur la table, j'ai étalé la feuille du procès-verbal, avec son carbone, décapuchonné mon stylo. Je lui désigne la chaise en face de moi, pendant que les gardiens se retirent.

– Je viens te parler de l'assassinat de Françoise, dis-je, sans préambule. Tu vois ce que je veux dire, Biancardi. Ce n'est pas la peine de nier, Claude s'est mis à table.

Un simple coup d'œil au visage d'Eugène Biancardi m'indique que j'ai non seulement marqué un point en lui jetant à la face sa véritable identité mais que j'ai en outre conforté mon avantage en sous-entendant sa mise en cause dans le meurtre de son amie.

Il a tellement accusé le coup qu'il demeure là, sans répondre, l'œil hagard, comme le boxeur qui vient de prendre un méchant crochet. J'en profite pour le déséquilibrer un peu plus :

– C'est comme ça, les copains, mon vieux. Vous étiez pourtant potes, tous les deux. Je n'aurais jamais cru qu'il te balancerait ça à la première claque dans la gueule. Un cas, le petit Claude. On ne pouvait plus l'arrêter. Et sur le Martin-Pêcheur, et sur la rue Saint-Augustin, et sur le beau Raymond...

Puis, brutalement :

– Pourquoi tu l'as tuée, Mimi? Elle ne t'avait rien fait! Vous aviez passé la Noël tous les quatre à Sandrancourt où vous êtes restés quatre jours... Il faisait meilleur qu'en janvier, quand tu as demandé à la mère Évrard de te faire un grog tellemment tu avais eu froid à Méricourt, de l'autre côté de la Seine...

Ce n'est plus le méchant crochet qui ébranle Eugène Biancardi, c'est un véritable coup au foie qui lui coupe le souffle. Il est ému, atterré, foudroyé. Les éléments du dossier que j'ai consulté au fichier central me l'avaient décrit comme un dur. Il m'apparaît tout autre avec ses cheveux longs qui tombent en broussaille, ses paupières mi-closes et ses joues molles. Son teint livide, le tremblement qui secoue ses mains, son regard inquiet dévoilent un être que rongent un tourment intérieur, une crainte incessante.

Je quitte ma chaise, contourne la vaste table, viens m'asseoir à califourchon sur une chaise, près de lui. La main gauche sur son épaule, dans un geste familier, la droite lui plaçant sous les yeux la photographie de Françoise Graziani gisant sur son lit de feuilles mortes, j'adopte un ton de reproche :

– Pourquoi tu as fait ça, dis-moi ? Tu n'as pas répondu.

A la crispation des mâchoires, je devine qu'il raidit ses muscles, se cabre de toute son énergie pour endiguer l'envie de parler qui le submerge. La sueur perle à ses tempes. Il lève vers moi un regard perdu, presque suppliant.

Il y a des circonstances où le métier de flic me répugne. Mais je dois faire abstraction de mes sentiments. La canaille que j'ai devant moi connaît les données de l'énigme. Elle est à bout. Je dois lui porter l'estocade.

– Claude n'a aucune raison de t'accuser, mon vieux. A vingt ans, on ne tient pas la route comme un cheval de retour. Il m'a tout raconté. Comment vous vous étiez retrouvés à Méricourt après la disparition de Raymond, comment vous étiez revenus le lendemain à Paris, comment tu avais emmené Françoise en belle après qu'elle soit revenue avec la valise de Putod rue Saint-Augustin. Au fait, comment as-tu atterri chez Mme Viriot ? Un détail, bien sûr, pour voir si tu es capable de dire la vérité. Pas facile, j'en conviens, mais si tu savais comme après on est soulagé... Surtout que ça paie, la franchise, aux assises. Je pourrai en témoigner...

Miracle. Les lèvres s'agitent. Il va parler. Il parle.

– Par la concierge, une amie. Elle m'a dit qu'une propriétaire voulait sous-louer son logement. Je l'ai payée de la main à la main. Toutes les semaines, je versais à la gardienne le prix du loyer. Elle se chargeait de le transmettre à la propriétaire.

– C'est comme ça que tu as hébergé les Faivre?

Il me regarde, éberlué de constater que je connais aussi le pseudonyme du couple Putod-Graziani.

– Pas longtemps. Depuis qu'ils avaient quitté la rue Roger, et encore, par intermittences.

Je pense, avec une satisfaction morbide, que je vais pouvoir tenir la promesse que je me suis fait de revenir dire deux mots à la concierge du 22 rue Saint-Augustin, une fois l'enquête achevée. Une petite inculpation pour non-dénonciation et recel de malfaiteurs ne lui fera pas de mal.

– Ce meurtre de Mimi, dis-je, revenant à mon idée première. Ça s'est passé comment?

Il hausse les épaules, d'un air las.

– Croyez-moi ou pas, je n'ai pas tué Françoise. Et puis ça s'est passé quand, ce meurtre? Parce que j'ai été arrêté le 27 janvier, emmené faubourg Montmartre puis transféré au dépôt. C'est pas un alibi, ça?

Je fais un rapide calcul. Après cette date, mon plan ne tient plus. Le 25, Françoise était déposée place de l'Opéra par le voisin des Évrard. Le cadavre, d'après les conclusions du médecin-légiste parvenues au Service, n'a pas séjourné plus de cinq jours dans la forêt de Marly. Plutôt trois. Biancardi n'ira pas contredire cette information.

– Justement, dis-je avec aplomb, elle a été tuée

le 26. Le lendemain de sa venue chez toi. Claude est formel.

Une question de Biancardi, susceptible de me dérouter :

– Il est où, Caramoni, en ce moment?

Le nom est sorti sans qu'il y prenne garde. Claude Caramoni... Je l'enregistre.

– A la Santé. Je ne tenais pas à le mettre à Fresnes pour que vous puissiez communiquer, tous les deux. Donc, le 26, tu étais dehors, tu ne peux pas dire le contraire.

Un moment de silence, lourd. De l'autre côté de la porte du parloir, on entend un raclement de sabots dans le couloir, suivi de bruits de ferraille et de coups de sifflet. Un retour de promenade, sûrement.

Biancardi a repris un peu de poil de la bête.

– Le 26, j'étais dehors. Mais pas à Paris. Le 25 non plus. J'avais fait un saut à Nice, chez ma sœur, brodeuse rue de Ribotti. Elle vous le confirmera. J'avais laissé les clés de l'appartement à la concierge de Saint-Augustin pour que Mimi y dorme. Elle aussi vous le dira. Quand je suis rentré, Françoise n'était plus là. Elle avait laissé la clé à la loge et un mot sur la table pour dire qu'elle partait avec Claude voir son frère à la prison d'Évreux. Après je ne sais plus, puisque le commissaire m'a arrêté...

– Et Raymond?

A nouveau, Eugène Biancardi-Blanchard a un mouvement d'épaules :

– Je n'en sais pas plus. Cela dit, je n'ai pas cru ce que m'a raconté Claude lorsque je l'ai rejoint à Méricourt. J'avais trouvé bizarre qu'il soit en possession de la canne à pêche de Raymond, parti paraît-il avec des amis de rencontre. Au Martin-Pêcheur, je l'avais observé pendant que nous attendions son retour. Il était fébrile. Quand nous sommes revenus à Paris, le lendemain matin, il était encore nerveux. Il a fait arrêter le taxi à Poissy pour donner un coup de fil urgent. Comme il s'éternisait et que j'étais gelé, je suis venu prendre quelque chose de chaud au comptoir. Derrière la vitre de la cabine, Claude parlait de Raymond. Il disait de ne pas s'en faire, que les gendarmes l'avaient arrêté pour une vérification d'identité, rien de grave. Quand il a raccroché, il a été surpris de me trouver au comptoir. Je lui ai dit : « Qu'est-ce que tu nous as raconté ? Raymond est embarqué et tu nous le fais attendre toute une soirée ? » Il m'a répondu que c'était pour tranquilliser Françoise. Il n'a plus desserré les dents. Je l'ai déposé au Lizeux, rue Fontaine, et je ne l'ai pas revu puisque je suis parti à Nice. Je ne dis pas qu'il est responsable de la disparition de Raymond mais quand il m'accuse d'avoir buté Françoise, il y va fort.

Eugène a débité son couplet avec une sincérité qui me paraît l'expression de la vérité. Je sens le dénouement proche. Certes, il reste à mettre la main sur Claude Caramoni, mais ce n'est pas un obstacle insurmontable. Le tout est de s'en occuper, de ne pas retomber dans le train-train juffinesque de la traque aux faiseuses d'anges...

J'ai sufffisamment d'éléments pour mettre Claude le Corse sur le gril. Comment pourrait-il nier sa communication de Poissy au Martin-Pêcheur puisqu'elles sont toutes enregistrées, pour facturation, par le service régional des P.T.T. de la rue du Faubourg-Poissonnière? Une manne pour les flics, ces relevés de transmissions manuelles...

Un fait me tracasse. Pourquoi Françoise, si inquiète de la disparition de son amant le 21 janvier, inquiétude qu'elle manifeste le lendemain à l'inspecteur Gaillet, est-elle calme et souriante le vendredi 25, selon les Évrard à qui elle raconte que Raymond a regagné son domicile?

– Tu es parti quand à Nice, Eugène?

– Le 24, par le train de nuit. Je sentais qu'il y avait quelque chose d'étrange dans tout ce baratin. J'en ai fait part à ma sœur, elle pourra vous le confirmer.

– Qui me prouve que tu étais à Nice le 25?

– Les flics. Il y avait un contrôle dans la gare. On m'a demandé mes papiers. Le nom de Blanchard n'a pas attiré l'attention, mais j'ai eu chaud. Le brigadier qui les a regardés, un grand maigre avec une cicatrice en étoile sur la joue gauche, m'a demandé où j'allais. J'ai dit : « Chez mon beau-frère qui est appariteur à la mairie. » Ça a suffi.

Pas facile de planquer devant le Lizeux, le café-hôtel de la rue Fontaine, centre de ralliement des insulaires. Encore moins d'y pénétrer sans donner l'éveil. Il me faudrait quelqu'un dans la place, un informateur d'origine corse ou marseillaise, mais les indics, ces petits pions de l'ombre furtifs et efficaces sans lesquels on ne fait pas tomber de « beaux crânes », ne sont pas encore accrochés à ma panoplie de flic.

Les archives sont muettes sur le passé de Claude Caramoni. En somme, un jeune homme comme il faut dans cette époque troublée où le marché noir, les trafics, les vols aux faux policiers, les attaques d'encaisseurs sont monnaie courante. Ce n'est – heureusement pour moi – pas le cas de son frère. Antoine, de cinq ans son aîné, est détenu pour vol et escroquerie à la prison d'Évreux. C'est lui que, selon le témoignage d'Eugène Biancardi, Claude et Françoise étaient allés voir aux alentours du 26.

Antoine Caramoni n'est pas bavard, c'est le moins qu'on puisse dire. Les procès-verbaux de ses interrogatoires successifs, tant à Marseille qu'à Paris ou Évreux, en font foi. Inutile, par conséquent, de tenter une opération de séduction vouée d'avance à l'échec, d'autant que la pénurie d'essence de ce début d'année 46 ne m'autoriserait pas un tel déplacement.

Mais si Antoine est désespérément muet devant la gent policière, il écrit beaucoup. A sa mère, cloîtrée par une arthrose de la hanche dans sa masure corse de Popolasca, un village de soixante habitants au centre d'un cirque de montagnes. Et à son avocat, Charles Carboni, rue Moncey à Paris. Ces renseignements, le greffe de la maison d'arrêt me les communique en précisant que le détenu, considéré comme une forte tête, n'a reçu aucune visite entre le 20 et le 31 janvier 1946. Il m'apparaît donc de plus en plus probable que Claude a endormi la méfiance de Françoise en l'invitant à se rendre à Évreux en sa compagnie. Qu'il l'a entraînée sous ce motif fallacieux et qu'il l'a abattue pour un mobile qui m'échappe encore. Peut-être craignait-il une indiscrétion de la jeune femme sur la disparition de Putod? A-t-il pensé que seule la mort pouvait lui clore les lèvres?

« 30 AVRIL 1946 – COMMISSAIRE DIVISIONNAIRE CHEF DE SERVICE RÉGIONAL DE POLICE JUDICIAIRE DE MARSEILLE À COMMISSAIRE DIVISIONNAIRE CHEF DU SRPJ PARIS – STOP – VOUS INFORME QUE COMMISSAIRE MATTEI DU SERVICE A INTERPELLÉ CE JOUR AU CAFÉ LE PRINTEMPS APPARTENANT À LA FAMILLE GUERINI LE NOMMÉ CARAMONI CLAUDE, SANS PROFESSION NI DOMICILE FIXE, AUTEUR PRÉSUMÉ DES MEURTRES DE PUTOD RAYMOND DONT LE CORPS A ÉTÉ RETROUVÉ PAR LA BRIGADE FLUVIALE LE 11 AVRIL DERNIER A VÉTHEUIL (SEINE-ET-OISE) ET DE GRAZIANI FRANÇOISE, DONT LE CORPS A ÉTÉ DÉCOUVERT LE 31 JANVIER 1946 DANS LA FORÊT DE MARLY – STOP – CARAMONI PORTEUR D'UN COLT 11,45 A AVOUÉ ÊTRE L'AUTEUR DES DEUX MEURTRES PRÉTENDANT AVOIR VOULU VENGER SON FRÈRE ANTOINE QUE PUTOD AURAIT DÉNONCÉ EN TANT QUE TRAFIQUANT NOTOIRE – STOP – IL JUSTIFIE LE MEURTRE DE GRAZIANI PAR LA CRAINTE QU'IL AVAIT D'ÊTRE DÉNONCÉ À SON TOUR, L'INTÉRESSÉE LUI AYANT FAIT SAVOIR QU'ELLE AVAIT DANS SES RELATIONS UN INSPECTEUR DE POLICE DE LA PRÉFECTURE – STOP – CARAMONI A ÉTÉ CONDUIT CE JOUR À LA PRISON DES BAUMETTES APRÈS QUE LE JUGE D'INSTRUCTION DE VERSAILLES PRÉVENU EUT DÉLIVRÉ UN MANDAT D'AMENER – FIN. »

– C'est vous, Borniche?
– Oui, monsieur le principal.
– Vous pouvez descendre?

Dans son bureau du premier étage, le commissaire Camard me tend le télégramme en provenance du S.R.P.J. de Marseille. Je le lis, relève la tête. Un sentiment de victoire m'envahit. La circulaire de recherches que j'avais lancée en février a porté ses fruits. Malheureusement, je ne pourrai pas interroger Caramoni. La loi de 1897 précise que tout inculpé ne peut être entendu que par le juge d'instruction. Dommage que Mattei se soit précipité. Par contre, j'ai ma petite revanche à prendre sur la pipelette de la rue Saint-Augustin. Elle n'a rien perdu pour attendre.

Camard relève sur le front ses lunettes d'écaille.

– J'ai deux autres nouvelles pour vous, dit-il en s'apprêtant à noircir les cases d'une nouvelle grille. La première, c'est que vous venez d'être nommé inspecteur de 3e classe, troisième échelon. Vous quittez donc le bas du tableau. La seconde, c'est qu'à partir d'aujourd'hui vous êtes affecté au groupe du commissaire Bonnel. La criminelle, ça vous changera des spéculums.

Je bredouille un « merci monsieur le principal », quitte l'antre du champion des mots croisés. Dans le fond, Camard n'est pas un mauvais bougre sous son aspect bourru. J'ai pourtant gardé en mémoire une phrase qui en disait long sur ses intentions, au début de l'enquête : « Si vous réussissez, tant mieux. Dans le cas contraire... »

QUERELLE FATALE

– Quel est le lien qui nous unit, Borniche?

– La franc-maçonnerie, monsieur.

– Bien. Et qu'est-ce que c'est, la franc-maçonnerie?

– C'est... c'est une alliance universelle d'hommes éclairés, unis pour travailler en commun au perfectionnement intellectuel et moral de l'humanité.

– Très bien. Et que faut-il pour qu'une loge maçonnique soit juste et parfaite? Vite...

– ... Que trois la dirigent, que cinq l'éclairent, que sept la rendent juste et parfaite. Les trois sont le vénérable et les deux surveillants. Les cinq, heu...

Jusque-là, ça va. J'ai un peu cafouillé mais je n'ai pas mal répondu. Debout devant le bureau du commissaire Bonnel, mon nouveau patron, je subis, les mains derrière le dos, mon interrogatoire quotidien. Delrieu, le Toulousain, le vétéran de l'équipe, essaie tête baissée de maîtriser son hilarité. Quinze années de gendarmerie avant de bifurquer vers la police au titre des emplois réservés lui font manier l'illogisme avec une candeur puissante. Sa phrase choc, celle qui noue les estomacs, qui brouille les idées des témoins tant elle laisse planer de menaces : « Où êtes-vous né, où, pourquoi et comment? », le tout dans un roulement de « r » qui se répercute dans une longue vibration, secoue la léthargie des bureaux voisins. Le vieux Georges a gardé de son ancienne arme les leggins et le cheveu en brosse. Les formules moyenâgeuses aussi. Pas un rapport qui ne comporte un « ce jourd'hui », deux ou trois « subséquemment » et une pléthore de « quasiment », de « derechef », de « moult » ou d'« assurément » qui en rendent la lecture fastidieuse. Assis près de lui, Blois, le flic-gentleman, assiste à ma démonstration d'un œil détaché. Play-boy distant, réservé, discrètement ironique, il semble sorti tout droit d'une gravure de mode. Il trimbale dans son gousset une lime qu'il promène sur ses ongles délicats avec une vélocité de manucure. Le cou de bovin de l'inspecteur-stagiaire Prel se tend. Ses mains d'étrangleur donnent un avant-goût des aveux les plus doux. Quant à Leclerc, l'instituteur en rupture de banc, il suce sa prothèse dentaire avec une application soutenue. Toutes les vingt secondes, d'un savant coup de langue, il la projette hors de la bouche pour la lui faire réintégrer aussitôt, dans un claquement de castagnettes.

Raymond Bonnel porte allègrement ses trente-cinq ans. Il mesure, comme moi, un mètre soixante-quinze mais là s'arrête la ressemblance. Le visage est ouvert sous le cheveu blond et le nez en trompette dote son profil d'une physionomie de clown. Il se vêt avec recherche malgré les difficultés du moment : costume bleu marine croisé, chemise et pochette blanches, cravate bordeaux à l'impeccable nœud en V.

En cette fin d'après-midi de juin, il règne une chaleur accablante dans la pièce où la corniche à médaillons, les moulures murales et la cheminée à colonnettes de marbre blanc donnent un aperçu de ce qui fut, autrefois, une chambre d'apparat. Le feu que la bande à Bonnel, la troupe d'assaut de la 1re brigade, a entretenu l'hiver à grands coups de bûches de bois vert puisées dans un chantier voisin a noirci les jambages de la baie.

– On aura bientôt terminé, dit Bonnel.

D'un regard résigné, je le vois se déhancher sur sa chaise, extraire de sa poche un trousseau de clés, en choisir une, ouvrir le tiroir de son bureau. Il s'empare d'un tablier de peau blanche, le déplie, referme le tiroir, se lève, se dirige vers moi, m'en ceint la taille.

– Marchez, m'ordonne-t-il.

Comme les jours précédents, je mets les pieds en équerre, symbole maçonnique de ma droiture morale, et je parcours trois petits pas, d'une démarche de canard. D'un geste, le commissaire-initiateur interrompt ma progression cahotante.

– Vous n'avez pas fait beaucoup de progrès depuis hier, Borniche. Il faudra vous entraîner un peu plus à la maison. Regardez comment les autres font.

Je regagne ma place, une table de dactylo sur laquelle trône une Underwood préhistorique dont le clavier a perdu trois touches. Je fais sans. Je l'ai récupérée sous un sac de pommes de terre dans l'ancienne salle de bains qui joue le rôle de vestiaire-débarras et où je rêve sur la friperie de mascarade qui ravit le comédien que j'aurais pu être. Accrochés à des clous de charpentier, des robes d'avocat, des soutanes de prêtre, des casquettes d'employé de gaz et de receveur d'autobus, des bleus de chauffe, des blancs de peintre ou de plâtrier. La panoplie complète du déguisement policier! Seule note lumineuse, la glace biseautée, immense, aux côtés latéraux articulés sur des charnières, qui permettait à la maîtresse des lieux de s'enfermer dans son image. Aujourd'hui, le miroir ne reflète plus que les vitres sales de la porte-fenêtre, au-dessus du lavabo ébréché sur lequel un robinet entartré verse des larmes de vert-de-gris.

Pendant que mes compagnons s'alignent contre le mur, prêts à prendre le départ, je songe avec agacement et amertume à tous ces dossiers en retard, à tous ces crimes impunis qui ont ensanglanté l'après-Libération, à nos moyens insuffisants, à nos locaux crasseux. Et je me dis que je perds un temps précieux, cloîtré entre les murs du bureau 10, au second étage de l'immeuble, à écouter et réciter les leçons d'un commissaire éminemment sympathique, certes, mais davantage préoccupé par la philosophie que par la répression.

La France est toujours en proie aux convulsions de l'épuration politique et les foyers d'agitation nés de la défaite de l'armée d'occupation sont loin d'être éteints. Nous sommes vainqueurs, mais meurtris, K.O. debout, sauvés par le gong des Alliés. Plus d'une année s'est écoulée depuis la fin des hostilités et nous opérons toujours à la va-comme-je-te-pousse, sans finances et sans matériel.

Les agressions à main armée, les vols aux faux policiers se multiplient, et la police impuissante compte les coups. Un gangster tient la vedette de l'actualité. Son surnom qui sonne avec autant d'éclat qu'Arsène Lupin, se retrouve sur les manchettes de tous les journaux. Pierrot le Fou, le créateur du gang des tractions avant, opère avec une audace et un mépris total de la vie humaine. Il n'est pas un hold-up qui ne soit signé de sa main.

Depuis le départ du général de Gaulle, les partis politiques s'entre-déchirent. Personne ne veut de l'impopulaire ministère du Ravitaillement. Au marché noir, le louis d'or s'envole à plus de sept mille francs, assurant la fortune de trafiquants habiles. Tanger, ville internationale, est devenue la plate-forme idéale pour le commerce illicite des cigarettes américaines qui se vendent sous le manteau à des prix exorbitants.

Pourtant, Paris a envie de s'amuser. La jeunesse, la mienne, qui a connu la faim, le travail obligatoire, les rues cernées par la police de Vichy, les arrestations, les déportations et les exécutions sommaires, rêve d'une révolution qui ne se ferait pas dans le sang. Elle veut exister. Un journaliste de *Samedi-Soir* lance le mot « existentialisme ». Chaque soir, le Tabou, une cave que d'astucieux noctambules ont transformée en club, fait le plein. Des « rats de cave », garçons aux cheveux longs et filles moulées dans des pantalons corsaires s'exhibent sur la piste de danse en échange d'un plat de spaghetti. Dans la journée, les filles des environs, la poitrine serrée dans un pull, les cheveux noués en queue de cheval, la jupe large sur des dessous douteux, viennent y retrouver les gars du quartier qui ont adopté la chemise à carreaux, les cheveux longs et les spartiates. La mode Saint-Germain-des-Prés gagne la France.

– Recommencez, ordonne Bonnel, mécontent. Et vous, Delrieu, cessez de ricaner bêtement. Borniche, venez aussi. Une leçon supplémentaire ne vous fera pas de mal.

Me forçant à sourire, je me colle au mur près de mes collègues excédés mais soumis. Si je veux faire carrière dans la police, il faut que, tel un élève studieux, j'écoute le patron nous instruire sur l'histoire de sa Loge, nous initier aux rites, nous faire réciter la déclaration des Droits de l'Homme, énumérer les grades auxquels nous accéderons avec le temps. Ce moyen d'escalader les échelons administratifs me hérisse le poil. Je ne rêve que d'aventure, je n'aspire qu'à connaître le frisson de la chasse avec les risques et les chausse-trappes qu'elle comporte. L'assassinat de Françoise Graziani, l'inconnue de Saint-Nom, m'en a donné le goût. Il a éveillé le désir de coincer les auteurs de hold-up qui ne laissent au témoin médusé que la fragile vision d'un faux numéro minéralogique, de leur tendre des pièges que la loi met à notre disposition. Ou à défaut, d'utiliser des moyens hors la loi, tel l'indicateur.

Même si le rôle douteux des indics donne la nausée à bien des gens, il m'apparaît aussi indispensable que celui de l'espion pour l'armée en temps de guerre. Sans mouchards, la lutte pour la vie entre les bons et les méchants serait inégale et les premiers en subiraient forcément les conséquences. Un jour, la science mettra peut-être l'ordinateur à la disposition des flics. On parle de la mise en chantier d'un monstre métallique que des Américains de Pennsylvanie ont baptisé *Electronic numeral integrator and calculator* et qui calculera, en dix secondes, au lieu d'une douzaine d'heures auparavant, la trajectoire d'une fusée. Le temps d'appuyer sur un bouton et le policier connaîtra les circonstances d'un crime ou d'un délit dans quelque coin que ce soit du territoire. Miracle de la science. Mais connaîtra-t-il pour autant le nom du malfaiteur qu'un bon indic dévoile en même temps que ses renseignements en permettent l'arrestation?

– Vous n'êtes pas à l'alignement de vos collègues, Blois. Et ne soupirez pas. Attention, je compte...

Le futur vénérable n'a pas le temps de poursuivre. La porte s'ouvre à la volée. Dans l'encadrement, la stature massive de Camard. Le visage ne reflète pas la bonne humeur.

– Alors, quoi, vous décrochez votre téléphone maintenant? Ça fait un quart d'heure que j'essaie de vous avoir. Le juge Bertholon, de Meaux, demande une équipe pour un meurtre à Claye-Souilly...

Le visage de Bonnel s'allonge.

– Il est sept heures du soir, patron... J'ai un atelier à huit... une conférence importante...

– Votre conférence, je m'en fous. Et puis, je vous en prie, cessez une fois pour toutes de jouer aux pieds nickelés!

La nationale 3 court à travers la campagne dorée de l'Ile-de-France. A force de vivre dans la capitale, on finit par ignorer le pays alentour parce qu'il est trop proche ou parce que, en ces temps de restrictions, les moyens de communication sont rares, le train mis à part.

Le moteur poussé au-delà du régime, notre traction fonce vers Claye-Souilly dont le clocher se dresse dans le vallon entouré de plaines blondes. Bonnel, indisponible, a délégué ses pouvoirs à Delrieu qui n'a pas cessé de râler pendant tout le trajet. Son départ en vacances est compromis.

– Avoir fait la queue une matinée pour avoir mes fiches d'admission pour le train de Toulouse, et voilà le résultat, clame-t-il. Tout ça à cause d'une connasse qui s'est fait trucider ! Je vous jure que la prochaine fois, le taulier ne m'aura plus avec ses leçons !

L'ennui, c'est que la « trucidée » n'a pas livré son identité. Elle repose, selon le chef de la brigade de gendarmerie où nous atterrissons, à l'orée d'un bois situé au cœur d'un champ de blé. Des amoureux qui recherchaient la tranquillité à l'écart de la route nationale l'ont découverte dans l'après-midi.

– Et alors, s'exclame Delrieu en frappant du culot de sa bouffarde le dessus d'un poêle Godin fraîchement enduit de graisse, c'était si pressé que ça de nous faire venir ?

L'adjudant secoue la tête.

– Oui, dit-il d'un ton sec. Demain, j'ai une revue d'effectifs et le colonel verrait d'un mauvais œil mes collaborateurs fatigués par une nuit de veille. On a fait nos constatations, c'est à vous de prendre le relais. On vous montre le chemin, après, à vous de jouer. En attendant, tâchez de ne pas coller vos cendres sur le poêle.

Tassé dans la traction avant qui nous entraîne vers Meaux, je savoure le plaisir de la vengeance. Une heure plus tôt, lorsque je trébuchais sur les questions philosophiques, Delrieu riait de mon embarras. A mon tour maintenant de m'amuser. Adam, lui, ne rit pas. Il éructe. Dans l'Antiquité, on célébrait par immersion dans l'eau la cérémonie du baptême. Le spécialiste de l'Identité a fêté celui de son petit-fils dans le mousseux. Il en était au découpage du gâteau de chocolat lorsque nous avons fait irruption à son domicile de la rue Condorcet.

– On a besoin de toi, Raymond. Des photos à prendre à Claye-Souilly. On fait l'aller et retour.

Le vieux briscard, entré dans l'administration l'année de ma naissance, avait empoigné le goulot de la bouteille noyée dans la cuvette, rempli sa coupe qu'il avait vidée cul sec avant de coiffer sa légendaire casquette à pont. La démarche hésitante, il avait gagné la voiture où il s'était laissé choir, sa mallette de constatations à ses pieds. Puis, la tête dodelinante, les bras croisés sur la veste de velours côtelé, il avait somnolé toute la durée du voyage.

Le crépuscule s'est fait nuit. La route n'est plus éclairée que par les phares de la voiture. Dans le ciel glissent des nuages orageux. Deux kilomètres après Claye-Souilly, la voix du maréchal des logis qui nous accompagne surpasse le ronronnement du moteur :

– Vous vous arrêtez là, au bosquet, sur la gauche. Après, on va à pied à travers les sillons. Trois cents mètres à peu près.

Adam ouvre un œil, lâche un rot bruyant, quitte

son siège. Crocqfer, le dévoué chauffeur, s'empare de sa mallette qu'il suspend par la bretelle à son épaule. Delrieu, toujours maugréant, s'enfonce dans la glaise, sur les pas du gradé qui ouvre la marche, un projecteur à la main. Je respire à pleins poumons la senteur fraîche que traverse, par effluves, l'odeur du foin coupé.

– On tourne à droite et c'est à vingt mètres, explique le gendarme comme pour s'excuser d'une marche difficile dans une terre qui colle aux semelles. Là où le collègue nous attend.

Nous y sommes. Je n'apprécie pas les cadavres. Encore moins ceux qui sont restés trop longtemps exposés à la chaleur. Sous le faisceau du projecteur, la forme que j'aperçois ne ressemble que de loin à une femme. La tête s'est détachée du tronc et une partie du visage grouille de larves. Le corsage et la jupe tiennent encore, comme par miracle, aux chairs décomposées. Une odeur putride se dégage des restes difformes.

Je fais un effort pour retenir une nausée. Il va falloir beaucoup de courage au médecin-légiste pour pratiquer l'autopsie. On n'en est pas là. Pour le moment, rien d'autre à faire que d'enregistrer les explications du gendarme de faction :

– J'ai cherché partout un indice, mais rien. Ni sac à main, ni papiers. Mystère total. Si votre spécialiste réussit à relever les empreintes, on aura peut-être une chance d'identification. Ça va être difficile. Sur ce, on vous laisse.

– Comment, vous nous laissez ? s'insurge Delrieu. Vous ne croyez tout de même pas qu'on va monter la garde ici, nous ?

– Si vous êtes là, c'est pour l'enquête. Le cadavre, il vous appartient. Pas vrai, chef ?

Le maréchal des logis confirme d'un mouvement de tête :

– Le juge d'instruction vous a désignés pour ça. Notre rôle à nous s'arrête là...

Un juron le fait brusquement se retourner. Il dirige sa torche sur Adam qui, devant sa mallette ouverte, maudit d'une voix pâteuse le sort qui l'accable :

– Merde de merde de merde de merde! Jamais ça ne m'est arrivé en trente ans de carrière. Faut que je retourne à la maison, les gars! J'ai oublié mon appareil... Quel con je fais, mais quel con...

Du coup, Delrieu sent son intérêt s'éveiller. Feignant de compatir, d'autant plus que ça l'arrange, aux ennuis de notre photographe handicapé, il émet d'une voix mielleuse :

– Tu as raison, on retourne. Nos amis patienteront un peu plus, voilà tout.

Pas dupe, le maréchal des logis pivote sur ses talons, fait quelques pas en direction du champ de blé.

– Pas question, rétorque-t-il d'un ton sans réplique. Le juge d'instruction vous a confié l'enquête, nous on rentre. Venez, Delbos...

Ce n'est plus une enquête, c'est une pantalonnade qui se joue entre deux services de police avec un cadavre inconnu pour enjeu. Delrieu fait contre mauvaise fortune bon cœur :

– Puisque vous le prenez comme ça, on reste, concède-t-il. Mais vous, vous allez vous démerder pour rentrer à pied à la brigade, c'est moi qui vous le dis...

Il aurait dû mesurer la portée de ses paroles. Nous sommes subitement plongés dans le noir tandis que le faisceau de la lampe des gendarmes balaie les sillons en direction de la route nationale.

– On a bonne mine, gémit Adam. Quelle heure il est?

– Onze heures moins le quart, dit Crocqfer après un coup d'œil au cadran lumineux de sa montre.

– Bon. Voilà ce que je propose. On attend que les pandores aient regagné leur caserne et on prend la route. On reviendra demain matin, à la première heure.

– Et la nana, qu'est-ce qu'on en fait? demande Delrieu.

– La nana? Elle peut bien se garder toute seule, la nana, non? C'est ce qu'elle a fait jusqu'à présent!

– Assurément. Mais si on nous la vole quand on sera partis? Ou si des chiens la bouffent?

L'argument de l'ancien gendarme est de poids. Il demande réflexion. Chacun de nous s'absorbe dans ses pensées. Delrieu, le premier, trouve la solution.

– On va la fourrer dans le coffre de la voiture. Personne n'ira la chercher là...

Au tour de Crocqfer d'intervenir :

– Des clous! proteste-t-il. Elle pue et j'ai passé la matinée à briquer ma bagnole. Trouvez autre chose.

Facile à dire. La méditation reprend. En perquisitionnant le labyrinthe de mon cerveau, j'en arrive à une conclusion que j'expose :

– Il doit y avoir un cimetière à Claye-Souilly. Clôturé comme tous les cimetières. Si on y collait le corps pour la nuit, on pourrait partir tranquille.

– Excellente idée, approuve Delrieu, mais Crocqfer ne veut pas salir son coffre.

– Il faudrait trouver une brouette, dis-je. Ou une voiture à bras.

– T'es pas un peu jobard? s'exclame Adam que les soucis ont subitement dégrisé. Où veux-tu qu'on dégotte des trucs pareils à cette heure-ci?

– On n'a qu'à taper le garde-champêtre. C'est un employé municipal en même temps qu'un agent de la force publique. Il doit nous dépanner. Le tout est de le dénicher.

– S'il prévient les gendarmes, grogne Delrieu, et que le juge demande des explications, mes vacances sont foutues...

– On lui recommandera de la boucler, dis-je. Raison d'État. Vu l'heure, on a intérêt à faire vite.

Il ne nous faut pas plus de cinq minutes pour frapper à la porte d'une maison proche de l'église. De la lumière filtrait sous les persiennes. Une voix forte demande derrière le panneau :

– Qui est là?

– Police, dis-je. On cherche le garde-champêtre.

– Eusèbe?

– Eusèbe, oui.

– C'est la maison après la gendarmerie, avec des pots de géraniums devant.

– Merci. Savez-vous s'il possède une brouette?

Quelques secondes de silence puis la voix s'étonne :

– Une brouette?

– Oui.

La porte se déverrouille. Un homme corpulent, en chemise de lin sur laquelle des bretelles soutiennent le pantalon de velours, apparaît. Derrière lui, une femme petite au chignon gris, une lampe Pigeon à la main. La flamme vacille.

– Il dort, Eusèbe, à cette heure-ci, dit-il. Il se couche comme les poules. Une brouette, je ne sais pas s'il en a une, de brouette. Il y en a bien une à la mairie mais c'est bouclé.

Dans le noir, son regard tente de se poser sur la traction garée à proximité, les veilleuses allumées.

– Il vous faut absolument une brouette?

Il m'observe avec une curiosité mêlée d'inquiétude. Il brûle de savoir mais n'ose pas directement poser la question. Je le devance :

– Si possible. Nous avons un transport à faire jusqu'au cimetière. A défaut, une voiture à bras...

Le visage du paysan s'éclaire tout d'un coup.

– C'est pas pour la morte du petit bois, au moins? Parce que si c'est ça, je peux vous en prêter une de brouette. Et même vous donner un coup de main. C'est mon fils qui l'a découverte et qui a prévenu les gendarmes... Vous les avez vus, les gendarmes?

– Forcément. Mais on n'a pas voulu leur demander de jouer les fossoyeurs. C'est notre boulot à nous. On opère de nuit pour que les journalistes ne s'en mêlent pas trop vite, vous comprenez?

Il approuve du menton.

– Je comprends, fait-il, sans vouloir paraître intrigué.

Sa femme a disparu au fond du couloir, le lumignon à la main. Je parachève l'intoxication :

– Ce que nous faisons est secret. Parce que...

Je fais signe à l'homme de s'approcher. Il tend son oreille dans laquelle je glisse :

– Cette femme était une espionne.

Il fait un pas en arrière comme secoué par une décharge électrique.

– Ah, bon! murmure-t-il. Si c'est ça... Alors, vous retournez au boqueteau et je vous rejoins avec ce qu'il faut. Comptez sur moi. Je ne dis rien ni à Eusèbe ni aux gendarmes. Je prends aussi une lampe parce que là-bas, pour y voir clair...

Le brave homme n'a pas mis un quart d'heure pour atteindre le petit bois. Le ballottement de la lampe-tempête, accrochée à un des brancards, nous a signalé son approche. Avec un « han » de bûcheron, il soulève sa brouette de terre pour franchir le fossé qui longe le bas-côté de la nationale. Il la repose, la pousse au creux d'un sillon. Nous le précédons en silence, moi derrière Delrieu. Adam a préféré rester dans la traction. La lueur de la lampe fait danser nos ombres sur le sol, les diminuant ou les allongeant au fur et à mesure de ses soubresauts.

– C'est là, dit Delrieu. Reprenez votre souffle...

– Pas le temps, dit l'homme, approchant la lampe des restes féminins. Si on veut opérer en secret, faut pas que le jour se lève. Qu'est-ce que ça peut cocotter!

Pour empester, c'est vrai que ça empeste. L'odeur fétide, nauséabonde, l'horrible puanteur qui se dégage du cadavre en décomposition stagne dans le sous-bois. J'ai beau me pincer les narines, je n'arrive pas à la fuir. Crocqfer, prudent, se tient à distance. La bouffarde de Delrieu ajoute au remugle une fétidité de cave humide.

– Si vous voulez m'éclairer...

Je feins de ne pas avoir entendu. Lâchement, j'attends que le vétéran s'exécute. J'assiste alors à une scène incroyable, qui tient de la fantasmagorie. Dans le clignotement blafard de la flamme, le paysan se penche, s'empare de la femme décapitée à bras-le-corps, la serre contre sa poitrine comme un danseur étreint sa cavalière. Un demi-tour sur lui-même et il la dépose, avec délicatesse, sur le plateau de la brouette, les jambes ballantes au-dessus de la roue, le tronc en contrebas, près des brancards. La chevelure lui reste dans la main quand il entreprend de soulever la tête. Il s'en empare alors comme d'un ballon de rugby, la cale contre le cou d'où s'échappe un liquide épais et verdâtre. Un spectacle que je ne suis pas près d'oublier.

L'homme s'ébroue, fait claquer ses mains l'une contre l'autre, se glisse entre les brancards.

– On y va, dit-il. Il y a de la route à faire.

L'étrange procession commence. La brouette tangue au creux des sillons. La roue qui bute contre les crêtes provoque le ballottement continuel des bras et des jambes. Un silence funèbre nous cerne. Il ne manque au décor que l'accompagnement musical, la *Danse macabre* de Saint-Saens, par exemple.

Enfin, le macadam de la route. Crocqfer s'installe au volant de la traction, enclenche la première pour suivre au ralenti le sinistre cortège. La brouette ouvre le chemin. L'air résonne des chaussures cloutées de Delrieu. Moi, en queue de peloton, je m'intéresse au jeu d'ombres et de lumière que jettent les codes sur le dos voûté de notre transporteur bénévole. Allongé sur la banquette arrière, Adam a depuis longtemps replongé dans un bienfaisant sommeil.

A l'entrée du village, un chemin de terre conduit, une centaine de mètres plus loin, au muret du cimetière. Une grille rouillée en interdit l'accès.

– Il n'y a qu'à pousser la porte, déclare le porteur du fardeau qui n'a pas une seule fois marqué la pause. On la met où, votre espionne?

Par chance, un rayon de lune se glisse entre deux nuages, découvrant quelques pierres tombales envahies de ronces et des croix de fer qui chavirent. Dans le fond de l'enclos, une tombe fraîche, sous un cyprès qui s'élance vers le ciel comme un fil sombre.

– Où vous voulez, dis-je. Le principal est qu'on referme bien la porte. On reviendra de très bonne heure demain matin...

– Demain, c'est maintenant, intervient Delrieu qui a enregistré les douze coups de minuit au clocher de l'église. On ne peut subséquemment pas la laisser à l'air libre. Ce doit être plein de cabots dans le patelin.

– Pourquoi pas dans la cabane au bout de l'allée, dit Crocqfer qui vient de rejoindre le groupe. Là où le fossoyeur range ses outils. A moins qu'il y ait un cadenas.

Il n'y en a pas, heureusement. Un verrou simplement, à la tige coulissante engagée dans le crampon. L'étroitesse du local où s'entassent pelles, pioches et balais de bouleau ne permet pas d'étendre le corps.

– Il faudrait faire entrer la roue de la brouette en premier, la mettre debout et refermer la porte en vitesse, dis-je.

La solution proposée est adoptée. Mais le premier essai s'avère infructueux. Delrieu n'a pas refermé la porte assez rapidement et le corps a basculé sur le côté de la brouette, les bras pendants. Stoïque, notre aide le remet en place. A la deuxième tentative, l'opération réussit. La tige du verrou poussée dans son logement, nous respirons un grand coup.

Nous sommes soulagés. Personne ne viendra s'emparer de la morte. Et tout à l'heure, l'enquête pourra enfin commencer.

***

Je n'ai pas fermé l'œil de la nuit. Les événements de la veille jouaient à saute-mouton sous mon crâne. Tout y passait : les leçons maçonniques de Bonnel, le départ sur les chapeaux de roues pour Claye-Souilly, l'œil furibard de l'adjudant de gendarmerie lorsque Delrieu déculottait sa pipe sur le dessus du poêle graissé à l'huile de coude pour la revue du lendemain. L'exclamation d'Adam, aussi, devant la mallette vide, le faisceau de la torche sur le corps mutilé mais surtout l'odeur pestilentielle qui s'en dégageait avant l'enfournement dans la cahute du fossoyeur. A mes côtés, Marlyse a dormi tranquillement, son corps nu frôlant le mien. Je sentais sa chaleur, le parfum de sa peau, sa respiration régulière. Je m'écartais d'elle le plus possible, redoutant qu'elle ne perçoive l'odeur putride dont je me croyais imprégné.

Vers quatre heures, je me suis levé. Tâtonnant dans le noir, je suis allé boire un verre d'eau à la cuisine. Je me suis recouché, les yeux grands ouverts, guettant le lever du jour au travers des persiennes. Crocqfer devait passer me prendre à six heures. J'avais le temps.

Je ne sais par quelle association d'idées je me suis revu, dix-huit mois plus tôt, débarquant devant la superbe façade de l'hôtel particulier du 42, rue de Bassano, ma convocation soigneusement pliée dans la poche de mon veston en fibranne, luisant d'usure. Un agent statique montait la garde devant la lourde porte de fer forgé. L'unique lame de rasoir que j'utilisais depuis deux semaines m'avait mis les joues en feu. Je me sentais minable dans mon costume fripé et mes chaussures déformées. A dire vrai, je ne dépareillais pas tellement la profession. Les futurs collègues que je croisais n'étaient pas mieux lotis que moi. Sous le monumental escalier de bois sculpté, le central téléphonique semblait avoir été bricolé dans une cage à lapins. Le hall regorgeait de gens étranges : des F.F.I. reconnaissables à leur brassard tricolore orné d'une croix de Lorraine, des militaires aux tenues hétéroclites, aux pistolets impressionnants, aux chapelets de grenades suspendus à la ceinture, qui poussaient sans ménagement des êtres hagards, premières captures de l'épuration, vers leurs cellules. De l'autre côté d'une cloison, sur la gauche, des gémissements d'hommes et de femmes que l'on interrogeait me parvenaient. Tout comme une formule qui me faisait dresser l'oreille. « Où êtes-vous né, où, pourquoi et comment ? Répondez. »

Mon premier chef de groupe, Joseph Villacampa, avait appartenu à la gendarmerie, lui aussi. Une carcasse de bûcheron dans une veste kaki et un pantalon de velours golf. Il m'avait enseigné l'abécédaire de la profession et comment éviter les embûches du métier. Je l'avais quitté pour Juffin, l'oreille du chef de brigade dans les étages supérieurs.

L'aube commence à poindre. Les yeux boursouflés, je me mets debout, gagne à nouveau la cuisine. Le gant de toilette humide me rafraîchit le visage. J'ouvre doucement la porte, descends mes quatre étages. Devant l'immeuble, la traction de Crocqfer est déjà garée.

– On passe chercher Adam, dit-il. J'espère qu'il n'oubliera pas son appareil, ce coup-là!

– Delrieu n'est pas avec toi?

Le chauffeur secoue la tête.

– Quand je me suis pointé à son domicile, il m'a dit que Bonnel lui avait accordé l'autorisation de partir en vacances. Donc pas de Delrieu. En revanche, on a Mangeot en renfort, un passionné de criminologie. Avec la fille de Claye-Souilly, il va être à son affaire.

Il fait déjà chaud lorsque la traction s'arrête devant la grille du cimetière. Les cheveux bruns plaqués, séparés par une raie de trois quarts, Charles Mangeot est éternellement vêtu de sombre. Il est mince et il a le geste onctueux du séminariste. Agé de vingt-huit ans, il est entré dans la police quinze jours avant moi. C'est donc un bleu, lui aussi.

Adam qui a recouvré ses moyens fait jouer la serrure. Nous le suivons à la queue leu leu jusqu'à la cahute mortuaire. Devant la porte, il se retourne.

– Je tire le verrou et j'ouvre, annonce-t-il. Faites gaffe à la brouette.

Un bruit sec dû au glissement de la tige hors du crampon et la porte grince. Mais ce n'est pas la brouette qui chute sur Mangeot. C'est le corps de la femme qui a échappé à son support provisoire. Il tournoie avant de s'affaler sur la poitrine de mon trop curieux collègue. L'effet est désastreux. Les bras l'étreignent aux épaules avant de glisser aux jambes auxquelles ils s'accrochent.

– Reste comme ça que je prenne un cliché, plaisante Adam.

Mangeot, lui, n'a pas envie de plaisanter. Il se débarrasse de sa proie avec répulsion, fait un bond de côté.

– Où y a-t-il de la flotte? demande-t-il. Cette salope a dégueulassé ma veste!

Personne n'est capable de le renseigner. Il part, furieux, à la recherche d'un point d'eau. Adam le placide sort alors le matériel de la mallette qu'il a posée sur la pierre d'un caveau, enfile des gants de caoutchouc, s'empare d'un bistouri dont la lame miroite sous le soleil. Il s'agenouille, soulève le bras droit de l'inconnue, inspecte la main. Je constate que trois doigts manquent, vraisemblablement détachés au cours de la putréfaction. Instinctivement, mon regard se porte sur la main gauche qui, elle aussi, a perdu l'annulaire et l'index.

– Dans l'état où il est, le corps a dû séjourner au moins un mois où on l'a trouvé, dit Adam. Ça ne va pas être de la tarte pour l'identifier.

Il hoche la tête, puis, d'un coup de bistouri, il coupe la dernière phalange de l'index de la main droite, la glisse dans un tube de verre contenant une solution de formol, explique :

– Quand je l'aurai séchée, je collerai la peau sur un gant que j'enfilerai et j'appuierai l'empreinte sur du papier encré. Si ça réussit, tant mieux, mais j'en doute, vu le peu de traces de sillons. Le temps de prendre quelques photos-souvenirs et on retourne où on était cette nuit.

Il en est à ranger son matériel lorsqu'un bruit de moteur me fait me retourner. Une fourgonnette Renault a stoppé devant la grille. Un homme petit, replet, au teint de porcelet, marche vers nous à grands pas.

– Docteur Massin, légiste désigné par le Parquet de Meaux. Votre commissaire m'a informé de votre présence. Messieurs...

Il incline la tête à plusieurs reprises puis, apercevant le corps :

– Vous ne pensez tout de même pas que je vais travailler couché, dit-il. J'ai une table et deux tréteaux dans ma voiture. Si vous pouviez m'aider...

Ni Adam ni moi ne bronchons. Pour qui nous prend-il, ce toubib ? Le gentil Crocqfer se dévoue alors que Mangeot fait sa réapparition, en bras de chemise, la veste enfin nettoyée sur l'avant-bras.

– Il y avait de la flotte dans un vase, explique-t-il. Qu'est-ce qu'on fait ?

De la tête je désigne la fourgonnette du médecin.

– On attend Crocqfer et on fonce dans le bois où la femme a été ramassée. Peut-être aurons-nous plus de chance que les pandores, question indices...

J'ai pris soin en quittant ma cuisine d'emporter le gant de toilette et un flaconnet-échantillon des *Cinq Parfums de L.T. Pivert* qui traîne depuis cinq ans sur une étagère. Un rescapé des années noires, cadeau de mon camarade de régiment Desgranges. Il avait été le seul témoin de mon mariage à Clermont-Ferrand, auquel mes parents n'avaient pu assister. La France de 1941 était alors coupée en deux. Ils avaient appris ma décision d'épouser Marlyse par une de ces cartes interzones, entièrement imprimées, qui circulaient entre la zone libre et la zone occupée. Rien d'autre à inscrire que des croix dans les carrés correspondant aux mentions « Je vais bien » ou « Je ne vais pas bien », « Salutations » ou « Baisers ». A mes risques et périls, j'avais pourtant ajouté : « Mariage 30 octobre 1941 – Église Saint-Jacques ». La carte était bien arrivée à destination. Mes parents, non. La Kommandantur de Chantilly, peut-être par représailles, n'avait pas donné suite à leur demande de visa.

J'imbibe de parfum le gant que je colle sous mes narines. Je n'ai plus droit qu'aux effluves enivrants d'un mélange où domine la violette. La main gauche plaquant le masque improvisé, une baguette dans la droite, je m'active à gratter l'humus où l'inconnue a laissé des traces noirâtres. Une sorte de boue où la vermine fourmille. Mangeot et Crocqfer inspectent les environs. Adam, qui a posé son appareil sur le trépied, s'apprête à photographier l'endroit. Je retrouve chez lui les mêmes gestes que ceux de Cocagne lors de mon enquête à Saint-Nom.

Je m'avoue vaincu. Mon exploration n'a rien donné. Pas même un morceau des doigts manquant aux mains. Mangeot revient bredouille, lui aussi.

– Tu as trouvé quelque chose? demande-t-il.

Je ne tiens pas à quitter le masque protecteur. Aussi, je soulève les épaules en guise de réponse. Tout à coup, Mangeot se baisse et j'assiste, une fois de plus, à une scène étonnante. Lui qui tout à l'heure avait manifesté une répulsion instinctive au contact du cadavre, se met à fouiller le sol en se servant de ses doigts comme les dents d'un râteau. Et, chose encore plus ahurissante, il ramène à la surface un anneau qu'il débarrasse de sa terre.

– Une alliance, se contente-t-il de dire. Regarde.

Pour regarder, je regarde! Je ne fais que ça. Une émotion irrésistible me saisit. L'intérieur de l'anneau porte, gravées en creux, les initiales : « J.V.-M.L. » et une date « 15 mars 1924 ».

Du coup, je me félicite du départ en vacances de Delrieu et de son remplacement par Mangeot. La date est sans nul doute celle d'un mariage. Les initiales correspondent à des noms et prénoms. Beaucoup de chemin reste à faire mais j'ai, là, une précieuse indication à communiquer à Bonnel.

Adam a pris ses clichés, effectué son relevé topographique. Il est déjà sur le chemin du retour, en direction de la traction garée sur la route nationale. Une brise légère court à travers les blés, les fait ondoyer à l'infini dans un murmure de rivière. Le gant de toilette a réintégré ma poche. L'alliance dans la main droite, j'enjambe à mon tour les sillons panachés de bleuets et de coquelicots. Je suis pensif. La formule de Delrieu me titille l'esprit « Où êtes-vous né, où, pourquoi et comment? » Quand j'aurai la date de naissance de la victime, un grand pas vers l'identification de son assassin sera fait. La date de naissance, je l'obtiendrai par celle du mariage. Reste à consulter pas mal de registres pour arriver à mes fins. Je commencerai naturellement par Paris. L'administration, prévoyante, a pensé qu'un incendie pouvait détruire un jour l'une des vingt mairies de la capitale. Aussi, les doubles des registres sont-ils pieusement conservés au greffe du tribunal de grande instance. Cela, mon premier instructeur Villacampa me l'a appris.

En vérifiant sur chacun des vingt registres les noms des heureux époux à la date du 15 mars 1924, je dois donc arriver à un résultat. Sinon, je perquisitionnerai les registres des mairies des communes avoisinantes. Eux aussi sont serrés dans les casiers du tribunal d'arrondissement. Sinon, il me faudra demander au service des diffusions d'expédier une circulaire aux mairies des trente-six mille communes de France. Sans compter les vérifications à entreprendre dans les services d'état civil des colonies françaises. Un travail titanesque pour un résultat problématique si le mariage a eu lieu à l'étranger! De la chance, Mangeot en a eu. Pourquoi n'en aurais-je pas à mon tour?

Pour le moment, elle ne m'est guère favorable, la chance! C'est même la déveine qui se manifeste de façon brutale et stoppe ma marche en avant. Bêtement, j'ai laissé tomber l'alliance. Elle a roulé dans une craquelure de sillon que la chaleur a desséché. Son éclat permet heureusement de la repérer.

– C'est pour aujourd'hui ou pour demain? s'impatiente Adam, là-bas, près de la traction.

Plié sur les genoux, je lève la tête pour lui répondre. Et c'est là que le hasard, le Dieu des flics, se manifeste. Devant mes yeux, le panorama des épis mûrs, dorés par le soleil, s'étend, divisé le long de l'orée du bois par deux lignes parallèles d'épis moins hauts, moins lourds, moins garnis. Comme si, couchées à leur naissance, les tiges de blé avaient connu quelque difficulté pour se redresser et monter.

L'alliance au creux de ma main, je me relève. De ma hauteur, les traces sont pratiquement indécelables. Mais quand je me baisse à nouveau, la vue horizontale révèle l'affaiblissement des tiges sur les deux lignes qui se profilent jusqu'au bois. Je reviens sur mes pas. Là où les traits s'arrêtent, un amas de cendres, nacrées, soyeuses.

– Viens voir, Raymond.

Appelé à la rescousse, Adam me donne rapidement son avis :

– C'est de l'amiante. Ça provient ou des garniture de freins d'un tracteur, ou d'un pot d'échappement. Quoique pour les freins, ça me paraît difficile, le point de chute est entre les lignes et non sur le côté. Donc, ça vient d'un pot.

– Tu as un mètre?

– Dans ma boîte, oui. Pour quoi faire?

– Mesurer l'écartement des lignes. Comme ça, on aura l'empattement des roues qui permettra d'en connaître le type. Tu me notes aussi l'emplacement de l'amiante. Au besoin, tu prends une ou deux photos. Ça peut toujours servir!

***

Le greffier en chef du tribunal de la Seine est un échalas, légèrement voûté, qui porte des besicles, un costume gris pisseux et des bottines à tiges de daim malgré la chaleur. On le dit très riche car, bien que membre du tribunal, il est propriétaire d'une charge que l'on achète à prix d'or quand elle ne se transmet pas de père à fils. Ses cheveux poivre et sel, coupés court, lui confèrent une allure de professeur. Deux rides creusent son visage de chaque côté du nez.

De la main, il me désigne un banc de bois devant une immense table de palissandre sur laquelle un jeune homme à la moustache blondinette a déposé les vingt registres d'état civil.

– J'espère que vous n'aurez pas besoin de tout cela, dit le greffier d'une voix douce. Si un renseignement quelconque vous fait défaut, faites-moi signe. Je suis dans le bureau à côté.

Ma tâche n'est pas fastidieuse. Il me suffit de consulter les vingt registres de l'année 1924 à la date du 15 mars. Je commence par le premier arrondissement. Deux mariages seulement, ce jour-là, un samedi. Je passe au second volume. Un peu plus d'unions, mais pas trop. Quatre en tout. Les autres arrondissements défilent sans plus de succès. J'approche du vingtième sans avoir mis le doigt sur ce que je cherchais. La consultation des communes de banlieue sera beaucoup plus longue. tant pis, il me faut poursuivre.

Je suis têtu. C'est ce qui indispose souvent mes interlocuteurs mais me sauve parfois. Villacampa me l'a souvent répété : « Le monde appartient aux patients. » J'ai fait mien ce dicton.

J'aurais dû commencer par la fin. C'est dans le dernier volume du vingtième arrondissement de Paris que je trouve enfin mon bonheur. Je lis, en marge du registre, à la date du 15 mars : « Mariage Jacques Vincent-Mireille Lefevre ». Les initiales J.V.-M.L. et la date correspondent. Suit la transcription intégrale de l'acte avec les dates de naissance des époux, leurs domiciles respectifs, le nom et l'adresse des témoins : deux pour le mari, deux pour la femme.

Je pousse un soupir de satisfaction mêlée de soulagement mais une appréhension demeure. Le mariage a été célébré il y a plus de vingt ans. Entre-temps, la guerre, l'exode qui a jeté sur les routes des millions de fuyards, les déportations. Après tant d'années et tant de tragiques événements, vais-je pouvoir retrouver le mari et les témoins du mariage?

J'enregistre les noms, les professions et les adresses qui dansent sous mes yeux. J'en élimine deux d'autorité : leur âge au moment de la cérémonie du mariage, 78 ans et 82 ans, permet de supposer qu'ils ne doivent plus être de ce monde. Ou alors à un degré de sénilité fort avancé. De plus, l'un habite un trou perdu de l'Auvergne, l'autre a fait le déplacement de Sidi Ferruch, près d'Alger. Reste César Durantin, 3, passage Nicot, dans le 7e arrondissement, et Raoul Lepautre, 28, rue Jean-Jaurès, à Maisons-Alfort. Le premier est ferblantier, le second, représentant en maroquinerie.

– Vous avez trouvé votre bonheur?

La silhouette démesurée du greffier en chef se tient dans l'embrasure de la porte.

– Je crois. J'ai les états civils que je cherchais. Le service de la carte d'identité de la Préfecture devrait maintenant simplifier mes recherches...

– Avec le bordel qu'il y a dans la police, cela m'étonnerait ! Enfin, essayez quand même. Je vous souhaite autant de chance que dans mon greffe.

Moi aussi.

Paris défile, maisons, piétons, vélos-taxis, camionnettes à gazogène, autour de la plate-forme du 24. Les coudes sur la rambarde, je me dis qu'il n'y a rien de plus beau que la ville vue d'une estrade d'autobus quand la brise vous fouette le visage au sortir des bureaux surchauffés et malodorants du quai de Gesvres. Demain, 1er juillet, les trains de vacances emporteront vers les plages de Dieppe ou du Tréport leur cargaison de congés payés. Moi mon océan, ce sont les quais de la Seine, au long de l'île Saint-Louis tout auréolée de passé. L'horloge géante de la gare de Lyon indique midi moins vingt. Il n'y a pas cinq minutes que j'ai quitté le service de la carte d'identité où Mireille Lefevre-Vincent, née le 12 août 1903 à Valence (Drôme), ne figure pas. La grande perche du greffe du tribunal l'avait prédit. Par contre, Raoul Lepautre existe bien, lui, qui a obtenu un renouvellement de carte, il y a deux mois à peine. Son adresse à Maisons-Alfort n'a pas changé.

L'autobus Saint-Lazare – Maisons-Alfort a surgi, complet, devant le théâtre Sarah Bernhardt. Ma carte de priorité à la main, j'ai enjambé le marchepied et tiré la sonnette à la place du receveur occupé au fond du véhicule à manœuvrer son enregistreur ventral de tickets. J'aime assez m'approprier les autobus. Ce sont de petits royaumes sur roues dans lesquels je me sens chez moi. Le 24 me déposera au terminus après la traversée du pont de Charenton. Cinq minutes d'un bon pas de boulevardier pour gagner la rue Jean-Jaurès.

Je suis d'humeur joyeuse comme lorsque tout semble marcher au mieux. La trouvaille de Mangeot donne à l'enquête une tournure imprévue. Elle montre surtout que la persévérance et l'opiniâtreté sont payantes. Sans alliance, pas d'identification et sans identification, pas de possibilité de remonter la filière jusqu'à l'assassin.

Tout à l'heure, quand au sortir du Palais de Justice j'ai téléphoné à Bonnel pour lui faire part des premiers résultats de l'enquête, j'ai enregistré non sans plaisir des compliments que dans le fond, je ne méritais pas.

– C'est très bien, Borniche. Vous ne me croyez pas quand je vous dis que vous avez l'étoffe d'un vénérable... D'après le légiste, la mort a été causée par un coup de feu. Une arme de guerre. Il n'a pas retrouvé la balle mais l'auréole de poudre incrustée dans la peau au niveau de l'oreille droite ne laisse aucun doute à ce sujet. Mangeot est au service des Mines. L'empattement et les traces d'amiante relevées au milieu des deux roues sont les caractéristiques d'une jeep. Tâchez d'être là pour six heures, on fera la révision des leçons de juin...

Le pavillon a des relents de basse-cour. Les lapins, les oies, les canards et les poules en liberté essaiment leurs crottes sur le ciment de l'allée. Le soleil décalque les fils des toiles d'araignées sur les vitres poussiéreuses de la porte-fenêtre du zoo.

– Pourquoi ça, la police? questionne Raoul

Lepautre en la refermant. Qu'est-ce que j'ai donc bien pu faire?

Il resserre la ficelle qui sert de ceinture à son pantalon boueux, déchiré aux genoux, désigne une chaise devant une table de formica blanc :

– Vous avez de la chance de me trouver aujourd'hui parce que d'habitude, à cette heure-là, je suis au marché à vendre mes œufs, dit-il. Un coup de picrate?

Je décline l'invitation.

– Merci. Vous n'êtes plus représentant en maroquinerie?

Il hausse les épaules tout en emplissant son verre d'un vin rouge tiré d'une bouteille posée sur la table.

– Il y a belle lurette que c'est fini! Si vous croyez qu'on trouve encore du cuir, à notre époque... Et quand bien même il y en aurait, je n'ai plus le courage de me balader dans les quatre coins de France pour vendre la camelote. Si vous saviez ce que c'est, vous, le boulot de représentant!

Je sais. Mais lui l'ignore. Je suis venu pour avoir des tuyaux sur la femme Vincent, pas pour raconter ma vie. J'ai connu, moi aussi, avant-guerre, les aléas de la profession. Dans l'attente de voir mon nom au sommet de l'affiche puisque ma vocation était de devenir une vedette de music-hall, je devais gagner ma vie. Une annonce dans *Paris-Soir* m'avait sauté aux yeux : « Compagnie de fabrication de registres à feuillets mobiles cherche démarcheurs ». Une heure après, je déboulais au siège de la société Kalamazoo, rue d'Astorg, près de la place Saint-Augustin. Ma bonne mine, la dictée simplette que l'on me faisait passer me permettraient de suivre le stage de formation. En trois semaines, j'ingurgitais les secrets et les avantages insoupçonnés des classeurs destinés à la comptabilité commerciale. Parachuté sur le pavé parisien au salaire garanti de 600 francs par mois, commissions éventuelles exceptées, je chassais sur un secteur de cinq arrondissements et de deux communes de banlieue. Inlassablement, j'arpentais les rues de ma zone géographique, usant plusieurs paires de chaussures, soucieux d'économiser le prix du ticket de métro, 70 centimes à l'époque. Si, avec 600 francs par mois, je ne mangeais pas tous les jours de la viande, l'emploi de démarcheur me permettait de me frotter aux réalités d'un monde ignoré, celui des gratte-papier moroses, vissés dans leur fauteuil au fond de boutiques grises et sinistres. Et d'acquérir un bagout qui me servira, plus tard, dans la police.

Raoul Lepautre a vidé, cul sec, le verre de vin. Il fait claquer sa langue avant de demander :

– Au fait, en quoi je peux vous être utile?

– A me donner des nouvelles de votre amie Mireille, Mireille Lefevre.

Le front se plisse.

– Mireille? Qui avait épousé Vincent?

– C'est ça même.

Il marque un temps d'arrêt, me scrute de ses yeux délavés, taches claires dans le visage ridé, au teint mat.

– Elle a fait quelque chose de mal, Mireille?

– Non, m'empressé-je de rétorquer. Pas du tout. J'aimerais la rencontrer. Elle ou son mari...

La déception semble altérer les traits de l'ornithologiste.

– Je ne sais pas ce qu'il est devenu, Jacquot. Il a été fait prisonnier en 40 et envoyé en Prusse orientale. Quand il a été rapatrié en 45, ç'a été pour apprendre que Mireille ne lui avait pas été trop fidèle. Elle n'était pas la seule, malheureusement, pendant cette maudite guerre... Mais elle a eu une fille. Il a pris son baluchon et on ne l'a plus revu. Il était de Tarbes. Elle, je l'ai aperçue un jour, peu après la Libération, au bras d'un officier américain. Un capitaine de paras, je crois. Elle est belle, cette garce. On a parlé dix minutes et je ne l'ai pas revue depuis. Je ne sais pas si elle est toujours rue de la Montagne-Sainte-Geneviève.

– Au 43? dis-je à tout hasard, pour lui forcer la main.

Il a un mouvement d'hésitation.

– Pas au 43, au 36. A moins qu'elle ait déménagé depuis... Pourquoi donc vous voulez la voir?

– On a trouvé sa carte d'alimentation et des tickets de textile dans un sac à main qu'elle a dû perdre. L'argent avait disparu, naturellement. Le numéro de la rue n'est plus bien lisible. Je vais me débrouiller autrement...

Raoul Lepautre ne saura jamais comment. Comme il n'a sans doute pas compris par quelle opération du Saint-Esprit j'avais découvert son adresse.

La rue de la Montagne-Sainte-Geneviève grimpe du boulevard Saint-Germain jusqu'aux bâtiments de l'École Polytechnique. Moi qui suis amoureux des pierres, je suis comblé. La vieille bâtisse du 36 est traversée par un long et curieux couloir qui conduit à un escalier ouvrant, au premier étage, sur un cul-de-sac baptisé cour des Bœufs.

Une courette précède le second et pittoresque bâtiment où la concierge a sa loge. Le sourcil froncé, elle accueille avec un apparent mauvais vouloir la présentation de mon insigne.

– Mme Vincent, quel étage? dis-je avec l'aplomb que m'ont donné mes neuf mois de démarchage chez Kalamazoo.

Elle esquisse un mouvement de bouche comme si elle allait intervenir mais elle ne dit rien. Puis, après quelques secondes d'intense examen :

– Qu'est-ce que vous lui voulez, à Mme Vincent? Elle est pas là.

Ça y est, ça recommence comme avec sa consœur de la rue Saint-Augustin. Décidément, j'ai la conciergerie contraire!

– Elle sera là quand?

Les épaules se soulèvent, provoquant le glissement de la blouse sur une masse de chair blanche.

– Est-ce que je sais? Comme si elle me tenait au courant de ses allées et venues! D'abord je peux pas la voir entrer et sortir, elle donne sur la rue.

– Comment savez-vous qu'elle n'est pas là, alors?

– Vous êtes vraiment de la police? Faites voir votre carte.

L'insigne ne suffit plus. J'exhibe le carton à barres tricolores dont elle déchiffre les inscriptions à voix haute avant de le retourner pour comparer la photographie à ma physionomie. Elle me le restitue, hoche la tête :

– Parce que ça fait plus de deux mois que je ne la vois pas, pardi! Et qu'elle ne prend pas son courrier. Elle ne s'occupe même pas de sa môme. Deux fois la nourrice est venue pour se faire payer. Pour rien!

– Elle est peut-être en voyage?

– C'est ce que m'a dit son jules qui est venu reprendre des affaires à lui. Il ne m'a pas dit où. En tout cas, elle lui a laissé ses clefs, pas comme à moi. Vous vous rendez compte, s'il y avait le feu ou une fuite d'eau, pour les autres locataires...

Je compatis. Depuis qu'elle a vu ma carte, la pipelette me regarde d'un œil nouveau. Les incidents qui pourraient survenir dans l'appartement de Mireille Lefevre-Vincent nous ont rapprochés.

– Son jules ou son mari?

Un borborygme gras précède la réponse.

– Son mari? Me faites pas rigoler. Il y a longtemps qu'il l'a virée, son mari, pensez donc! Non, le Ricain. Celui qui la balade dans sa jeep. Ça va faire deux ans qu'elle le connaît, le Dougie... Un beau gars, mais un jaloux!

– C'est son nom?

– Je sais pas. Un jour c'est Dougie, un autre c'est Doug, une autre fois c'est Douglas... Ça dépend si elle est de bon poil ou non. Je sais qu'il est du Shape, du côté de Saint-Germain-en-Laye ou de Versailles, parce que, au début, elle me ramenait des boîtes de lait condensé, du chocolat et plein de fruits et de légumes qu'on trouve plus ici. Attendez, je crois bien que j'ai marqué son nom quelque part...

Le bouddha féminin farfouille dans le tiroir d'un bahut breton, en bois sculpté, aux serrures de fer forgé, qui regorge de paperasses, de bobines de fils, d'outils et de cuillers et fourchettes. Elle en extrait un cahier d'écolier aux pages jaunies, le feuillette. Un éclair de triomphe illumine sa face large et pleine.

– Voilà : Lieutenant Douglas Scott, First Company, Shape, Nationale Le Chesnay-Versailles.

– Pourquoi est-il venu rechercher ses affaires ?

– Allez savoir ! Peut-être qu'elle a trouvé un autre jules avec lequel elle vit...

– Peut-être, dis-je. A moins qu'elle soit morte.

La concierge me lance un regard rapide, se rengorge avec une sorte de gloussement.

– Dites donc, vous devez avoir de la famille aux Pompes Funèbres, s'exclame-t-elle. C'est pas possible autrement ! D'ailleurs, depuis que vous êtes là, vous faites une tête d'enterrement.

***

Dans le bureau du commissaire Bonnel, le lieutenant Scott, pâle, le visage défait, subit depuis deux heures un tir croisé de questions. On lui a retiré les menottes. Que pourrait-il tenter au milieu de ces civils aux regards haineux, feulant leurs demandes avec des bruits de gorge éraillée, se gaussant de ses réponses. Il les a comptés. Ils sont cinq, les uns debout, les autres à califourchon sur une chaise. Le plus puissant de l'équipe, au front bas et aux cheveux en brosse, a posé ses larges fesses sur le bord d'une table. Le plus grand, le plus distingué aussi, brosse et lime ses ongles qu'il frotte par moments sur le revers de son veston.

L'anxiété et l'attente sont pires que le mal. Dès que le colonel l'a mandé à son bureau du Shape et l'a prié de suivre les policiers français, Scott a compris ce qu'on lui voulait. Il est accusé d'avoir tué sa maîtresse. Il le nie. Pour le faire avouer, le commissaire pratique l'interrogatoire en dents de scie. Tantôt il fait patte de velours, le sourire bienveillant, tantôt, excédé, il rugit, quitte son siège, fait les cent pas dans la pièce, les mains derrière le dos. Scott résiste. Il pense qu'il n'y a aucune preuve contre lui. C'est un mauvais moment à passer. Il suffit de tenir le coup.

Pourtant il est inquiet. Ça se voit, ça se sent. Il passe instinctivement la langue sur ses lèvres, signe d'une intense émotion. Son palais est desséché, ses mains accusent le tremblement des consciences tourmentées. Il n'a pas pu s'abriter derrière la barrière de la langue. Son chef de corps nous a précisé qu'il parlait et comprenait parfaitement le français.

Je l'observe. Il est grand, musclé, et son visage est beau, avec ses yeux bleus sous les cheveux bruns coupés court. Pas étonnant que Mireille Vincent se soit éprise de lui. Son livret matricule indique qu'il est âgé de trente-quatre ans et est originaire du Connecticut.

Bonnel reprend sur un ton paternel :

– Vous ne voulez donc pas nous aider? Si vous êtes innocent du meurtre dont nous vous suspectons, il faut parler. Nous expliquer comment vous avez connu Mireille Lefevre, combien de temps vous l'avez fréquentée, pourquoi vous avez rompu avec elle et, ce qui nous intéresse, quand vous l'avez rencontrée pour la dernière fois.

Malgré sa résolution, Scott ne peut s'empêcher de répondre :

– Je ne comprends pas ce que vous voulez dire. Je n'ai pas tué la femme dont vous parlez.

– Et moi, ce que je ne comprends pas, c'est pourquoi vous vous entêtez, dis-je. Vous ne pouvez pas nier avoir vécu avec Mireille rue de la Montagne-Sainte-Geneviève, ni vous êtes promené avec elle un peu partout, dans votre jeep.

Il me regarde interloqué. La tête lui tourne. Il cherche l'explication qui ne vient pas. Je poursuis sur ma lancée :

– Les témoins sont formels. Ils vous connaissent et vous reconnaîtraient facilement. Il y en a même un, plus curieux que les autres, qui a relevé le numéro de la jeep... Et la concierge a conservé votre nom et votre adresse lorsque vous les lui avez donnés.

Instinctivement, Scott rentre la tête dans les épaules. Je reprends :

– D'ailleurs, il n'y a pas que ça. Vous possédez les clés du logement de Mireille. Vous y êtes revenu chercher vos affaires après sa disparition. Là encore, on vous a vu. Vous ne passez pas inaperçu. Vous avez même indiqué à la concierge qui n'avait pas de nouvelles de sa locataire depuis quelque temps qu'elle était partie en voyage. Un voyage d'où elle n'est pas revenue, lieutenant. Le voyage de Claye-Souilly !

L'angoisse s'est emparée de Scott lorsque j'ai parlé des clés de l'appartement. A-t-il pensé aux empreintes qu'il aurait pu y laisser lors de son passage ? Une question me vient subitement aux lèvres, que je lâche, tout de go, me souvenant des paroles de la gardienne :

– Êtes-vous jaloux, lieutenant ?

Il sursaute.

– Pourquoi serais-je jaloux ?

– Votre femme l'est-elle?

J'ai constaté la présence d'une alliance à l'annulaire gauche. Il s'abstient de répondre, avale le peu de salive qui lui reste. J'enchaîne avant qu'il ait le temps de reprendre ses esprits.

– Je vous demande ça parce que nous allons être obligés de mettre votre épouse au courant de votre liaison. Et lui dire que vous avez eu une fille avec votre maîtresse...

Cette fois, la réaction ne se fait pas attendre.

– Je n'ai pas eu d'enfant avec Mireille et votre dénonciation serait indigne d'un policier français.

– Comme un assassinat est indigne d'un officier américain.

Je me conduis en salaud, c'est sûr. Mais je suis convaincu que Scott est le meurtrier de sa maîtresse. A salaud, salaud et demi.

– Il va vous falloir réfléchir, dis-je. Quelques heures de cellule vous feront du bien. Si nous ne sommes pas plus avancés, nous vous conduirons devant le juge d'instruction de Meaux qui vous collera en prison. Nous avons suffisamment d'éléments de preuves pour ça. Et encore, nous ne vous les dévoilons pas tous.

Scott a fermé les yeux. Il essaie d'évaluer le temps de sa détention. Je donne le coup de grâce :

– Pourriez-vous jurer sur la Bible que vous n'avez pas tué Mireille Lefevre, lieutenant Scott?

Je suis frappé par l'expression presque songeuse que prend son visage avant qu'il réponde, dans un souffle :

– Je ne jure pas. Vous avez gagné, inspecteur. Je vais tout vous raconter.

Ce dimanche de mai, Scott est passé, comme d'habitude, chercher Mireille pour une promenade à la campagne. Il fait beau. La jeep met le cap sur la plage de Trilport avant de gagner Meaux où le couple, bras dessus dessous, fait le tour des remparts. La cathédrale gothique, malheureusement fort abîmée, retient l'attention de l'officier qui prend quelques photographies de sa maîtresse devant le Vieux Chapitre.

Au cours du déjeuner dans une auberge du centre-ville, Mireille se montre soudain pressante. Elle menace de dévoiler leur liaison à la femme de son amant s'il ne divorce pas pour l'épouser. Elle souhaite qu'il reconnaisse l'enfant qui n'est pas de lui. Scott tente de la raisonner, tergiverse, lui offre de l'argent, une somme suffisante pour qu'elle puisse redémarrer dans l'existence lorsqu'il aura regagné le Connecticut. Son retour aux USA est imminent. Il reprendra sa profession d'avocat. Elle sanglote, refuse la proposition.

Le déjeuner se poursuit sur une crise de nerfs.

– De l'argent! crie Mireille sans se soucier de la présence de clients atterrés, tu espères pouvoir te débarrasser de moi en m'offrant de l'argent?

Scott préfère régler l'addition et quitter la salle. Dehors, il tente encore de raisonner son amie qui n'est plus dans son état normal. Elle refuse de monter dans la jeep. Quand, enfin, elle prend place près de lui, apparemment calmée, elle demeure silencieuse, absente, tripotant un mouchoir de dentelle. Puis, sans raison, elle se remet à crier. Cette fois, des injures volent dans la voiture. Un peu avant Claye-Souilly, elle saisit brusquement le volant, pour faire prendre aux roues le chemin du fossé.

Scott freine, réussit à stopper le véhicule. L'endroit est désert. Mireille hurle toujours, la bave aux lèvres. Il la prie de descendre. Elle l'insulte de plus belle, en termes vulgaires. Scott, d'habitude maître de ses nerfs, n'en peut plus. Il est marié. Il est père de deux enfants. Il va retrouver sa situation de juriste, les affaires qu'il a abandonnées à cause de la guerre. Il ne peut continuer une liaison qui ne le mène à rien. Mireille n'aura été qu'un passe-temps pour lui. Elle en a conscience. Maintenant, elle lui crache au visage. Pour l'intimider, Scott fait mine de sortir son pistolet. Mireille, amante déchaînée et bientôt délaissée, n'en a cure. Il lève son arme. Elle l'injurie encore. Un réflexe malheureux sous la colère. Le coup part. Quand Mireille s'écroule sur le siège, Scott réalise l'atrocité de son geste. La jeep quitte la nationale, emprunte un chemin de terre longeant un petit bois, s'arrête hors la vue de témoins éventuels. Le lieutenant soulève le corps de sa maîtresse, le dépose dans le sous-bois, l'abandonne après l'avoir délesté du sac à main. Il espère que le crime restera impuni. La bague retrouvée par Mangeot le conduit aux aveux dans les locaux de la brigade, deux jours seulement après la découverte du cadavre. Maintenant, il pleure.

– On répète encore une fois, Borniche, si vous voulez bien. Quel est le lien qui nous unit?

– La franc-maçonnerie, patron.

– Bien. Très bien. Dites-moi, Borniche, demain il faudra reconduire Scott au Shape. J'ai eu le juge d'instruction. Les conventions entre les autorités américaines et françaises exigent que les crimes commis par des militaires américains en opération sur notre sol dépendent de leur justice. La Military Police prendra donc l'affaire en main.

– Le Parquet de Meaux sera donc dessaisi ?

– Évidemment. Ce n'est plus notre affaire, je vous dis. Il faudra quand même que vous vous décidiez à entrer dans ma loge si vous voulez un jour monter en grade... Vous n'allez pas rester inspecteur de police toute votre vie, allons !

LE CRIME NE PAIE PAS

La baraque pue la mort.

Une baraque de bois neuve, et déjà misérable. Une chambre, une cuisine, un appentis, c'est tout. Et pourtant, si rares sont les meubles qu'elle paraît trop vaste encore : un lit de camp, une armoire branlante, une chaise de paille sur laquelle un réveil renversé indique quinze heures quarante, une table. Sous un tabouret, quelques litres de vin vides. Mais cela, je ne le distinguerai que plus tard. Pour le moment, je ne vois qu'une tache brune sur le parquet, énorme, bourdonnante de mouches. Et au milieu de débris de verres et d'assiettes qu'une main rageuse a balayés des étagères de l'armoire, le corps d'un homme, les bras en croix, la bouche ouverte sous la moustache grisonnante. Le crâne n'est plus qu'une bouillie.

L'odeur du sang, du vin qui s'est répandu en rigoles sur le plancher, m'est difficilement supportable. Cocagne s'en moque. En tant que technicien de l'Identité, il a eu droit aux macchabées les plus déplaisants au cours de sa carrière. Il plante son appareil sur le seuil de la porte, fusille le cadavre sous tous les angles, procède à des relevés d'empreintes sur les murs, les portes de l'armoire, la crosse et le canon d'un pistolet ensanglanté posé sur la table. Quand il me rejoint devant le jardinet où les touffes de dahlias et les tournesols jettent des notes de couleur, il hoche la tête :

– L'assassin y est allé de bon cœur, dit-il. Des morceaux de cuir chevelu sont même restés collés au plafond. Le vieux a dû essayer de s'échapper mais le sang l'a aveuglé. Les murs portent la trace de ses empreintes. J'en ai quelques autres qui ne paraissent pas être les siennes.

– Tu me donnes le résultat quand?

Il a un geste évasif.

– Ça peut attendre demain, non? Tu crois tout de même pas que je vais aller à la boîte un dimanche!

En cette fin de journée de juin, alors que les feux du couchant ourlent de pourpre une longue traînée de nuages, le commissaire de Blanc-Mesnil m'a dressé un portrait sommaire de la victime :

– Il s'appelle Leboucq. Le plus drôle, c'est que, dans le temps, il a fait le book pour des turfistes du coin. Il a tâté aussi de la fausse monnaie mais il ne s'en est pas mal tiré. Une broutille, d'ailleurs. A soixante-huit ans, il venait de dégoter un emploi de veilleur de nuit dans une société de constructions aéronautiques au Bourget.

– Ce qui explique la présence du pistolet sur la table?

– Juste bon à faire peur. Nénesse, c'est ainsi qu'était surnommé Ernest Leboucq, avait failli être volé il n'y a pas si longtemps. Il pensait que sa pétoire le protégerait. Il ne roulait pourtant pas sur l'or, le bougre. C'est pour ça que je ne m'explique pas le meurtre.

Cocagne a déjà rangé le matériel dans sa mallette fourre-tout. Il suspend à son épaule l'étui de moleskine dans lequel il a glissé le trépied de son appareil, ouvre la portière de la traction de Judas, le chauffeur de la brigade.

– En route, traître! lance-t-il, comme d'habitude.

Puis, se retournant vers moi :

– Tu viens ou tu ne viens pas? Parce que moi, je n'ai pas l'intention de m'éterniser ici. Déjà que je n'étais pas de permanence à domicile...

– Moi, si, dis-je avec un soupir de regret. Comme Prioux et Grisard qui doivent arriver d'un moment à l'autre. J'ai encore l'autopsie à me taper.

La portière claque. La onze légère s'arrache de la chaussée dans un grincement de boîte de vitesses.

Être de permanence à domicile signifie que, trois jours durant, du vendredi au lundi, un commissaire et deux inspecteurs que le secrétariat a désignés ne doivent pas quitter leur résidence, de jour comme de nuit, afin de parer à toute éventualité de service. La permanence de nuit est différente. Comme celle des dimanches et des jours fériés, elle s'exerce au siège de la brigade, devant le standard téléphonique. L'inspecteur passe son temps à transcrire sur un registre poisseux les messages qui lui sont adressés et à les répercuter sur les sections intéressées. La variété des écritures, raturées, surchargées, presque hiéroglyphiques, m'a toujours stupéfié. Elles dénotent la personnalité, indolente ou nerveuse, autoritaire ou passive, du scribouillard occasionnel.

Ce dimanche, l'inspecteur Pottier qui assure la permanence n'a eu aucun mal à me dénicher.

– Tu files à Blanc-Mesnil, Borniche. Prioux et Grisard t'y rejoindront. Un vieux s'est fait dessouder. Le commissaire Molin est sur place. Il t'expliquera.

– J'y vais comment?

– Judas vient te chercher. Prends Cocagne au passage, c'est sur ton chemin.

– Je croyais que c'était Adam qui était de permanence?

– Adam! Tu parles! Je n'arrive pas à lui mettre la main dessus. Il est à deux doigts de la retraite, Adam! Alors il s'en fout de la permanence!

Dans un hululement de sirène, l'ambulance m'emporte jusqu'à l'hôpital de Drancy où le légiste, dérangé lui aussi dans son repos dominical, s'apprête à jouer du scalpel. Cela fait des années que le toubib gagne sa vie avec la mort, qu'il examine les cadavres, découpe la viande froide, opère des prélèvements de viscères, avec le doigté et la maîtrise d'un professeur d'anatomie.

Sitôt arrivé, le corps a été transféré dans la salle d'autopsie de la morgue. Carrelée de blanc du sol au plafond, il y flotte une odeur de formol entêtante. Au centre, une rigole sert à recueillir le sang des cobayes de la dissection.

– Les blessures ont été occasionnées par un instrument contondant, conclut le légiste en ôtant ses gants de caoutchouc translucide. Un marteau ou la crosse d'un pistolet, par exemple. Les enfoncements du crâne et de la face en témoignent. La mort n'est survenue, par hémorragie, qu'après une lente et pénible agonie. J'ai relevé des ecchymoses à la base du cou. L'assassin a sans doute tenté d'assommer sa victime en la frappant avec une matraque ou une canne. Il l'a achevée avec un des objets dont je vous parlais.

– Vous en déduisez quoi, docteur?

Le légiste passe la main entre ses rares cheveux.

– Difficile de répondre. Je pencherais pour une dispute dégénérant en drame. Ou un crime de rôdeur, allez savoir... Les esquilles de bois relevées sous les ongles proviennent vraisemblablement du raclement des doigts sur le parquet. Les fractures frontale et nasale révèlent l'acharnement du tueur sur l'homme déjà à terre.

Il fait presque nuit lorsque l'ambulancier me ramène à mon point de départ. Prioux a bouclé l'enquête de voisinage.

– Rien à en tirer, dit-il. Personne n'a rien vu, ni entendu. Les voisins étaient absents de leur domicile cet après-midi. Ils n'ont découvert le crime qu'à leur retour et encore parce que leur chien ne cessait d'aboyer et de tirer sur sa chaîne.

C'est un garçon sympathique, le grand Prioux, à qui les diplômes universitaires ont permis d'accéder sans concours à la fonction de commissaire de police. Il arbore en toutes saisons un chapeau à bords roulés, des chemises pincées au col et des costumes serrés qui lui confèrent un style tout ce qu'il y a de british. Son rire est caractéristique. Il démarre en roucoulement de tourterelle pour finir en trilles de flûte.

– On a fait ce qu'il fallait, reprend-il après que

je lui ai rendu compte des résultats de l'autopsie. Grisard rôde dans la cité pour recueillir d'éventuels témoignages mais je doute qu'il apprenne grand-chose. Demain, il fera jour. Si Cocagne réussit à faire parler les empreintes, nous en saurons plus.

Ce que nous ne pouvions savoir, c'est que deux heures plus tôt, un homme jeune entreprend de se rafraîchir dans les eaux de la Morée, une rivière qui coule des eaux paisibles dans un paysage de banlieue, épargné encore par les bulldozers et les pelleteuses. Il ôte sa chemise et, de ses mains assemblées comme une soucoupe, il s'asperge les cheveux, la face et le cou sans se soucier des éclaboussures qui inondent son pantalon de toile bleue.

Des cris et des rires le font soudain sursauter. En hâte, il ramasse sa chemise et court se dissimuler dans un fourré. Ses petits yeux ne quittent pas la passerelle de bois sur laquelle deux gamins viennent d'apparaître et s'amusent à sautiller. Le premier, âgé d'une dizaine d'années, se penche sur la rambarde pour cracher dans l'eau.

– Regarde ce qui vient de tomber! s'exclame-t-il, tout d'un coup. Un portefeuille!

Dans sa cachette, l'homme ne peut retenir une exclamation de colère. C'est bien un portefeuille, en effet, qu'il avait dissimulé sous la cornière formant tablier et qui a chuté sous les vibrations de la vétuste et faible passerelle. Le léger courant l'entraîne vers des ajoncs.

Les deux enfants déboulent sur la rive. Plus leste, le cadet réussit à attraper l'objet.

– Il est à moi, dit l'aîné, d'autorité. C'est moi qui l'ai fait tomber.

La résistance est brève. La force l'emporte sur le droit. Le petit pleurniche, contemple ses mains vides tandis que l'aîné se sauve vers la cité.

– Je le dirai à mon frère que tu m'as volé, lui crie-t-il. Et tu verras...

L'argument porte. Le vainqueur freine sa course, hésite, revient sur ses pas.

– Chiale pas, le voilà, ton portefeuille, dit-il.

En courant, il a enfoui une liasse de billets dans la poche de sa culotte courte. Le petit n'a pas aperçu le manège mais, de sa cachette, l'homme n'en a pas perdu un détail. Il a failli la quitter pour reprendre son bien. La prudence l'en a empêché. Les enfants ont disparu, emportant chacun son butin.

Furieux, l'homme quitte le fourré. Il remet sa chemise et s'enfuit à grandes enjambées dans la direction opposée. Une expression d'abattement se peint sur son visage.

Georges Cocagne, notre râleur familier, le champion de l'obturateur, ne s'intéresse qu'à ce qui se passe dans son laboratoire. Lustrine aux manches, il évolue dans l'ancienne cuisine du rez-de-chaussée, aux carreaux à damier jaune et blanc, entre l'évier ébréché, le réfrigérateur aussi silencieux qu'un moteur de tracteur où il lui arrive de conserver des fragments de peau, et les cuves de porcelaine où stagne l'hyposulfite.

Il partage l'endroit avec Adam, le vétéran. Il a barbouillé de noir les vitres de la fenêtre, calfeutré de bandes de papier journal les interstices de la porte. Son domaine, c'est l'obscurité. Aussi faut-il donner le mot de passe pour que la porte se déverrouille après un retentissant « Qu'est-ce qui vient encore m'emmerder? »

Ce lundi, l'empêcheur de tourner en rond, c'est moi. Prioux et Grisard ont regagné Blanc-Mesnil pour enregistrer sur procès-verbal les déclarations d'ignorance des voisins.

– Les empreintes ont-elles donné quelque chose?

Cocagne grogne en verrouillant derrière moi.

– Ça a donné, ça a donné, jusque-là non, ça n'a pas donné grand-chose. La plupart correspondent à celles de Leboucq. Il les a tellement baladées partout. Tu as appris quelque chose, toi, à l'autopsie?

En pensée, je revois la danse macabre du marteau, de la scie et du scalpel.

– Le vieux aurait été massacré à l'aide d'un instrument contondant. Peut-être avec la crosse d'un pistolet.

Cocagne acquiesce du chef.

– J'y ai pensé. C'est pour ça que j'ai emporté le flingue. J'ai des traces papillaires dessus. Seulement tu te pointes avant même que j'aie fini les comparaisons. Tu as un réveil dans le ventre, mon gars.

– Il est neuf heures et quart...

– Et alors? Tu crois qu'à mon âge, j'ai passé la nuit là-dessus? Les clichés sont en train de sécher. Dans dix minutes, tu pourras les porter au Quai. Elles ne sont pas très nettes, les empreintes, mais les collègues d'en face s'en démerderont. Ils sont mieux outillés que moi!

Cocagne a raison. Pour ce qui est du confort, les techniciens de l'Identité ne sont certainement pas mieux lotis que lui. Mais pour les recherches, force m'est de reconnaître que c'est autre chose. Le professeur Sannié, le patriarche de ce grenier de la vérité policière, a réussi, dans le cadre étroit des crédits alloués à la fonction scientifique, à doter ses taudis d'appareils les plus perfectionnés.

Dans les pièces mansardées qui se succèdent en haut d'un escalier en colimaçon partant de la galerie de la Sainte-Chapelle, les indices du crime sont épluchés, les victimes et les criminels identifiés, grâce aux données de la biologie, de la physique, de la chimie et des sections dactyloscopique, anthropométrique, et du signalement descriptif dit portrait parlé.

Pour le moment, ce sont les empreintes de Cocagne qui motivent ma visite. Je frappe à la porte vitrée du chef de service :

– Inspecteur Borniche de la 1re brigade. Pour une comparaison.

– Venez, dit le gradé dont la blouse bleue à l'écusson de la P.P. bat les mollets.

Je lui emboîte le pas. Dans une salle se meuvent des hommes qui font de la criminalistique à longueur de journée. Mon guide interpelle un de ces obscurs au visage sanguin, à la houpette grise qui s'élève sur le devant du crâne comme un point d'interrogation.

– Cordu, c'est pour toi. Une identification.

Les clichés de Cocagne s'étalent bientôt sous l'optique de l'agrandisseur.

Pendant que le pouce et l'index actionnent une molette, le laborantin m'explique :

– Je mets un numéro sur chacune des particularités des empreintes. Là, c'est un peu difficile car elles ne sont pas très nettes et se chevauchent même. Mais une ou deux me suffisent, heureusement.

– Et alors?

– Tu vas voir. Chacune d'elles est chiffrée selon sa forme : boucle gauche, boucle droite, boucle jumelée, arc de verticille...

– C'est de l'hébreu pour moi.

Il se redresse, affiche un sourire de circonstance.

– Forcément. Mais on ne te demande pas de savoir, chacun son business. C'est un code. Je traduis les particularités en chiffres et j'obtiens un numéro. Il n'y a plus qu'à piquer dans le fichier la carte qui correspond à ce numéro.

– S'il est fiché, très bien. Mais s'il est inconnu...

– C'est une autre histoire! La police, c'est un peu la pêche, mon vieux!

L'homme quitte son œilleton, se redresse, fait quelques pas, tire un escabeau sur lequel il grimpe. Il s'arrête sur la seconde marche. Ses doigts fouillent un casier portant les inscriptions : 45734 à 53918, agrippent une fiche. Il se retourne :

– Qu'est-ce que je te disais, triomphe-t-il. Il est connu ton gars! Nivelle, ça te dit quelque chose?

Je fais non de la tête. Il quitte son perchoir, me colle sous le nez un carton rectangulaire sur lequel je lis : « Nivelle Ferdinand, né le 22 novembre 1924 à Dugny. Grivèlerie, cambriolages, évadé du centre de rééducation pour jeunes délinquants de Juvisy, trafic de cartes de pain. Récemment libéré du service militaire. Dossier Archives PJ 428352.

– Un vaurien, ajoute l'homme de l'art. C'est toujours comme ça! On commence par une peccadille et on finit par un assassinat. Qu'est-ce qu'il a fait exactement, ton piaf?

– Un meurtre, justement!

Le travail de Cocagne a porté ses fruits. Moins de vingt-quatre heures après son forfait, l'assassin est identifié. Reste à le « loger », ce qui signifie qu'il faut découvrir son domicile. Et cela c'est une autre histoire! Le dossier 428352 classé aux archives du quai des Orfèvres où je me suis précipité m'a laissé sur ma faim. La recherche aux garnis n'a pas donné plus de résultat! J'aurais pourtant aimé offrir à Prioux la preuve de mon savoir-faire.

Reste une possibilité. Pas une certitude, une possibilité : le ministère de la Guerre. L'autorité militaire me permettra-t-elle de consulter l'état signalétique des services de Ferdinand Nivelle? L'armée vous oppose toujours le secret défense. Mais le boulevard Saint-Germain n'est pas très loin. Tant pis, je tente ma chance.

Devant l'imposant immeuble du ministère, deux gardes mobiles en tenue d'apparat et gants blancs font les cent pas. Moi, je n'en ai pas fait trois à l'intérieur du bâtiment qu'un adjudant bardé de décorations, l'œil suspicieux et le ton rébarbatif, me saute dessus. J'exhibe ma plaque de police et, avec un aplomb que ne désavouerait pas un pensionnaire de la Comédie-Française, je lance :

– PJ... Le bureau de recrutement est toujours au même endroit, je présume?

– Puisque vous savez où c'est...

Le premier obstacle est franchi sans difficulté. Je me demande maintenant quelle direction prendre. Heureusement, j'ai une langue, et une langue ça se révèle souvent bien utile. Surtout quand on rencontre sur sa route en jeune A.F.A.T. (Auxiliaire Féminine de l'Armée de Terre) à qui le seyant uniforme bleu marine et le non moins seyant calot à galon doré confèrent un air coquin. A la main, *La Peste*, le dernier roman d'Albert Camus. Le temps d'une explication et me voici précipité dans des dédales de corridors. J'escalade des escaliers tortueux, je retrouve d'autres couloirs avant de dénicher, enfin, la salle du bureau de recrutement de la région parisienne. Un rescapé de la France Combattante à l'œil de verre, amputé du bras gauche, pose sur moi son œil de cyclope.

– Vous cherchez quelqu'un?

– Nivelle.

L'œil unique se pose sur ma plaque, jaillie une nouvelle fois de ma poche.

– Nivelle? Connais pas.

– Pourtant, dis-je en lui adressant un clin d'œil de connivence, il est dans vos fichiers. Collabo et gestapiste. Son compte est bon quand je lui mettrai la main dessus. Avec les meurtres qu'il a sur la conscience...

– Combien?

– On ne sait plus! Un sacré paquet, en tout cas.

– Venez.

Avec une agilité dont je le croyais incapable, le mutilé se faufile dans l'ouverture de la porte de son antre. Je le suis dans le décor familier de bien des cauchemars, une salle encombrée de dossiers recouverts de poussière qui mène, au bout, tout au bout, à un spectacle de désolation. Le manchot devine ma pensée, tente de justifier le fatras :

– Que voulez-vous, avant, tout ça c'était rangé. Depuis la Libération, avec tous ces F.F.I. et ces F.T.P. qui viennent fourrer leurs pattes ici, c'est le bordel. J'avais commencé à mettre de l'ordre mais ça recommence à chaque fois. Alors, j'ai abandonné. Surtout avec un bras en moins...

Je compatis. Il y a en effet de quoi avoir une attaque à la vision de ces fiches mal ficelées qui dégoulinent de casiers en position instable sur des étagères à la rigidité douteuse. La démobilisation de Nivelle est trop récente pour faire partie du lot des rescapés de l'épopée napoléonienne!

Le sourcil du manchot se fait interrogateur :

– Comment vous dites, votre gars?

– Nivelle.

– Comme le général alors?

Fier de sa connaissance en matière militaire, l'empereur du désordre se dirige tout droit vers un classeur où l'étiquette mentionne Na-Ny. Il me le désigne d'un mouvement de menton.

– Ce doit être là-dedans. Grimpez sur le tabouret, vous serez mieux.

Il suit mon escalade d'un œil désabusé. Trente secondes après, j'ai la fiche de Ferdinand entre les mains. Et l'adresse où il a déclaré se retirer en quittant l'armée : Hôtel de la place de la Gare au Bourget. Je n'ai plus qu'à prévenir Prioux et à foncer.

Lorsque nous lui présentons notre carte, la tenancière du modeste meublé se met à trembler.

– Faut pas avoir peur comme ça, ma petite dame, la rassure Grisard. On ne vient pas pour vous. Est-ce que Nivelle est là, en ce moment?

– Fer... Ferdinand, je crois, oui, bégaie-t-elle. Sa clé n'est pas au tableau. Il n'a pas été travailler, aujourd'hui... Il est peut-être malade...

– Montrez-nous le chemin.

A sa suite, nous montons un escalier étroit, à rampe de bois, aux marches usées, empuanti par des odeurs de cuisine. Je colle mon oreille à la porte du second étage que la logeuse désigne de la main. Aucun bruit. Je tourne la poignée. La serrure n'est pas enclenchée. J'ouvre brutalement la porte, Grisard sur mes talons. Sur son lit, Ferdinand Nivelle est avachi. Il se redresse d'un coup, porte instinctivement le bras devant le visage comme un enfant qui veut se protéger d'une taloche.

– Debout, Ferdinand. On vient te parler de Leboucq.

Il n'essaie ni de nier ni de résister. Il nous suit docilement, jusqu'à la voiture de Judas, et se laisse choir, pantin disloqué, sur la banquette arrière, Grisard à sa gauche, moi à sa droite.

– J'ai tué le vieux pour le voler, avoue-t-il dans la voiture qui nous conduit au commissariat. J'étais allé chez lui après le déjeuner, comme pour une visite. J'avais emporté une canne et je lui ai tapé sur la tête avec le bout ferré. Il avait le crâne dur. Le sang giclait. Il hurlait. J'ai eu peur que les voisins l'entendent. J'ai vu un gros revolver sur la table. Je l'ai pris par le canon et j'ai frappé jusqu'à ce qu'il ne bouge plus. Je l'ai fouillé et me suis emparé de son portefeuille. Comme le sang avait taché mes vêtements, je ne pouvais revenir dans cet état à l'hôtel. Je suis allé me laver dans la Morée.

– Tu risquais d'être vu, dis-je doucement.

Il tourne vers moi son visage aux cheveux mal plantés, aux lèvres épaisses, aux sourcils bas.

– Le dimanche à trois heures de l'après-midi, les gens sont en promenade ou font la sieste. Surtout par cette chaleur.

– Où est le portefeuille? Et l'argent?

Nivelle a une grimace de dépit.

– On me l'a volé. En arrivant à la rivière, je l'ai ouvert pour prendre ce qu'il contenait en billets. Comme je n'ai pas fouillé la poche intérieure, je n'ai rien vu et je l'ai caché sous la passerelle pour l'examiner plus tard. A ce moment-là, deux gosses sont arrivés. Je me suis caché. Ils ont sauté à pieds joints sur la passerelle et le portefeuille est tombé à l'eau. Ils l'ont récupéré. C'est là que j'ai vu, de loin, que les billets étaient dans la poche intérieure.

– Tu aurais pu les leur reprendre...

– Ils me connaissaient. J'ai eu peur. Je regrette...

– D'avoir tué Leboucq ou de l'avoir tué pour rien? demande Grisard. Qu'est-ce que tu as fait après le meurtre?

– Je suis allé me changer. Puis je suis parti chez ma maîtresse et nous sommes allés au dancing terminer la soirée.

Ferdinand Nivelle ayant donné le nom de l'un des enfants, il faut nous rendre à l'évidence. Ce n'est plus une enquête pour confondre un voleur-assassin, ce sont des investigations pour découvrir un innocent gamin. En une heure, tout est réglé. Le portefeuille, vide, est récupéré chez le plus petit. Chez l'autre, nous retrouvons onze mille francs en billets dérobés au père Leboucq. Moins quatre francs soixante-dix dépensés en acquisition de sucre d'orge. Le moutard avait prétendu avoir ramassé l'argent dans la rue. Cela avait semblé naturel aux parents.

– Tu vois, Borniche, conclut, philosophe, Cocagne à qui j'expose la fin de l'histoire. Nivelle a tué pour rien. Ce qui prouve, une fois encore, s'il le fallait, que le crime ne paie pas.

MAGUY

Fou pas fou, Émile Buisson? Je me suis souvent posé la question. Ne cédait-il pas à des impulsions morbides qui lui venaient de son sang? Ne subissait-il pas la loi de l'hérédité de toute une famille, d'un grand-père et d'un père alcooliques, d'une mère aliénée, ou s'agissait-il, au contraire, d'un simulateur doué d'une maîtrise exceptionnelle dans l'art de la comédie? Les experts se sont plusieurs fois contredits à son sujet. Comme à la même époque ils s'étaient contredits pour René Girier et contredits aussi, deux années plus tôt, dans une affaire qui avait salement ébranlé le palais de justice, jusqu'à motiver l'intervention personnelle du général de Gaulle.

Dans les mois troubles de l'après-Libération, l'épuration bat son plein. Les communistes sont au pouvoir. C'est une époque de bruit et de vengeance. Un jeune et brillant avocat, Louis Guitard, assure la défense du commissaire David, l'ancien chef de la brigade spéciale anticommuniste de la Préfecture de Police sous l'Occupation. Malgré les efforts de son défenseur, David est condamné à mort. Deux jours plus tard, l'avocat est interpellé sans raison sur la voie publique, conduit quai des Orfèvres, durement interrogé par des policiers d'une section nouvellement créée dite d'« Épuration ». Expédié à la limite de l'épuisement à la salle Cusco de l'Hôtel-Dieu, il est inculpé d'atteinte à la sûreté intérieure de l'État. On lui reproche d'avoir étayé sa plaidoirie sur des documents anticommunistes publiés par le gouvernement de Vichy.

Trois experts médicaux commis par le juge d'instruction Gollety l'examinent et déposent leur rapport. Louis Guitard n'est, à leurs yeux, ni malade ni exsangue comme ses confrères tentent de le faire croire, mais solide comme un roc. Il peut donc, sans dommage, supporter le régime pénitentiaire.

Une telle affirmation, que d'aucuns jugent ignominieuse, ne laisse pas insensibles les membres du Conseil de l'Ordre. A la sollicitation de Me Naud, le chef du gouvernement provisoire de la République française exige des explications du procureur Vassart et du juge Gollety. Quelques jours plus tard les experts, à nouveau consultés, reviennent entièrement sur leurs impressions initiales et concluent, cette fois, à l'incompatibilité absolue de la détention avec l'état du malheureux avocat.

Pour le Dr Gourioux, dont chaque apparition à la barre des témoins est un événement, Émile Buisson est un insensible doublé d'un pervers qui ne veut pas sauver sa tête mais son ventre, tant ses instincts sont avant tout alimentaires. Son évasion a coûté trente-trois millions de francs au budget puisqu'il a fallu à cause de lui surélever les murs de l'hôpital psychiatrique, donc sa responsabilité mentale est intacte!

A Villejuif, pourtant, Buisson, soumis à une observation constante sous la garde de médecins éminents, était étiqueté « dément dangereux ». S'il ne s'était pas évadé, peut-être serait-il encore aujourd'hui pensionnaire d'une maison de santé.

Aux frais du contribuable, bien entendu.

La section Henri Collin de l'hôpital psychiatrique, réservée aux criminels, est séparée du monde extérieur par des sauts-de-loup. Quand il débarque dans cet univers, Buisson déchante. Il réalise que si l'établissement est une prison sans barreaux, il lui sera difficile, sinon impossible, de s'en échapper. Il apprend que les rares tentatives d'évasion ont été réprimées avec fermeté. Jetés sur la paille humide et nauséabonde des cellules dites de correction, les coupables y moisissent quarante-cinq jours entrecoupés, matin et soir, par des promenades d'aération sous l'œil implacable des infirmiers-gardiens. Il en vient presque à regretter son bon vieux cachot parisien.

Dès les premiers jours, Émile joue au dingue mais il se comporte docilement, suit aveuglément les consignes, obéit sans regimber aux ordres les plus insensés. Au bout de quelques semaines, les infirmiers, qui le considèrent comme un dément tranquille, relâchent leur surveillance. Il en profite alors pour étudier le comportement des malades, celui du corps médical, les habitudes de ses gardiens. Il note avec soin la disposition des lieux, la régularité des horaires de soupe, de rondes ou de promenades tout en se mettant, de temps à autre, à arroser les nuages de rafales de mitraillette imaginaires, sous le regard rigolard des surveillants.

Un beau matin, pourtant, Émile passe un sale quart d'heure. Il est paresseusement allongé sur son lit quand le médecin qui longe sa cellule demande à son assistant :

– Au fait, Buisson a-t-il eu des électrochocs?

– Non, docteur.

– Et pourquoi donc, s'il vous plaît?

Le directeur qui se trouve près du psychiatre lui fait remarquer que ce Buisson, malgré son apparente et récente docilité, est catalogué parmi les détenus dangereux.

– C'est un spécialiste de l'évasion, docteur. Le conduire à l'infirmerie serait risqué.

– Dans ce cas, fait le médecin, qu'on transporte l'appareil dans sa cellule. Il subira la séance sur place.

Tout le restant de la journée et toute la nuit, Émile vit dans la terreur. Il a trop vu de pauvres diables ramenés titubants et hébétés par des infirmiers après le traitement aux électrochocs. Certains ont la figure de travers, d'autres chantonnent d'une voix dolente, d'autres encore ne tiennent plus sur leurs jambes.

Le lendemain matin, la chemise de bure flottant sur ses chevilles, l'œil et l'oreille aux aguets comme un faucon dans son nid, le nez collé à l'épaisse vitre de sa cage, Buisson assiste aux préparatifs de la séance.

Deux infirmiers ont poussé jusqu'à la porte de sa

cellule un chariot sur lequel un monumental et mystérieux appareil est amarré. Des câbles électriques reliés à un transformateur courent sur le sol du couloir.

Les propos assourdis qui parviennent à Émile avivent son angoisse :

– Il est marrant, le toubib, avec ses diagnostics à la noix, maugrée l'un d'eux. S'il trimballait le matériel, il verrait que c'est quand même moins emmerdant de faire ça à l'infirmerie plutôt qu'ici. On va pas refaire ça tous les jours, j'espère !

– Il n'y a qu'à lui en coller une dose maximum, comme ça on sera tranquilles et il s'en souviendra !

– Et longtemps ! Dans le fond, ça ne peut pas leur faire de mal à des truands pareils.

L'arrivée du psychiatre interrompt leur conversation. Buisson saute sur sa couche, se recroqueville en chien de fusil lorsque la porte se déverrouille. Du coin de l'œil, il assiste à l'entrée du docteur dont la blouse blanche disparaît derrière un tablier de protection. Ses aides plaquent sans ménagement Buisson sur le dos, le maintiennent allongé si solidement qu'il est incapable d'amorcer le moindre mouvement.

– Ouvrez la bouche que je vois votre gorge, ordonne le praticien. Détendez-vous, on ne va pas vous faire de mal...

Émile n'est pas dupe. Il sait que lorsque les électrodes que le docteur s'apprête à saisir de ses mains gantées toucheront les tempes, la décharge électrique provoquera des convulsions comparables à celles de l'épilepsie. « La Ninette », sa sœur cadette, lui a rapporté les ravages des électrochocs que leur père avait subis à l'hôpital de Montceau-les-Mines, où on l'avait interné.

Buisson serre les dents, mais il n'est pas de taille à résister à la main puissante de l'infirmier qui le force à ouvrir la bouche pour y glisser le protège-langue chromé, semblable à un spéculum. On enduit ses temps de vaseline. Et soudain, le néant. Le courant jailli des électrodes l'endort pour le compte.

Lorsqu'il reprend conscience, Buisson a l'impression qu'on l'a assis sur une chaise électrique. Quand, enfin, on le délivre, il a la sensation d'être un corps sans squelette, sans nerfs, transformé en mou de veau. Il lui faut près d'une heure pour récupérer un semblant de vigueur. Pourtant, le teint cireux et les traits encore tirés, il se traîne jusqu'à la porte de sa cellule, frappe avec insistance à la glace donnant sur le couloir.

Craignant une complication, le psychiatre et ses assistants se précipitent. Ils trouvent Buisson le regard béat, le sourire épanoui. Malgré les douleurs qui lui transpercent le crâne, malgré les nausées qui lui soulèvent l'estomac, Buisson se force à rire.

– Ce que c'est chouette votre machine à secouer la tête ! lance-t-il d'une voix stridente au docteur et à sa suite. J'en veux encore ! Ça me colle plein de fourmis dans la cervelle et elles me chatouillent, les garces ! Ça me fait tellement rire, votre truc, que je me demande si je vais pouvoir m'en passer quand je serai dehors. Vraiment, je n'ai jamais tant rigolé !

Le psychiatre et les infirmiers échangent un bref coup d'œil. Le visage soucieux, le médecin tapote l'épaule de Buisson et lui assure, avant de refermer la porte :

– D'accord, mon vieux, mais pas tout de suite.

– J'en aurai demain, docteur?

– On verra, mon vieux, on verra.

Émile Buisson n'aura plus jamais droit aux électrochocs.

Un dimanche après-midi, Jean-Baptiste Buisson est autorisé à voir son frère dans le vestibule-parloir qu'une longue table flanquée de bancs divise en deux. Guettant le va-et-vient de l'infirmier qui surveille les conversations, le Nuss chuchote :

– Ils n'ont pas l'air bien méchant, tes dingues.

Émile sourit, lui adresse un clin d'œil.

– C'est toi qui le dis. Je vais faire parler celui d'à côté, qui est avec sa mère. Surtout, tu ne le contraries pas, hein?

Il se tourne vers un colosse aux cheveux raides et roux, une frange effilochée sur le front étroit. La vieille femme qui le regarde sans un mot paraît encore plus abrutie que lui.

– Dis donc, Nénesse, dit Émile, mon frère a suivi ton affaire. Ça a fait du bruit, ta femme ...

Le Nuss hoche la tête, d'un air entendu. Les yeux de l'autre se mettent aussitôt à briller de satisfaction.

– Pour du bruit, ça a fait du bruit, c'est sûr. Mais pas quand je l'ai étranglée.

– Explique à mon frère pourquoi tu l'as tuée...

– Parce que je me suis mis en colère, tiens...

– Elle te faisait cocu?

– Je sais pas. Peut-être que oui, peut-être que non.

– Et alors?

– Ben alors, c'est simple. Quand je l'ai eu étranglée, je l'ai ouverte, forcément. Avec mon petit couteau, c'était pas facile. Je lui ai quand même enlevé le cœur. Tu sais, dans les histoires de ménage, tout le mal ça vient du cœur, c'est connu...

– C'est connu, acquiesce Émile pour l'encourager à poursuivre. Le mal, ça vient toujours du cœur.

– Oui, mais moi, je le lui ai enlevé, le cœur ! Et je l'ai bouffé ! Tu en as déjà mangé, toi, du cœur ?

– Tu parles. Souvent, oui...

– Et tu le manges comment ?

– Avec de l'ail et du persil.

– Comme moi. J'ai fait sauter les tranches à la poêle avec de l'ail et du persil. T'aurais été là, tu te serais régalé. Comme j'en avais trop, j'en ai filé à la concierge.

Le Nuss a une moue de répulsion pendant que Mimile lui confie, à voix basse :

– C'est vrai, ce qu'il dit. Les gaffes m'en ont parlé. Le plus drôle, c'est que la concierge a tout becqueté et qu'elle lui a demandé de penser à elle quand il en aurait d'autres. Il a été arrêté le lendemain. Quand la pipelette a appris qu'elle avait mangé sa locataire, il a fallu l'interner, elle aussi.

Un matin de février, un nouvel arrivant est affecté à la section Henri Collin. Il est grand, chétif et a un éternel sourire aux lèvres. Il s'appelle René Girier. Aucun des malades ne le connaît, Buisson pas plus que les autres. Méfiant, Émile attend plusieurs mois avant de le contacter. Il a appris que Girier était de la région lyonnaise, comme lui, et il sait que les Lyonnais et les Stéphanois, comme les Corses, donnent bien du mal à la police. Ce sont des gens qui ne parlent pas, même sous les coups.

En juin, Buisson peut enfin converser. Il apprécie que Girier, durant des mois, ait déjoué toutes les questions pièges que lui avaient tendues trois experts-psychiatres.

– Ça n'a pas été de la tarte, chuchote Girier au cours d'une promenade, mais j'ai tellement bien joué les dingues qu'ils ont fini par me reconnaître atteint à cent pour cent. C'est ce que je voulais. Du coup, mes avocats m'ont obtenu quatorze non-lieux... Avec l'internement dans un asile. Comme si j'allais y rester longtemps, dans leur tôle pourrie!

– Alors, fait Buisson du coin des lèvres, si tu avais une cheville pour te barrer, t'en profiterais?

– Et comment!

En la personne de Girier, Buisson a trouvé un allié, le seul allié sur qui il puisse compter. Un après-midi, au cours de la promenade, il glisse à son nouvel ami :

– J'ai une combine. Y aura peut-être du sang mais je peux pas faire autrement.

Girier fait la grimace. Une fuite improvisée, axée sur la chance et les coups de feu, ne lui plaît pas. En homme de méthode, il ne croit qu'à la réflexion, à l'organisation, au minutage.

– J'en ai une aussi, répond-il à Émile.

Le plan de Girier est simple, mais habilement conçu. Profitant de la somnolence d'un gardien, il a réussi à lui subtiliser la clé de son pavillon et à en prendre l'empreinte dans du savon. Puis il a remis la clé dans la poche du surveillant. Après quoi il a sollicité des visites de sa femme qui aurait, d'après ses dires, un effet apaisant sur ses nerfs. La direction a accepté. C'est ainsi que Marinette Girier a pu rencontrer son mari au parloir, sous la surveillance permanente d'un gardien. Discrètement, Girier à réussi à lui remettre l'empreinte de la clé qui permet l'accès au vestiaire des infirmiers dans lequel une fenêtre sans barreaux ouvre sur la liberté.

– T'as des flingues, au moins? lance à voix basse Buisson en passant devant la cellule de Girier.

– On doit m'en glisser deux.

Girier a, en effet, demandé à sa femme, lors de sa dernière visite, qu'elle lui apporte deux dragées sans poivre. Le surveillant qui assistait à l'entretien s'est dit que c'était bien là une idée de déboussolé. Marinette, avec ce sourire indulgent et attristé que l'on accorde aux grands malades de l'esprit, avait caressé le crâne de son mari et lâché d'une voix lénifiante :

– Mais oui, mon chéri, tu les auras, tes dragées!

Elle connaissait le sens caché de ces paroles. Dans le langage codé qu'ils utilisaient, les dragées sans poivre étaient des pistolets sans chargeur, simplement destinés à faire peur.

Le surveillant, cet après-midi-là, était ce que l'on appelle communément un brave type. Il y a de bons bougres dans l'existence : aussi Marinette et René en avaient-ils profité pour se câliner au moment de la séparation. René, son corps collé à celui de son épouse, lui caressait les reins, la taille, ses mains remontaient aux épaules, effleuraient ses seins. Le souffle court, il lui mordillait le lobe d'une oreille. Le surveillant, gêné ou troublé, baissait les yeux. Girier en avait profité pour murmurer à sa femme :

– Téléphone à l'asile pour me laisser un message. Tu diras : « Avertissez mon mari que je ne pourrai pas venir dimanche, notre petite fille a eu un accident, mais elle n'est pas à l'hôpital. » Ça signifiera que tout marche bien, que tu as les armes et une voiture pour le jeudi suivant.

– C'est fini, soyez raisonnables, avait dit le gardien en se levant.

Girier avait encore plongé sa bouche dans le cou de sa femme et ajouté, d'une voix précipitée :

– Si, au contraire, tu dis : « Elle est à l'hôpital », ça voudra dire que c'est remis.

Dans un cliquetis de clés, le gardien ouvre les portes pour la promenade, suivi de près par Buisson.

– T'as des nouvelles?

– Oui, souffle Girier. Hier un infirmier m'a annoncé que ma femme ne pourrait pas me voir aujourd'hui parce que notre fille est malade. Rassure-toi, qu'il m'a dit, elle n'est pas à l'hôpital.

– Hé, là-bas, les parlottes! crie le gardien.

Silencieux mais pleins d'espoir, les deux hommes regagnent leur cage de verre.

Jeudi, quinze heures. L'heure de la visite est passée, Marinette n'est pas venue. Girier, angoissé, tourne dans sa cellule, se demandant quelle catastrophe a pu empêcher sa femme de lui apporter les armes. A seize heures, le médecin vient gentiment bavarder avec lui. Girier fait l'idiot et part à la promenade, dans la cour. Il essaie de dissimuler son inquiétude mais en le voyant déboucher, Buisson comprend tout de suite qu'un coup dur est arrivé. Pour ne pas éveiller les soupçons des surveillants, il demeure sur la branche de son arbre, comme à son habitude [1]. Girier, qui a besoin de réfléchir, préfère marcher seul le long du mur qu'il croyait franchir bientôt et qui semble le narguer de sa hauteur.

Le soir, au moment de la soupe, le chef infirmier l'apostrophe :

– Tu peux venir une seconde avec moi ? J'ai un matelas à transporter pour un arrivant.

Docile, Girier le suit. Le chef infirmier s'arrête devant une chambre dite spéciale parce que aménagée pour les fous furieux. Il ouvre la porte, ordonne :

– Le matelas est là. Prends-le.

Girier entre, se penche, mais la porte se referme aussitôt derrière lui. Il a beau taper des poings contre le panneau capitonné, il se retrouve bouclé dans le noir et le silence complet. Le lendemain matin, quatre infirmiers le mettent debout et lui passent une camisole de force. On le conduit dans un bureau où deux inspecteurs de police l'attendent. Sans le quitter des yeux, l'un d'eux lui explique que la veille, à treize heures, Marinette a été arrêtée à l'entrée de l'asile et qu'on a trouvé dans son sac deux revolvers.

Pour protéger sa femme, Girier recommence à faire le fou. Il affirme que chaque nuit des farfadets hantent sa cellule et qu'il est obligé de les abattre lui-même, puisque la direction se révèle

1. Voir *Flic Story*, Fayard.

Sous le regard d'Emile Buisson, maître Carboni (à gauche) contredit ma déposition à la barre de la cour d'assises de Paris, en juillet 1953.

A l'issue de son réquisitoire, l'avocat général Cunéo requiert la peine de mort. Instinctivement, Buisson se passe le doigt dans l'encolure.

Quelques mois plus tôt, en février 53, Emile (panneau 3) est souriant, lors de la reconstitution du meurtre d'Henri Russac. Roger Dekker est au panneau 1.

Henri Russac (à gauche) qui, le 3 septembre 1947, avait fait évader Buisson et Dekker (à droite) et qui fut abattu le 21 septembre dans les bois d'Andresy par l'un d'eux. Lequel ?
Ci-dessous, le juge Daniault, bras écartés au bord de la fosse où fut retrouvé le corps. Dekker est à gauche, en costume gris et polo noir.

PRÉFECTURE DE POLICE

DIRECTION
DE LA
POLICE JUDICIAIRE

CABINET DU DIRECTEUR

Arrêté le 11 Septembre 1947

A tous Services PREFECTURE de POLICE
SURETE NATIONALE
GENDARMERIE NATIONALE

Il y a lieu de rechercher très activement le nommé :

GIRIER, René, né le 9 novembre 1919 à Oullins (Rhône), sans domicile connu.
Signalement : taille 1 m 80, corpulence moyenne, yeux clairs, cheveux châtain moyen.

Cet individu, dirigé sur l'Asile psychiatrique de Villejuif, pour observation médicale, alors qu'il purgeait une peine de prison, s'est enfui de cet établissement le 3 septembre, à 8 heures du matin. Cette évasion a été réalisée au moyen de complicités extérieures.
Au moment de sa fuite, GIRIER était accompagné de deux autres repris de justice qui s'identifient comme suit :

1°) BUISSON, Emile, né le 19 août 1902 à Paray-le-Monial (Saône-et-Loire), sans domicile connu ;

2°) BARRIER, André, né le 24 janvier 1909 à Paris (4°), sans domicile connu.

Il s'agit d'individus dangereux qui peuvent être armés.

En cas découverte, procéder à arrestations et aviser d'urgence Préfecture de Police, Direction de la Police Judiciaire, 36 quai des Orfèvres à Paris (Téléphone : TURBIGO 92.00- ODEON 43.80 postes automatiques 357, 865 et 377).

PARIS, le 3 Septembre 1947

LE DIRECTEUR-ADJOINT de la POLICE JUDICIAIRE,

Ch. B A D I N

L'avis de recherche concernant l'évasion de Girier - dit René la Canne -, Berrier et Buisson, de l'asile de Villejuif, le 3 septembre 1947.

Ci-contre, le "bandit bien-aimé" a l'air d'un collégien.

Le 26 janvier 1951, j'arrête René la Canne, qui vient de s'évader à nouveau, cette fois en sciant le plancher de son fourgon, entre la Santé et Fresnes.

Paul Dellapina, dit Monsieur Paul, condamné à mort par contumace, explique aux jurés de la cour d'assises qu'il n'est pas l'auteur de l'assassinat du consul de Norvège, le 21 novembre 1952.

Ci-dessus, le bar La sirène, *où Jean-Baptiste Buisson, dit Le Nuss, a abattu Michel Cardeur le soir de Noël 1952.*

Trois mois après, j'arrête Le Nuss à Juan-Les-Pins.

Abel Danos, dit Le Mammouth, condamné à mort par contumace, après son arrestation vigoureuse par un pompier de Paris, en 1949. Dans le cartouche, son expression au moment où il entend prononcer sa condamnation à mort.

impuissante. Il a ordonné à Marinette de lui apporter des armes sous peine de représailles.

– Pourquoi deux revolvers? demande un inspecteur incrédule.

– Parce que si le premier ne marche pas, je me sers de l'autre pour le flinguer, répond Girier en lui donnant un coup de coude dans la poitrine.

– Flinguer qui?

– Le pistolet qui veut pas tirer, pardi! Je commence par le canon, pan, une balle dans l'ouverture. Ensuite, la gâchette, pan, une balle pour la détente. Puis la crosse... pan, pan, pan! Parce que moi, je flingue, même avec des revolvers qui n'ont pas de cartouches! Pan, pan, je ne rate jamais mon coup, vous savez...

Voyant qu'ils ne pourront rien obtenir, les deux policiers le remettent aux infirmiers.

– Tu déménages, lui annonce l'un d'eux avec un gros rire.

Girier change de cellule. On l'enferme au premier quartier. La chance veut que son voisin soit encore Buisson. Les deux hommes sont soumis à une telle surveillance qu'ils n'ont plus droit à la promenade avec les autres. Chaque matin, deux infirmiers choisis parmi les plus costauds les emmènent, seuls, dans une petite cour où ils peuvent les avoir à l'œil, commodément. Dès leur première sortie commune, Girier ne peut qu'avouer à Buisson :

– Ça a foiré. Faut que je trouve autre chose.

– Laisse tomber, conseille Émile. Avant peu on est dehors. Roger met ça au point.

Roger, c'est Roger Dekker. Un ami de longue date. Girier l'a connu à la Santé où il était en prévention pour vol qualifié. Pendant plusieurs mois, ils ont partagé la même cellule de haute surveillance avant le transfert de Dekker à la Centrale de Clairvaux. Il revoit le nabot râblé, au front bas, aux yeux globuleux, aux lèvres épaisses. Il le sait dépourvu de tout sentiment, capable du pire. Pour Dekker, la vie d'un homme ne compte pas.

Avec un tel tandem, les infirmiers ont intérêt à prendre une bonne assurance sur la vie.

– Il est sorti de taule? s'exclame-t-il.

– Oui, mais pas par la grande porte. Il a fait le mur et ce n'est pas de la tarte, la taule de Caen où il avait réussi à se faire transférer en s'accusant d'un cambriolage bidon... Maintenant, il travaille avec le Nuss, mon frangin, et le petit Francis. Tu l'as connu, Guillo? Un teigneux, lui aussi. Si tu veux profiter du voyage, file-moi le train à chaque promenade. On a prévu ça pour septembre.

– Pourquoi septembre?

– Parce que c'est comme ça. Il y a même un remplaçant de prévu en cas de défaillance de l'un ou de l'autre : Russac.

***

Henri Russac a raté sa vocation. Il aurait pu être comptable, facturier, caissier ou receveur des impôts. Il est souteneur. Une profession plus lucrative, moins fatigante, en tout cas. Qu'il pleuve, qu'il vente, qu'il neige, qu'une méchante bise balaie les trottoirs de la rue Blondel, morde la chair à plaisir de ses hétaïres, Riton s'en moque. Dans un recoin de la Sirène, le bistrot de la rue Saint-Denis où il a établi son quartier général, aussi intime qu'un cabinet particulier, il compte et recompte ses recettes avec la religieuse attention d'Harpagon explorant sa cassette.

C'est un homme comblé, Henri Russac, physiquement et commercialement. Grand, brun aux yeux bleus, élancé, il mord la vie de sa bouche de jouisseur. La portion de macadam qu'il s'est attribuée entre le boulevard Saint-Denis et la rue Réaumur suffit à lui assurer des rentrées appréciables. Lorsque, dans huit ans, la cinquantaine sonnera, il mettra son fonds en gérance et il ira s'installer avec Maguy, sa préférée, sur la Côte d'Azur, dans le quartier résidentiel du Cannet, là où la Bégum et l'Aga Khan ont aménagé leur villa, Yakimour. C'est la Peugeot qui lui en a donné l'idée. Un frère, Gaston Giron dit La Peugeot, que sa prédilection pour les voitures de la marque stéphanoise ont ainsi fait surnommer.

Avant-guerre, Gaston était le placeur le plus prisé du marché parisien de la prostitution. Au volant de sa Peugeot rouge décapotable, il sillonnait la France. Son métier consistait à ravitailler les maisons closes et les clandés. Il connaissait les meilleures adresses, les spécialités de l'étranger, le pedigree de chaque fille, les besoins de chaque établissement. La « remonte » étant le souci majeur des tenanciers, il avait le chic pour renouveler le cheptel, présenter de nouveaux sujets, varier les appâts, et se piquait de remplir ses obligations avec la ponctualité et le sérieux d'un directeur de bureau de placement.

Après la promulgation de la loi Marthe Richard et la fermeture des maisons, Giron effectua une bénéfique reconversion, troquant sa casquette de placier pour celle plus enviable de chef d'entreprise. Depuis ce jour, six jeunes femmes triées sur le volet arpentent pour lui les trottoirs du quartier de la Madeleine, de Montparnasse et des Champs-Élysées. La gestion d'un tel patrimoine ne se ferait pas sans accrochages si Gaston-le-Malin n'avait doté chacune de ses recrues d'un surnom évoquant les jours de la semaine. Lucky correspond au lundi, Maddly au mardi, Micky au mercredi, Jicky au jeudi, Vicky au vendredi et Swanny au samedi. Ainsi Gaston évite-t-il de se couper, en présence des filles qui croient toutes être son unique gagne-pain. Gaston, bon protecteur, sait aussi se montrer complaisant. Il sort ses filles à tour de rôle, leur offre des promenades à la campagne, des dîners gastronomiques dans les six auberges de banlieue qu'il affectionne. Le dimanche, par contre, est sacré. C'est le jour où Gaston profite pleinement du célibat. Le panama sur le chef, un tablier à large poche ceignant la taille, il entretient avec un soin amoureux les fleurs de ses balcons du boulevard Suchet, face au bois de Boulogne. Il les respire, les bichonne, leur parle. Puis, après un copieux déjeuner, une sieste et une douche réparatrices, il sort sa Peugeot du parking et part s'enquérir de la marche des affaires de ses confrères. Parmi eux, Henri Russac.

Quand il pousse la porte de La Sirène, Henri, le feutre rejeté à l'arrière sur l'épaisse chevelure brune, la cigarette pendant aux lèvres, est à sa place habituelle, sous l'escalier de bois qui conduit à la salle du premier étage, paradis des joueurs clandestins de poker.

Gaston va droit au but après la poignée de main habituelle :

– Va falloir que tu me dépannes, Riton.

Russac retient une grimace. Il se méfie du mot dépannage même si Gaston, qui lui a mis le pied à l'étrier de la profession, est un ami. Qui dit dépannage dit en général emprunt d'argent. Souvent à fonds perdus. Henri, comme la fourmi de la fable, n'est pas prêteur. Il pense à l'avenir. Il entasse, engrange, thésaurise. Avec la Peugeot, le remboursement se ferait, c'est sûr, mais le terme lui donne de l'urticaire.

– Rien de grave, poursuit Giron qui tire une chaise et s'assied de l'autre côté de la table. Tu vois, je suis trop vieux pour le genre d'opération que le Nuss m'a proposé. J'aurais vingt ans de moins, j'aurais pu accepter...

Une lueur traverse la prunelle de Russac qui demande, déjà sur la défensive :

– Il t'a proposé quoi, Jean-Baptiste?

La Peugeot passe la main dans sa chevelure brune, dégoulinante de brillantine.

– Une cavale. Il veut sortir son frère de taule. Il a la voiture, le chauffeur, plus un pote qui s'est barré de Centrale. Le quatrième lui a claqué dans les doigts. Il faut le remplacer.

Henri Russac se renfrogne. Les affaires qui n'entrent pas dans le cadre de ses compétences l'effarouchent. Et puis il n'éprouve pas de sympathie particulière pour les frères Buisson.

Pendant quelques mois, à la Santé, il a partagé la cellule d'Émile qui ne lui avait pas paru particulièrement équilibré, passant ses nuits à marcher de long en large, enjambant les corps de ses compagnons de captivité, parlant seul à haute voix, troublant leur sommeil. Le Nuss ne lui paraît pas plus intéressant.

– Ce n'est pas que je refuse, dit-il, mais ce sont des tueurs, les Buisson. Émile m'a raconté comment il a buté un encaisseur pendant la guerre. Avec lui, une cavale ne peut que mal se terminer. Parce que pour se tirer de la Santé, ça me paraît duraille. Il va falloir flinguer...

– Pas de la Santé, Riton, de Villejuif! Mimile s'est fait transférer chez les dingues. Le Nuss va faire le coup avec Dédé Léonard pour la bagnole et Roger Dekker pour le braquage des infirmiers. Il a repéré les lieux et planqué dans un fossé l'échelle qui servira à franchir le saut de loup. Le petit Francis Guillo devait en être, mais il leur a claqué dans les doigts. C'est lui qu'il faut remplacer pour surveiller l'échelle. Faudrait pas qu'on la fauche pendant qu'ils seront dedans, de l'autre côté du mur... Pas sorcier, tu vois.

– Pas sorcier, pas sorcier, répète Russac. Et si ça ne tourne pas rond?

– Avec le Nuss, rien ne tourne jamais mal, Riton. Tout est étudié, pesé, mis au point, avant, pendant et après. Après, il t'emmènera sur un beau coup. De quoi t'offrir la moitié de ta future villa. Maintenant, si ça ne t'intéresse pas...

Gaston la Peugeot connaît Russac. Il a touché le point sensible. Son propos contenait une menace, à peine voilée, Russac s'en est rendu compte. Giron, un vieux truand, a une conception particulière de la solidarité du Milieu, aux ramifications multiples avec son fouillis de braqueurs, d'escrocs, de monte-en-l'air, de tueurs qui se pressent, se poussent, s'étreignent dans la hâte de vivre. Mais lui, Henri, mène son existence en marge de l'humus où Gaston s'enlise, loin des rafles, des contrôles, des tracasseries policières qu'il arrive à déjouer en distribuant chaque fin de mois une enveloppe aux flics des Mœurs. Pourquoi irait-il se compliquer l'existence dans une affaire d'évasion ? La proposition de Gaston tombe mal.

Maguy serait là, elle le lui dirait en face, à Gaston. C'est un personnage haut en couleur, Maguy, qui lance son cri de guerre devant l'hôtel de Lulu la Crevette, dans la partie chaude de la rue Blondel : « Dans les bras de Maguy, plus de soucis ! » Le nez rond surmonte une bouche de poupée qui jure avec l'ensemble massif et fort maquillé du visage. Les lèvres, surprenantes de délicatesse, émettent les vocables forts et drus des poissonnières de Marseille. La jupe plissée, noire, dissimule mal les rondeurs généreuses et le chemisier de calicot, peu ajusté, laisse entrevoir, hiver comme été, trois plis de graisse au niveau des hanches.

Depuis un mois, Maguy fait la gueule. Elle reproche à Russac une erreur de calcul, des pourboires qu'il a comptabilisés en recettes. Maguy s'en est vexée et a décidé de se mettre à son compte, deux rues plus loin. Elle a même poussé la rancune jusqu'à changer d'uniforme. La jupe d'un vert criard, courte, fendue, le chemisier moulant, rouge, à pois blancs, abondamment ouvert sur la poitrine ont succédé à la tenue habituelle, chère à Henri qui a accusé le coup, espérant, au fond de lui-même, que Maguy reviendrait bientôt se placer sous son aile protectrice.

– Il me faut une réponse, s'inquiète Gaston.
– Si tu me dis que ça ne risque rien...
– Voilà qui me plaît! conclut la Peugeot, tendant sa main aux ongles manucurés. Tu ne le regretteras pas, crois-moi. C'est comme si tu venais déjà d'acquérir le terrain de ta villa.

L'évasion de Villejuif s'est déroulée selon le plan prévu. En quelques minutes, Émile Buisson avait faussé compagnie à ses infirmiers-gardiens, médusés par l'attaque. René Girier dit René la Canne avait profité de l'occasion mais, sitôt dehors, le Nuss l'avait fait déposer à Charenton, à proximité de l'hôpital psychiatrique.
– Toi, t'es arrivé à destination, avait-il ironisé. Voilà mille balles, tu te casses et tu fermes ta gueule.
Girier ne se l'était pas fait répéter deux fois. La mine de ses libérateurs, la panoplie d'armes qui jonchait le plancher de la voiture lui donnaient à penser que la poudre ne tarderait pas à parler si un barrage se présentait.
Jean-Baptiste s'était alors tourné vers Russac.
– Je n'oublierai pas ce que tu as fait pour mon frère, Riton. Émile va se requinquer quelques jours et on t'emmène sur un coup fumant. Tu restes avec nous le temps que les recherches se tassent.
Le beau coup, c'était le hold-up de l'Auberge d'Arbois, un restaurant élégant du quartier de l'Étoile, réalisé quatre jours plus tard. La veille, Émile s'était installé à une table, en dîneur. Il avait étudié la topographie des lieux tandis que le Nuss, Dekker et Francis Guillo, enfin rétabli, reconnais-

saient l'itinéraire de fuite. Henri Russac, désormais soudé à l'équipe, n'avait pas eu le courage de refuser sa participation. La cupidité l'avait emporté sur la crainte. Mais sa nervosité lui avait fait commettre un impair : pendant que le quatuor opérait dans l'établissement, raflant bijoux et portefeuilles, il avait perdu patience.

– Tu viens, Francis! avait-il lancé à Guillo qui, au premier étage, n'en finissait pas de vider le tiroir-caisse.

Il ne se doutait pas combien ses paroles allaient peser sur sa nouvelle mais éphémère destinée de braqueur professionnel.

***

C'est alors que je me préparais à affronter les réticences de Gontran de Beaumont, faux comte mais cambrioleur authentique du nom de Gordes, que le téléphone avait grelotté dans mon bureau. J'avais assez vite reconnu l'accent chantant de Maguy la Méridionale. Je l'avais approchée quelques mois auparavant, du temps où je fréquentais l'Étape, le bistrot de la rue du Faubourg-Saint-Martin, centre de ralliement de la grande truanderie [1]. Moi, jouant mon rôle de voyou dans l'espoir de capturer Pierrot le Fou, elle juchée sur un des hauts tabourets du comptoir guettant le client, nous avions fait connaissance. Elle m'avait raconté sa vie. Plutôt la dernière phase de sa vie, lorsqu'elle avait quitté sa Joliette natale pour venir tenter sa chance à Paris. Russac, son homme, se promenait ce jour-là boulevard Bonne-Nouvelle,

1. *Gendarmes et Voleurs.*

poitrine au vent, chaînette d'or au cou, aussi décontracté que si la police parisienne s'était chloroformée. Elle faisait les cent pas au coin de la rue de la Lune, devant un bordel récemment fermé. Dès l'instant où leurs yeux s'étaient croisés, elle avait compris qu'il était fait pour elle. Elle l'avait suivi dans le bar de Pascal Bonfanti, rue de Tracy, où il l'avait convaincue qu'une femme sans souteneur sur le pavé était perdue d'avance. Il lui avait offert sa protection. C'est dans un hôtel de la rue Sainte-Apolline qu'ils avaient concrétisé leur rencontre. Ils étaient restés enfermés dans leur chambre jusqu'au soir. Riton faisait bien l'amour mais pour Maguy, ce n'était pas l'essentiel. Il était plus âgé, lui donnait du plaisir, était drôle et gai. Il lui racontait ses escapades de légionnaire, au cours desquelles il avait connu Pierrot le Fou, Jo Attia et Gaston Giron qu'il vénérait. Elle caressait son visage de mâle, trouvait qu'il ressemblait à un artiste de cinéma. Elle l'avait trouvé, par contre, incroyablement radin. Un sou était un sou. Il ne pensait qu'à économiser pour pouvoir aller un jour vivre de ses rentes sous le ciel bleu de la Côte d'Azur.

Avec le temps, Maguy avait fini par en rêver aussi, de cette villa blanche qu'il lui décrivait. Elle avait obtenu la promesse que leur future propriété cannoise comporterait une maison de gardiens où logeraient ses vieux parents, concierges dans la rue du Lacydon.

Maguy était tombée des nues lorsqu'elle avait appris que j'étais flic. Elle ne m'en avait pas tenu rigueur. Au contraire, lors d'une rencontre inopinée au rayon de la maroquinerie du magasin Lancel, place de l'Opéra, elle m'avait lancé :

– Vous alors, vous avez raté votre vocation. Vous auriez dû être comédien.

Il fallait que l'affaire soit d'importance pour qu'elle se décide à me relancer au service, des trémolos dans la gorge.

– Faut que je vous voie, inspecteur. Ça vous intéressera sûrement.

– Quoi donc, Maguy?

– C'est pour Riton. Je peux rien vous dire au cornichon. Dans une heure au Thermomètre. Ça va?

Ça allait. En fonçant vers le métro, je fleurais la belle affaire.

Maguy est là, déjà, assise au fond de la salle, devant un café qu'elle fixe, agressive et sévère.

– Il y a quelque chose de cassé, Maguy?

J'ai dit ça comme ça, pour entamer la conversation, briser la glace. Mais le masque peinturluré se défait, presque tragique :

– Je vous ai dérangé dans votre travail?

– J'ai tout mon temps, dis-je, rassurant. Un casseur-aristocrate-bidon qui attendra que je revienne.

Je fais signe au garçon qui s'approche, sillonnant la sciure qui recouvre le dallage.

– Deux cafés.

Le loufiat fait demi-tour avant même d'être arrivé à la table. Je suis sur le qui-vive. Maguy n'a pas répondu à ma question. Ma curiosité est excitée mais je n'en laisse rien paraître. Je sais, par expérience, qu'il ne faut jamais forcer la confidence. Les motifs d'un indic sont souvent obscurs et il ne lâche que ce qu'il a envie de lâcher. Nous demeurons silencieux quelques secondes, Maguy et moi. Le garçon apporte le plateau, pose devant nous des tasses d'eau de vaisselle, se retire. J'aspire par petites gorgées l'ersatz de café. Au fugitif frémissement de ses narines, je devine enfin que Maguy va parler, que ces quelques instants de silence lui ont été nécessaires pour surmonter ses réticences. Chaque trahison est une infamie et tout indic, quels que soient son rang et sa situation, éprouve pour le policier qu'il a choisi comme confesseur une trouble attirance où se mêlent la crainte, la haine et l'obséquiosité.

– Ce que je vais vous dire, commence Maguy d'une voix traînante et lasse, ce que je vais vous dire est important. Très important. Je n'ai jamais été une balançoire. C'est pour ça qu'il faut que ça reste entre nous.

J'acquiesce d'un mouvement de paupières.

– Vous connaissez les Buisson? ajoute-t-elle.

Je fais un signe négatif de la tête. C'est la première fois que j'entends prononcer ce nom. Le ton de Maguy me fait espérer des révélations. Mes yeux se rétrécissent. Je scrute son visage dur et fermé. Elle semble souffrir. Je viens à sa rencontre :

– Qu'est-ce que ça à voir avec Riton? dis-je. Au téléphone, vous m'annonciez que c'était pour lui.

– Vous ne lisez pas les journaux?

Elle vide sa tasse, cul sec. Petite bouche mais descente rapide. Puis, du bout de la cuiller, elle racle le restant de saccharine, amas blanchâtre collé à la porcelaine, tout en continuant à me dévisager.

– Bien sûr que je les lis, dis-je. Surtout *France-*

Soir qui parvient tous les jours à mon patron Bonnel. Pourquoi ?

Sa main tremble un peu lorsqu'elle lâche :

– Riton est mort.

Je feins l'ahurissement. Pour être franc, la disparition d'un maquereau ne m'émeut guère. Mais si je veux en savoir plus, je dois faire montre de compassion.

– Pas possible ! dis-je d'un ton consterné.

Maguy n'est pas dupe. Peut-être en ai-je fait un peu trop ? L'accablement semble tout d'un coup la quitter. La voix reprend une tonalité normale, agressive, même.

– Rassurez-vous, ils vont me le payer. Et cher ! Tenez.

Elle tire de son sac de moleskine plat et gaufré un article de journal qu'elle me colle sous les yeux. Je lis : « Le cadavre découvert le 16 septembre dans le bois de la Faye, à Andrésy, a été identifié malgré le visage défiguré par la vermine. Il s'agit d'un nommé Russac Henri, dangereux repris de justice, fraîchement sorti de prison. Il a été exécuté d'une balle dans la nuque qui est ressortie par le front. La mort remonte à deux ou trois jours. Le commissaire Renaud de la 1re brigade et les gendarmes Petit et Herbroteau de Conflans-Sainte-Honorine poursuivent leur enquête. »

Je relève la tête. Le visage de Maguy a pris un masque féroce.

– Ça m'étonne que vous ne connaissiez pas les Buisson, dit-elle. Jean-Baptiste, le Nuss, vous avez dû le voir à l'Étape. Il habitait en face, au 10, Saint-Martin.

– Je ne vois pas, confessé-je.

Elle émet un soupir de lassitude.

– Ça ne fait rien. Ce n'est pas faubourg Saint-Martin que vous le coincerez, c'est chez Suzanne Fourreau, quand il rend visite à son frère Émile. Celui-là, vous ne pouvez pas ne pas le connaître, sa cavale de l'asile de Villejuif a fait assez de bruit!

Avant de poursuivre, Maguy promène son regard comme un périscope dans la salle, le darde sur le garçon qui se cure les dents, là-bas, debout devant la porte tournante, puis sur deux égouttiers en ciré et bottes qui s'offrent au comptoir des petits coups de blanc pour chasser la puanteur du cloaque d'où ils émergent.

Son inspection l'a rassurée. Elle me fait alors signe d'approcher un peu plus mon oreille.

– Ce que je vais vous dire, on pourra pas savoir que ça vient de moi. La Suzanne dont je vous parle, elle travaillait dans le temps rue Blondel. Elle avait levé un pigeon, Pierre Pailley, un ancien imprimeur qui s'y entend comme pas deux pour fabriquer les fausses cartes de pain et d'identité. Ils habitent 57, rue Bichat. Vous y êtes?

J'y suis. Je lui en donne l'assurance d'un léger signe de tête.

– ... Donc, écoutez bien. Ce connard de Pierre héberge Roger Dekker, un ancien jules de Suzy qui s'est évadé de prison il y a six mois. Un méchant, toujours prêt à flinguer celui qui le regarde de travers. Il a été en cabane avec Émile. Tous les deux, ils ont mis au point l'évasion de Buisson. Le petit Francis Guillo qui s'était barré de Fresnes devait leur donner un coup de main.

Tandis qu'elle parle, je me dis que l'on s'évade beaucoup des prisons françaises. A la brigade, nous n'arrêtons pas de recevoir des circulaires de recherches concernant des détenus qui n'ont pas eu la patience d'attendre leur libération. Avec une stupéfiante facilité, ils descellent les barreaux de leur cellule, creusent des galeries souterraines ou s'enfuient en utilisant bonnement le permis de visite, la serviette et même la robe de leur avocat.

– Vous en savez des choses, dis-je, aussi intéressé qu'admiratif. Pourquoi dites-vous que Guillo *devait* leur donner un coup de main?

Ma question provoque une réponse agacée :

– Parce qu'il s'est défilé, tiens! Henri l'a remplacé au pied levé, histoire de faire plaisir à un ami. C'était un mou, Henri, mais quand il y avait du pognon à la clé, c'était plus le même. On était en froid, depuis quelque temps. Avant de partir pour la campagne, il est quand même venu me raconter qu'il s'était foutu dans un drôle de bain et qu'il se planquait chez Suzy, rue Bichat, avec Dekker et Émile. Il y avait des flingues partout, paraît-il, même des grenades. Si vous voulez les sauter, faudrait attendre que Suzy ou le Nuss rappliquent, ça éviterait la fusillade. Maintenant, ce que je vous dis là, c'est votre boulot. Entre nous, hein?

Maguy respire un bon coup, se détend. Sa vengeance la satisfait. J'aimerais pourtant en connaître les motifs.

– Vous pensez que Riton est mort à cause d'eux?

– A cause d'eux, vous rigolez! Ils l'ont flingué, oui! Ils devaient soi-disant partir tous les trois dans une planque sûre, en banlieue. La rue Bichat, c'était trop petit pour eux tous et puis les voisins pouvaient jaser vu que la photo de Buisson était en grand dans *Detective* dans les canards et que Girier pouvait se mettre à table. Celui-là, il n'avait rien trouvé de mieux que d'aller pager chez sa femme, je vous demande un peu! Il n'a pas été long à se faire repiquer. Je devais lui apporter des affaires, à Riton, dès qu'il m'aurait donné l'adresse à Andrésy. Le soir, rien. Le lendemain rien. Le surlendemain toujours rien. Ça a commencé à m'étonner. Alors, je me suis pointée rue de la Grange-Batelière, où Suzy se tape des antiquaires de la salle Drouot pour arrondir ses fins de semaine. Elle avait l'air emmerdée. Elle a fini par me dire que Riton n'était pas sérieux, qu'il lui avait fait du gringue et que Dekker était jaloux. Qu'en plus, ç'avait été une connerie d'appeler Guillo par son prénom de Francis au cours d'une affaire. Bref que s'ils avaient su, ils n'auraient pas travaillé avec lui. Quand j'ai lu le canard, j'ai compris ce qui s'était passé.

Tout à l'heure, en m'enfonçant dans la fournaise du métro, je flairais la belle affaire. Maintenant, je salive. Bonnel va être content si je lui rapporte le tuyau.

De son index, Maguy se gratte le bout de son nez-tomate. Les psychologues diraient que c'est la manifestation extérieure, physique et motrice, d'un état d'excitation. Moi qui la connais un peu, je me demande si elle ne regrette pas de m'en avoir trop dit, elle qui, tout à l'heure encore, précisait qu'elle n'avait jamais été une balançoire.

– Et Guillo, dis-je, il est avec eux?

Les lèvres de poupée gonflable avancent dans une moue d'ignorance. Le front se plisse soudain. On dirait qu'il a été réduit par les Jivaros.

– Est-ce que je sais, moi ? Suzy n'en a pas parlé. Quel con, ce Riton, d'avoir été se foutre dans une gelée de groseille pareille !

Ce sera l'oraison funèbre d'Henri Russac dont le rêve azuréen s'est dissipé une chaude matinée de septembre, dans le bois de la Faye, à Andrésy.

Les révélations de Maguy m'ont galvanisé. Après l'arrestation de Girier, faire coup double en glissant les bracelets aux poignets de Dekker et Buisson serait un beau succès pour la Sûreté. Et un joli pied de nez à la Préfecture de police. Identifier les évadés a été un jeu d'enfant. Il m'a suffi de farfouiller dans le fichier photographique du quai des Orfèvres, de demander la reproduction des clichés anthropométriques, peu flatteurs au demeurant, puis de digérer les dossiers qu'un archiviste déplumé, renfrogné et méfiant a déposés à mon intention sur la table de consultation. Très vite, je me suis rendu compte que nos clients potentiels n'étaient pas des enfants de chœur, délinquants primaires, du genre Caramoni, Scott ou Nivelle de mes premières enquêtes. Au contraire. Henri Russac dont Maguy, tout à sa vindicte personnelle, s'était gardée de me préciser le passé, était luimême un récidiviste qui avait cru bon de fausser compagnie aux gardiens du centre pénitentiaire de l'île de Ré. Peu m'importe, maintenant, puisque le bel Henri a rejoint le purgatoire des mauvais garçons.

La lecture des rapports de police, pour anciens qu'ils soient, m'a donné à réfléchir. Lors de mon entrée dans le groupe du commissaire Bonnel, je m'étais souvent demandé comment on pouvait devenir un ennemi public, appartenir à une société de marginaux, vivre dans une clandestinité semée de chausse-trappes. Les interrogatoires des Buisson, Dekker, Guillo, Russac, Girier et autres Suzanne Fourreau semblent aujourd'hui m'apporter une réponse. Le manque d'amour maternel, la désunion familiale, l'incompréhension des éducateurs, la dureté de la répression dans les maisons de correction créées pour le « redressement » des adolescents ne sont-ils pas les causes premières de la naissance et de la poussée des mauvais instincts? Dans une lettre alors adressée à son père par le jeune détenu Guillo, une phase évoque sa rancœur : « La France, elle dresse des chiens pour la mordre. »

L'enfance de Francis Guillo, c'est celle d'un gosse qui n'a pas eu de mère. Il n'a qu'un souvenir d'elle, celui d'une silhouette, dans le box de la cour d'assises d'Alençon, entre deux gendarmes, accusée d'avoir pratiqué un avortement. Cinq années de réclusion sanctionnent son crime. Elle devra les purger à la Maison Centrale de Force pour femmes à Rennes, malgré ses deux enfants en bas âge. Elle y meurt, victime d'une épidémie de grippe espagnole. Le père, cheminot, a autre chose à faire que de s'occuper de son fils de sept ans et de sa fille de onze ans. Une mégère de la région d'Alençon se chargera de leur éducation.

Émile Buisson était un gosse lorsque sa mère décède à l'asile psychiatrique de Bourg-en-Bresse. Roger Dekker a huit ans quand il perd la sienne. Henri Russac, six ans. René Girier, à peine quatorze. Tous ces gamins ont un point commun : livrés à eux-mêmes, ils chapardent, s'enhardissent, se font pincer. Le tribunal pour enfants les relaxe. Ils ont agi sans discernement. Ils récidivent. C'est alors le placement jusqu'à la majorité dans une maison d'éducation surveillée dont les murs ne sont pas réputés infranchissables. Les évadés repris ne bénéficient plus de la clémence de la justice. Cette fois, c'est l'internement dans une maison de correction, une centrale pour enfants et adolescents d'où on ne s'échappe pas. Autre point commun, c'est à Aniane qu'on les expédie.

Delrieu, l'ancien gendarme à l'illogisme déconcertant : « Où êtes-vous né, où, comment et pourquoi ? » mais au grand cœur, m'en a parlé, d'Aniane, un village des gorges de l'Hérault, entre la cité fortifiée de Gignac et la légendaire grotte de Clamouse aux cristaux de roches assemblés en bouquets. Deux cent cinquante à trois cents adolescents, le crâne tondu, enveloppés du droguet bleu de bagnard, les pieds nus dans les sabots, sont astreints à des travaux d'ateliers dans un silence qu'aucun bavardage, aucune plainte ne doit rompre. Les coups de nerfs de bœuf qui pleuvent entravent toute velléité belliqueuse.

Être surpris à fumer un mégot entraîne la mise au cachot immédiate pour huit jours, avec une seule gamelle pour subsister, un quart d'eau le midi et le soir que le surveillant passe par le guichet de la cellule. Il faut rapidement s'en saisir, avant que le portillon se referme dans un claquement sec et projette le quart vide d'eau au fond de la geôle.

Il fait très chaud à Aniane en été.

Quant aux embryons de dortoirs, des cellules de deux mètres sur deux, l'absence de plafond remplacé par un grillage permet aux surveillants de contrôler la chiourme du haut de leur passerelle. Un seul moyen pour empêcher les escadrons de punaises d'escalader les lits en ferraille : placer à chaque pied des boîtes de cirage remplies d'eau et mouiller les draps. Mais les rusées bestioles grimpent jusqu'au grillage et se laissent choir sur le visage des dormeurs.

D'après Delrieu, les choses ont un peu évolué à la Libération. Mais le garnement qui entrait avant guerre à Aniane n'en sortait que pour être incorporé dans les bataillons disciplinaires des Chasseurs d'Afrique, et y devenait neuf fois sur dix un truand d'envergure, un tueur même, tant il avait accumulé de haine contre la société.

***

Face à l'immeuble lézardé de la rue Bichat, je m'interroge. La succession de courettes intérieures, de culs-de-sac coupe-gorge, le dédale de couloirs obscurs qui, à mi-étage, s'enchevêtrent comme une pelote de laine qu'un chat aurait griffée, ne permettent pas l'approche facile du logement de Suzanne Fourreau. Encore faudrait-il déterminer son emplacement, le localiser sans donner l'éveil, puisque aucune des onze boîtes aux lettres bancales ou sans portillon, groupées sur le mur salpêtré du sombre corridor, ne comporte ni les noms de Pierre Pailley ou de Suzanne Fourreau, que m'a « balancés » Maguy. Bien sûr, il y a la possibilité de me renseigner auprès du corpulent tenancier du bistrot voisin. Mais si c'est tentant, c'est surtout dangereux. Non, le mieux est d'attendre, de planquer, de guetter l'occasion, de m'assurer d'abord, avant toute initiative intempestive, de la présence au gîte du gibier. Investir la place n'est guère chose aisée. Je m'en suis rendu compte tout à l'heure, en faisant le tour du pâté de maisons : un quadrilatère de masures vieillottes, blotties entre le quai de Jemmapes, la rue de la Grange-aux-Belles, la rue Richerand et l'hôpital Saint-Louis dont le haut mur court au long de la rue Bichat, sans cache où se dissimuler. Il y a bien un arrêt d'autobus devant l'entrée principale mais une station prolongée au pied d'un panneau désert ne passerait certainement pas inaperçue aux yeux du patron du bistrot et de sa femme dont les cheveux grisonnants ressemblent à un plat de céleri rémoulade.

Une sensation d'impuissance me submerge. Deux sections de vingt bonshommes ne suffiraient pas à cerner pareil lotissement. A la brigade, nous ne sommes que cinq à pouvoir efficacement nous mobiliser. Et encore : Blois, le flic play-boy, nous a quittés pour épouser une riche héritière d'Amérique du Sud et n'a pas été remplacé. Faire appel à d'autres groupes comporte des risques de fuite. L'union fait peut-être la force mais j'ai trop en mémoire le superbe raté de la Préfecture de police lors de l'attaque de l'Auberge, un restaurant tranquille des bords de la Marne à Champigny. Cinq cents agents, préfet en tête, l'encerclent, croyant y trouver Pierrot le Fou, Jo Attia et Georges Boucheseiche, les insaisissables membres du gang des tractions avant qui ne laissaient aux encaisseurs médusés que la fragile vision d'un faux numéro minéralogique. Fusillade nourrie. Bilan : tous les truands se volatilisent et les balles policières abattent deux innocents.

Il y a toujours de l'imprévu dans le métier de flic, surtout en matière d'assassinat. Les enquêtes qu'exigent les juges d'instruction prévalent sur les affaires d'initiative. Le commissaire Bonnel, à qui je rends compte de mon espoir de pouvoir capturer les fugitifs, hoche la tête d'un air dubitatif :

– Ce serait bien si on n'avait pas l'affaire Gardan sur les bras, dit-il.

Auteur du vol de 22 millions de titres commis le 12 novembre 1946 au préjudice de la Banque d'Indochine, le Belge Léon Baudine a disparu de son domicile de la rue des Abbesses en compagnie de sa maîtresse, Jeanne Plassais, une prostituée de Pigalle. Le 24 juin 1947, son corps, lesté de plomb, était aperçu, flottant entre deux eaux, par un habitant de Limay, en Seine-et-Oise. L'enquête m'avait entraîné sur les traces du commanditaire du vol, Antoine Sinibaldi, un Corse, petit, râblé, titulaire de plusieurs condamnations. Mais Sinibaldi était malheureusement demeuré introuvable.

Le 9 septembre, le cadavre de Jeanne Plassais était découvert à son tour dans la forêt de Soisy-sur-École, à demi rongé par la vermine. Le commissaire Camard et mon collègue Parmentelot interpellaient les auteurs du meurtre de Baudine. Jo Gardan et Bernard Girola passaient des aveux complets.

– Quelle affaire Gardan, patron? Il est arrêté, non?

– Il l'était. Nos collègues du quai des Orfèvres ne lui ont pas mis les menottes et il leur a faussé compagnie. Du coup nous sommes tous mobilisés pour le récupérer.

– Et Buisson, patron...

– C'est l'ordre de Camard, Borniche. Tout le monde en piste pour Gardan. Qu'est-ce que vous voulez que j'y fasse! On est le 26 septembre, j'espère que d'ici trois jours, tout sera réglé... On verra pour Buisson à ce moment-là.

Trois jours plus tard, en effet, tout était réglé. Le 29 septembre, Jo Gardan fut repris chez sa maîtresse, à Puteaux. L'honneur du quai des Orfèvres était sauf.

Pas le mien, hélas!

Rien ne cause autant de joie sauvage au commissaire Clot, chef de la brigade volante du quai des Orfèvres, que de souffler un truand de poids à ses concurrents, qu'ils soient de sa propre maison, la Préfecture de police, ou de la maison d'en face, la Sûreté nationale. Nous ne sommes pas en reste, bien entendu. Lorsque l'occasion se présente, nous ne dédaignons pas non plus, les uns et les autres, faire quelque croc-en-jambe à l'affable Aveyronnais, éternellement souriant sous la moustache à la Clark Gable.

La conférence quotidienne des chefs de brigade qui se tient dans le cabinet du directeur de la P.J. du quai des Orfèvres a trouvé, en Georges Clot, un auditeur attentif. Son collègue de la Brigade criminelle a expliqué, détails à l'appui, que les recherches entreprises pour appréhender Buisson étaient sur le point d'aboutir. De retour dans son bureau, Clot a aussitôt mandé son bras droit.

– Castex, a-t-il dit, vous vous êtes jusqu'alors occupé de casseurs, de perceurs de coffres-forts et de monte-en-l'air. Je vous confie un travail difficile mais payant pour votre avancement. Je veux Émile Buisson.

L'inspecteur Saint-Cyr Castex est un Pyrénéen jovial que la nature a doté d'un sixième sens. Son flair pour déceler le truand sur le pavé parisien est légendaire. Tout autant que sa rouerie pour s'en concilier les bonnes grâces et le convertir en informateur.

– D'après ce que j'ai appris, la « Crim » l'aurait localisé du côté de la rue Bichat, a poursuivi Clot en lissant sa fine moustache. Courchamp ferait du porte-à-porte. A vous de vous montrer plus expéditif. Prenez tous les hommes disponibles. Vous avez carte blanche.

Castex l'optimiste a l'art de se métamorphoser en ouvrier du bâtiment pour mieux passer inaperçu. Pour la circonstance, en infirmier en blouse blanche de l'hôpital Bichat, du service dermatologique. Il a l'idée de contacter les commerçants du quartier. Aussi, lorsqu'il apprend de la bouche d'une épicière que la tuberculeuse Suzanne Fourreau héberge « des gens » plutôt que de se faire soigner, se sent-il pris d'une soudaine compassion sans perdre de vue la réponse qui le préoccupe :

– Qu'est-ce qui vous fait dire qu'elle a du monde chez elle ?

– Les achats qu'elle me fait, mon bon monsieur. Si vous voyiez la tête de crevée qu'elle a en ce moment à faire de la cuisine pour six...

Castex jubile. Mais lorsque le patron du Petit Trou, devenu soudain un « pays », lui confie que chaque après-midi à l'heure de l'apéritif, les amis de sa voisine Suzanne sont là, à jouer aux cartes, assis au fond de la petite salle, c'est l'euphorie.

Le soir même, une camionnette banalisée s'arrête devant l'entrée du 57, rue Bichat. Des diables en surgissent, mitraillettes en mains. Dekker et Jean-Baptiste Buisson ont à peine le temps de réaliser qu'ils sont menottés, désarmés, jetés dans une traction qui vient se garer à hauteur de la camionnette. Pailley les rejoint. Mais Émile l'évadé manque à l'appel.

Castex, dont l'optimisme s'est brutalement envolé, traverse sans bruit la courette. Trois policiers le suivent, rasant les murs. Avant de s'engouffrer dans l'étroit escalier de l'immeuble du fond, il lève les yeux vers les fenêtres du troisième étage que le cafetier lui a désignées comme étant le logement de Pailley. Pourquoi faut-il qu'à cet instant le regard de Suzanne Fourreau qui secoue un panier à salade s'abaisse sur lui ? Il est des hasards qui ne sont pas toujours les dieux des policiers, la preuve! Suzanne a le temps de crier « Émile, les flics! » et Buisson, enjambant l'appui de la fenêtre, saute, au risque de se rompre le cou, sur le toit d'un immeuble en contrebas. Il se raccroche à la gouttière, se dissimule toute la nuit derrière une cheminée, et entend, plus qu'il ne les voit, les inspecteurs perquisitionner le logement abandonné.

Force est à Saint-Cyr d'abandonner les lieux sur une déconvenue. Mais à la grande satisfaction de l'inspecteur Courchamp de la Brigade criminelle qui, le lendemain, mais confidentiellement, se hâte de confier l'échec de son concurrent à la presse!

Il ne se doute pas, lui, Courchamp, que quatre mois plus tard, le 6 février 1948, il va se trouver nez à nez avec Émile Buisson dans un taudis de

Boulogne-Billancourt où il enquête sur la disparition d'une adolescente. Il priera poliment le petit homme aux yeux noirs de déguerpir, l'audition d'une jeune fille, amie de la disparue, ne devant pas intéresser l'homme qui partageait sa couche.

Une fois de plus la chance avait souri à Émile Buisson.

A moi, non. A Maguy, non plus.

Le Parisien Libéré m'a appris l'arrestation de Dekker et du Nuss. Émile Buisson et Francis Guillo courent toujours. Maguy devrait pouvoir me renseigner sur ce qui s'est passé, à moins que Suzanne Fourreau se soit fait coincer, elle aussi, pour recel de malfaiteurs. Le journal ne parle que de Pierre Pailley.

Quand je gratte à la porte de Maguy, au fond du couloir qu'éclaire, tant bien que mal, une ampoule opale saturée de chiures de mouches, je ne capte que le bruit lent de gouttes d'eau qui tombent d'un robinet dans l'évier. Il est huit heures et quart, à ma montre. Ma balançoire bénévole dormirait-elle déjà? Je cherche dans mes poches un stylo, et un bout de papier pour lui laisser mon numéro de fil. Elle comprendra.

Le paillasson est usé jusqu'à la corde. Tout juste bon à accueillir le morceau déchiré du paquet de cigarettes que je glisse dessous. Et puis, je ne sais pourquoi, je tourne sans bruit la poignée.

Surprise: le verrou n'est pas mis. J'entrebâille la porte. Une odeur de renfermé me prend à la gorge.

– Maguy?

Pas de réponse. Toujours ce robinet qui goutte.

On dirait un bruitage pour film à suspene de troisième ordre. Je m'enhardis, j'entre. Grâce à la faible lumière que distribue l'ampoule du couloir, je parviens à me repérer dans la chambre. Mon ombre me précède, géante, inquiétante.

– Maguy?

Sur une chaise, un corsage et une jupe de soie noire, les outils de travail.

– Maguy?

Elle est là, Maguy, allongée sur la couverture. Sa main inerte effleure le tapis. Le haut du lit est noyé d'ombre. Je trouve, à tâtons, l'interrupteur.

Le cauchemar!

Maguy, les lèvres violettes, les yeux révulsés. Maguy étranglée. Une ficelle autour du cou.

Je reste frappé de stupeur. Je soulève le bras, il est raide. La peau est glacée. La mort remonte à la veille, au moins. L'argent des passes est là, intact, sur la table de nuit.

Je récupère mon papier griffonné, le glisse dans ma poche, dévale les quatre étages. Je frappe à la porte de la loge. Une tête hirsute se présente. Je glisse ma plaque sous le nez bourgeonné du gardien :

– Vous savez ce qui est arrivé à Maguy?

L'homme ouvre des yeux ronds comme une soucoupe :

– Ma foi non. Qu'est-ce qui lui est arrivé?

– Elle est morte.

– Hein?

– Morte. Assassinée. Vous l'avez vue quand pour la dernière fois?

– Morte, assassinée? répète le gardien saisi, soudain d'un tremblement convulsif. C'est pas possible!

– C'est pourtant comme ça. Quand l'avez-vous vue pour la dernière fois?

– Hier soir. Pas plus tard qu'hier soir. Elle m'a apporté le journal en rentrant de son travail. Il pouvait être, je sais pas, neuf heures, neuf heures et quart...

– Elle était seule?

– Je crois bien, oui. Elle recevait jamais chez elle. Quatre étages, il faut se les faire, hein? Des coups à désamorcer le piston quand on arrive en haut. Comment vous savez qu'elle est morte?

– Parce que je suis monté et que j'ai trouvé la porte ouverte. Si on l'a assassinée, c'est bien parce qu'elle a reçu quelqu'un, non?

Les épaules décharnées se soulèvent sous le tricot de peau à l'encolure souillée de taches noirâtres :

– Je sais pas. Il y a bien un de ses amis qui est passé la voir hier matin. Il est monté mais elle était pas là. Je faisais l'escalier. Il a enjambé le seau d'eau qu'il a manqué foutre en l'air.

– Il était comment ce type?

– Petit, maigre, avec un drôle de regard. Très noir... Un drôle d'accent, aussi. Il roulait les r.

– Il a laissé son nom?

– Il a juste dit qu'il était de passage et qu'il voulait l'embrasser.

Je tire de ma poche la photographie anthropométrique de Buisson, la seule que les archives aient conservée mais qui date, malheureusement, de l'avant-guerre.

– Ce ne serait pas cet homme-là, par hasard?

Le gardien fronce les sourcils, approche et éloigne de sa vue le cliché.

– Je peux pas dire. Les yeux, peut-être. Oui, un regard comme ça, bizarre, froid... Comme celui d'un dingue. Il s'appelle comment celui-là ?

– Buisson, Émile Buisson. Si des fois il revenait, faites-moi signe. Je vous laisse mes coordonnées.

La panique qui traverse l'œil de mon interlocuteur me donne à penser que je ne devrai pas compter sur son éventuelle collaboration.

LE BANDIT BIEN-AIMÉ

Un Arsène Lupin qui ne pose pas au redresseur de torts. Un gentleman-cambrioleur un peu gouape. De la désinvolture. De l'élégance. La ligne svelte. Une insouciance qui fait penser à *l'Indifférent* de Watteau, tel est René la Canne. Tout est dans le sourire enjôleur, gouailleur à la fois, dans le geste souple des mains et des bras, dans la façon qu'il a de paraître passer au-dessus de toute chose.

Quand Émile Buisson, une fois franchi le saut de loup de l'asile psychiatrique de Villejuif, le dépose à Charenton, Girier n'a qu'une idée : revoir sa femme. Ironie du sort, la station de métro devant laquelle les Buisson le déposent porte le nom de « Liberté ».

La liberté, Girier ne la goûte pas longtemps. Neuf jours seulement. La P.J. du quai des Orfèvres, qui connaît sa sentimentalité excessive, le retrouve chez Marinette et lui fait réintégrer sa bonne vieille cellule de la Santé. Avec trois mois de mitard comme gratification. Tandis que Buisson émaille sa route de crimes, René comparaît devant les juges qui le déclarent cette fois parfaitement responsable de ses actes. La condamnation tombe, pour vol d'effets appartenant à l'administration pénitentiaire, le 23 juillet 1948.

Les semaines d'isolement n'ont en rien altéré l'humour et l'esprit de repartie de René la Canne. Dans la salle d'audience pleine à craquer, il met les rieurs de son côté :

– C'est cher payé pour une tenue qui ne vaut pas tripette, monsieur le président ! Un an d'emprisonnement, alors que si j'étais parti à poil, vous m'auriez seulement filé trois mois pour attentat à la pudeur !

Sa peine purgée, Girier peut jouir d'une liberté enfin retrouvée, après des années de détention. Sa prétendue irresponsabilité a effacé les condamnations qui ornaient son casier judiciaire et agrémenté d'ordonnances de non-lieu les quelques démêlés qu'il avait encore avec la justice. Malheureusement, un mandat d'arrêt pour vol aux faux policiers commis en 1945 en Normandie a échappé au coup de gomme général, du fait de la carence d'un greffier. Il garde donc toute sa valeur et remet en question les bonnes résolutions de Girier, jusque-là déterminé à devenir un homme honnête. Quelle bizarrerie que la destinée !

Les menottes aux poignets, Girier prend le train entre deux gendarmes pour le pays des manoirs, des pommiers et des vaches laitières. Chaque tour de roue qui l'entraîne loin de Paris, de sa femme, de sa fille, conforte son idée de ridiculiser à jamais la justice.

Dans le « Michelin » des établissements pénitentiaires, la prison de Pont-l'Évêque ne mérite pas le détour. Ce n'est qu'une maison de correction de troisième classe : vingt-cinq détenus, cinq gardiens, deux ateliers où l'on confectionne des filets pour les ballons d'enfants. Pourtant, grâce à Ferdinand Bonal, véritable Ubu-geôlier qui en a été nommé le gardien-chef, elle gagnera en quelques mois ses trois étoiles dans la cocasserie.

Pour Ferdinand, une chose est sacrée : l'apéritif. Il l'a institué comme un ordre de chevalerie dont les règles sont la ponctualité et l'abondance. Après dix-sept années de chiourme, le brave homme a contracté pour la surveillance, la discipline et le travail administratif une horreur proportionnelle à sa passion du cidre et de l'eau-de-vie. L'œil vitreux, la face rubiconde, tonitruant et bon enfant, il préfère le bistrot à la bureaucratie. Il laisse les choses courir. Et la prison court à la catastrophe.

Du coup, ce sont les pensionnaires eux-mêmes qui prennent en main la gestion de la maison d'arrêt. Le parloir des avocats se transforme en garçonnière, des fêtes se déroulent à l'intérieur des bâtiments et un traiteur des environs fournit les vivres et les boissons dans le réfectoire transformé en salle de noces. L'été, lorsque la saison bat son plein, Ferdinand entrouvre les portes. Les détenus s'égaillent dans les restaurants et les boîtes de nuit de la côte normande. Un magistrat du siège, tout éberlué, rencontre ainsi dans une brasserie de Trouville, en bonne compagnie, le détenu qu'il a condamné l'après-midi même.

C'est dans cette prison en folie que Girier débarque un beau matin de mars 1949. Au premier coup d'œil, il juge la situation : sa nouvelle maison d'arrêt est digne des Marx Brothers. Pour la quitter, il suffit d'emprunter la porte. Trop facile. Girier s'évadera, bien sûr, mais il ne veut pas que son évasion embarrasse Ferdinand qui a réussi le tour de force de transformer ce havre carcéral en un gigantesque guignol. Il faut trouver un moyen de s'échapper qui présente suffisamment de difficultés et de danger pour être convaincant. René la Canne apprécie l'humour de sa position : c'est la première fois qu'un spécialiste de l'évasion doit s'ingénier à compliquer sa fuite. Au bout de quelques jours, il s'aperçoit que cela ne va pas être facile. L'indifférence et le laisser-aller dans la surveillance contrarient ses plans. Après une étude approfondie des mœurs de la prison et en se basant sur ce qui reste de bonnes traditions, René fixe son choix.

Les occasions d'abord : un chevron de huit centimètres sur huit qu'il réussit à cacher dans l'interminable tuyau du poêle en fonte de l'atelier ; deux lames de scie à métaux, dérobées dans un coffre à outils et dissimulées sous les lamelles de son sommier métallique par des morceaux de sparadrap ; un compagnon d'échappée, enfin, recruté parmi les jeunes loups condamnés à la relégation.

Comme toutes les fenêtres des prisons, celles du dortoir sont munies d'épais barreaux. Il suffit d'en scier un ou deux et de se laisser glisser cinq mètres plus bas jusqu'à la baie de l'atelier qui ouvre sur la cour intérieure. Le chevron utilisé comme passerelle permettra d'atteindre le mur d'enceinte que quatre mètres séparent du rebord de la fenêtre. C'est peu et c'est énorme. Franchir quatre mètres en équilibre sur un chevron de huit centimètres de largeur, c'est se lancer comme un funambule sur une corde raide, au-dessus d'un gouffre béant. L'exploit est de taille, de nature en tout cas à satisfaire la commission d'enquête la plus pointilleuse.

Dans cette prison où tout part à vau-l'eau, une seule règle est observée : la fouille du soir. Ferdinand a peur du feu. Les gaffes ne cherchent pas des outils, mais des allumettes ou des cigarettes. Avant de regagner leur dortoir, les prisonniers doivent se déshabiller et laisser leurs vêtements à la porte jusqu'au lendemain matin. Ils passent ensuite à la fouille. Girier et son compagnon tournent la difficulté. Chaque soir, une corvée transporte deux tinettes dans le dortoir. C'est dans l'une d'elles, soigneusement nettoyée, que les deux complices cachent leurs vêtements qu'ils ont recouverts de sable.

La porte de la cellule vient d'être bouclée. Girier fait sauter les fils de la sonnette d'alarme. Il se méfie : un détenu, en douce, par crainte de représailles, pourrait donner l'alerte. Étonnés, ravis de participer à une tentative d'évasion, sans doute impressionnés par la personnalité de René la Canne, les prisonniers se mettent à chanter. Le chœur, puissant, couvre le bruit de la scie. Girier s'échine sur les barreaux. Son compagnon, à plat ventre près de la porte, guette une éventuelle ronde.

Les barreaux sont énormes. Deux heures sont nécessaires pour venir à bout des deux premiers.

L'ouverture est à peine suffisante : la tête et le tronc passent, mais les hanches restent bloquées. Girier ôte sa chemise. Il se savonne le corps. Poussé par les détenus, il glisse à nouveau son buste à l'extérieur puis, millimètre par millimètre, parvient à arracher ses hanches ensanglantées à l'étreinte des barreaux. La tête en bas, retenu par les pieds, suspendu dans le vide, hors d'haleine et les tympans meurtris, il réunit ses dernières forces pour effectuer un rétablissement et s'asseoir sur le rebord de la fenêtre. Il reprend son souffle. Les draps qu'il a liés entre eux et qu'il a noués à un barreau pendent le long du mur. Il s'en sert comme d'une corde et se laisse couler jusqu'à l'atelier où son compagnon, moins musclé, vient le rejoindre avec ses vêtements. Par la baie ouverte, Girier saute dans la salle où il s'habille à la hâte. Il démonte le tuyau et tire de sa cachette le chevron qu'il dirige aussitôt vers le mur extérieur.

Catastrophe : la poutre est trop courte d'un mètre. Girier sent l'angoisse monter en lui. L'espace d'un éclair, il pense qu'il faut être fou pour pousser le sens artistique aussi loin, alors qu'il lui suffirait de sortir par la porte. Mais la difficulté et le danger l'excitent.

Les draps fixés au-dessus de lui au barreau du dortoir vont lui servir de hauban pour assujettir le chevron. Il les attache à l'extrémité de la poutre qu'il pousse ensuite horizontalement le plus loin possible, au-dessus du vide. Tendus en diagonale, les draps la guident, la soutiennent. Il cale le chevron, côté fenêtre, dans l'angle du mur, avec un sac de plâtre qu'il a trouvé dans l'atelier, et tâte du pied la solidité de son échafaudage. D'en haut, les détenus agglutinés aux barreaux regardent avec stupéfaction les derniers préparatifs. Ils prennent sans doute pour des fous ces deux hommes qui vont sûrement perdre l'équilibre et s'écraser six mètres plus bas, dans la cour, mais ils ne tentent rien pour les dissuader, fascinés par l'approche inexorable de l'accident.

Il est deux heures du matin. Pont-l'Évêque dort, indifférent au mélodrame qui se joue dans sa prison.

René la Canne s'avance le premier. Le moindre dérapage peut lui être fatal. Le chevron, insuffisamment calé, a tendance à fuir sous ses pieds. Le cœur de Girier bat la chamade. Ses bras font office de balancier. A chaque effort, il gagne quelques centimètres, s'arrête, repart. Toute sa volonté se concentre sur le but qu'il s'est fixé. Il serre les mâchoires, progresse, ralentit, reprend sa marche, le regard soudé à l'extrémité de la poutre, comme si plus rien d'autre n'existait que ce bout de bois qui se dérobe imperceptiblement, de gauche à droite, de droite à gauche, chaque fois qu'il s'efforce de mettre un pas devant l'autre.

Tout à coup, il sent que l'équilibre va se rompre, que la poutre fuit sur le côté. Il a fait un mouvement trop rapide. Ses bras battent l'air. Il tente désespérément de ramener la planche dans l'axe du mur, retient le cri qui monte à ses lèvres. Dans un dernier réflexe, il se lance en avant. Ses doigts réussissent à agripper les draps.

Ils s'y cramponnent. Par miracle, la poutre, après quelques balancements, retrouve sa position première. Girier repose le pied, prend appui, fait encore quelques pas et saute. A califourchon sur le béton du mur d'enceinte, il respire profondément, essuie d'un revers de manche son front moite et affermit sa position sur le faîte du mur. Il se penche vers l'intérieur, ses cuisses formant ventouses, et attrape le bout de la poutre qu'il tient solidement entre ses mains.

Quelques secondes plus tard, son compagnon réussit la traversée. Les deux hommes se regardent, livides, secoués par un tremblement nerveux qu'ils n'arrivent pas à maîtriser. A côté de ce qu'ils viennent d'accomplir, le saut de six mètres qui les sépare encore de la liberté leur semble un jeu. Ils se serrent la main. A cet endroit, leurs destins se séparent. Le relégué s'élance. Girier le voit disparaître dans la nuit. A son tour, il saute, culbute sur le côté gauche, se relève, s'ébroue. Il traverse la place de Pont-l'Évêque, silencieuse et déserte, salue la gendarmerie au passage, s'engouffre dans la voiture qui l'attend depuis plusieurs jours et regagne Paris par un itinéraire préparé à l'avance.

Le lendemain, comme il l'a prévu, le récit de son évasion s'étale dans les journaux. Ferdinand n'est pas inquiété. Les détails de « la belle » donnent à la prison de Pont-l'Évêque l'aspect d'une forteresse. Personne ne se doute des efforts que René la Canne a faits pour sauver les apparences, des risques qu'il a courus. Il se passera quelques mois avant que le scandale éclate et que les foudres de l'administration pénitentiaire s'abattent sur Ferdinand [1]...

***

A Paris, Girier s'organise. Sous le nom de Jacques Dubreuil – il n'a pas été long à se faire établir une fausse carte d'identité – il occupe une chambre confortable dans un hôtel trois étoiles de la rue Marivaux. La standardiste de l'établissement meuble ses nuits. Son ami Goyard, un fils de famille dévoyé, l'emmène chaque week-end dans sa Ford V8 jusqu'aux rives de la Seine, pratiquer l'aviron.

Le plaisir et le sport ne sont pourtant pas les seules préoccupations de Girier. Il rêve d'un coup de main audacieux qui lui assurerait la stabilité financière dont il a tant besoin. Mais la préparation d'un coup est une longue patience. Il faut avoir le bon tuyau et, surtout, savoir s'entourer d'une équipe de gens sûrs, maîtres de leurs nerfs, capables de résister aux interrogatoires les moins doux.

Des gens aguerris, Girier les a sous la main. Des professionnels du genre, des chevaux de retour qui ont fait leurs preuves tel le grand Marius Poulenard, un Lyonnais comme lui, au casier judiciaire éloquent, Marco, le Corse au visage grêlé, en cavale depuis trois ans, Eugène la Moralité qui, au début de chaque action, esquisse le signe de croix en marmonnant « Vraiment, ce n'est pas bien, ce

1. Cette évasion a inspiré les cinéastes qui ont produit *La Joyeuse Prison*. Le gangster Jo Attia devait jouer le rôle de Girier mais n'a pas été retenu, ses moyens étant par trop limités.

que nous faisons, non, pas bien du tout. » Et aussi les frères Louis et Henri, des Biterrois qui ont la spécialité de se grimer avant l'action. Une légère couche de bistre sur le visage, quelques rides dessinées au crayon gras au coin des yeux et de la bouche, et les voilà prêts à affronter les témoins les plus physionomistes. Il y a enfin Pascal le Niçois et Jo des Grandes Carrières qui, il y a deux mois à peine, goûtaient en prison un repos qu'ils n'avaient pas prévu.

Les sept hommes sont passés dans l'arrière-salle du bar Favart, sans un regard pour un client belge écarlate qui tient une fille sur ses genoux. Ils font cercle autour de Girier, vautrés dans les fauteuils-clubs qui entourent deux tables de palissandre.

– Nous allons investir un fourgon du Crédit Lyonnais, annonce Girier. Une cinquantaine de millions en perspective. Les convoyeurs n'opposeront aucune résistance. On les braque, on s'installe au volant à leur place, et on les abandonne après avoir piqué le fric.

Il s'exprime avec la solennité d'un chef d'état-major, se tait, jouit de l'effet produit, poursuit :

– Nous sommes rue Marivaux. En face de nous l'Opéra-Comique, sur la place Boïeldieu. De l'autre côté, la sortie du garage des fourgons de la banque, dont le siège est à proximité. Deux de nos voitures suivent de près celui qui nous intéresse. Dès qu'il s'arrête à un feu rouge, j'ouvre la portière, je monte à bord et je prends le volant tandis que Marius, par exemple, braque les deux employés.

Poulenard, attentif, hausse les épaules.

– Tu oublies que les fourgons sont munis de

protections depuis que Pierrot le Fou et Jo Attia se sont occupés d'eux. Et puis comment sauras-tu que le fourgon contient l'argent? Comment le reconnaître? Des fourgons, il y en a une flopée...

Girier le fixe d'un air amusé.

– J'ai le numéro et la gueule des chauffeurs. On planque, on les suit et on agit.

– On planque, on planque, intervient Marco le Corse, ce n'est pas tout de planquer. Tu sais ouvrir la portière d'un fourgon blindé, toi? Elles sont verrouillées de l'intérieur!

– Elles peuvent aussi s'ouvrir de l'extérieur en cas d'accident. Suffit d'avoir la clé.

En pensée, il revoit la scène qui lui a donné l'idée de monter l'opération. En cette lumineuse matinée de juillet, il s'était levé tôt, avait procédé à ses exercices d'assouplissement quotidiens, pris sa douche. Le petit déjeuner englouti dans la salle de restaurant où la radio lui avait appris que les troupes nationalistes du généralissime chinois Tchang Kaï-chek, vaincues par Mao Tsé-toung, se réfugiaient dans l'île de Formose, il avait humé l'air en attendant l'arrivée de Paulo Goyard et de sa Ford V8. Le soleil était au rendez-vous. Sur la plage de Villennes, les filles en bikini, la nouvelle mode du maillot à deux pièces, seraient nombreuses puisque, pour la première fois cette année, l'essence était en vente libre. La moitié de Paris était en vacances et la Quatre-chevaux, la puce de la route, grisait le Français moyen d'aventures et d'espace.

Au comptoir du café-tabac jouxtant l'hôtel où il avait pénétré, deux chauffeurs du Crédit Lyonnais discutaient devant leur ballon de gros rouge. Quelques bribes de la conversation lui étaient parvenues alors qu'il réglait le prix de son paquet de cigarettes.

– C'est comme ça, avait dit l'un d'eux, un petit bibendum en blouse grise, s'adressant au patron qui l'écoutait, le torchon sur l'épaule. Maintenant, les gangsters, ils peuvent toujours y venir avec les fourgons qu'on a touchés. Pas vrai, Sosthène?

Il avait levé le coude, vidé son verre d'un trait, fait claquer sa langue pendant que ledit Sosthène enchaînait :

– Exact. On appuie sur un bouton, il y a les portes qui se ferment automatiquement. On appuie sur un autre, la sirène se met à gueuler. On appuie sur un troisième, il y a de la fumée qui sort par la porte pour aveugler ceux qui sont pas au courant.

Girier, sur le seuil du café, avait pris son temps pour allumer sa cigarette, puis s'était retourné, goguenard :

– Vous avez lu ça dans *La semaine de Suzette*, les gars? Faut quand même pas rêver!

La conversation s'était arrêtée pile. Les yeux ronds, les deux convoyeurs dévisageaient l'intrus, suffoqués que l'on puisse mettre leur parole en doute. Le petit gros, l'air outré, avait pris le patron à témoin :

– S'il ne nous croit pas, on va lui montrer comment ça fonctionne, à ce type!

– Chiche, avait dit Girier.

Trois minutes après, les convoyeurs effectuaient la démonstration, montrant même l'emplacement extérieur de la clé de secours, sous le marchepied gauche.

– Qu'est-ce que tu dis de ça, mon pote? avait demandé Sosthène, dont le teint rubicond témoignait de son attachement à la dive bouteille. Si t'es pas convaincu avec ça...

– D'autant plus que sur la route, on fait gaffe à tout, avait surenchéri bibendum. Si tu voyais les yeux au rétro et les ruses qu'on a quand on trimballe des gros paquets de fric! La semaine prochaine, il y en a un de prévu pour la Cartoucherie Française, rue Bertin-Poirée. Cinquante briques, c'est pas rien. Je te jure, ça vaut le coup de nous voir travailler. C'est qu'on est pas des bleus, nous. Pas vrai, Sosthène?

– Je vois, avait dit Girier, pensif. Venez, je vous paie un coup de rouge.

***

L'affaire va maintenant se dérouler comme dans un scénario, dans un film avec les premiers et seconds rôles, la vamp classique, le traître qui se dérobe à la police et vend ses amis, travelling, zoom et cadence accélérée au moment de l'action, arrêt sur image pendant le générique de fin.

Première séquence: un bureau de la Sûreté nationale, rue des Saussaies, le mien. Celui que le commissaire Chenevier, mon nouveau patron, m'a affecté. Pas le luxe, non. Clair, cependant. Situé au cinquième étage de l'immeuble, au-dessus de la cour carrée où stagnent les voitures directoriales avec, au volant, bâillant d'ennui, des inspecteurs-chauffeurs gras à lard.

J'ai quitté la rue de Bassano sans regret. Heureux même de faire un pied de nez à Gillet, le gnome chef de service qui ne me portait pas tellement dans son cœur, emportant dans mes valises quelques affaires en instance, confiées par Victor, mon indic préféré. Victor, c'est un surnom. Il se prénomme Hugo, en réalité. L'association était inévitable.

Le commissaire Bonnel m'a souhaité bonne chance, Juffin a esquissé une larme de crocodile et le principal Camard m'a fait un signe de tête protecteur. Chenevier, lui, m'a ouvert grand la porte de son bureau dans l'angle duquel un boa empaillé joue le rôle de fétiche.

– J'espère que nous allons faire du bon travail ensemble, m'a-t-il dit, en guise de bienvenue. Vous perceviez combien de frais de police mensuellement ?

– Ça dépendait. En principe entre sept et dix mille anciens francs...

– Je vous les double. Sans compter les primes qui vous tomberont si vous me ramenez quelques crânes importants.

Dans le jargon policier, un crâne, c'est une arrestation. J'ai donc pris possession d'un bureau sommairement meublé d'une table sur laquelle trône une vieille Underwood, près d'un téléphone sans cadran qui permet de joindre les autres postes via les demoiselles du standard. J'ai collé une affiche de la France administrative au-dessus d'un classeur en bois démuni de tablier et j'ai orné le mur, badigeonné de beige, du calendrier Lavauzelle, imprimeur et fournisseur de l'État.

Et aujourd'hui, en ce début d'un chaud mois de juillet, je me dois de donner à mon patron les preuves de mon savoir. Je décroche le téléphone.

– Puis-je vous voir une seconde, monsieur?

– Je suis en conférence, je n'ai pas beaucoup de temps. C'est urgent?

– Oui et non. C'est au sujet de Girier, quelque chose qui peut vous intéresser.

– Vous savez où il est?

– Je crois. Il serait en train de monter une agression avec une équipe de truands en cavale d'après mon indic. Des gars dangereux, décidés à tout. Buisson lui-même est peut-être dans le coup. J'ai les noms de deux des participants, le grand Marius Poulenard, sept condamnations pour vols, agressions à main armée et cambriolages, recherché depuis trois ans par les Parquets de Bordeaux et de Périgueux, et Marc Grimaldi, Marco le Corse, vingt années de travaux forcés par contumace pour vols à main armée. J'ai sorti les dossiers. Des autres, je n'ai que des prénoms et des surnoms.

– Répétez-moi ça, Borniche?

– Poulenard et Grimaldi.

– Nom de Dieu, j'arrive!

La porte de mon bureau s'ouvre comme sous l'effet d'une bourrasque. Les joues habituellement roses du Gros ont perdu leur couleur. Sous les lunettes d'écaille en équilibre sur le cheveu noir, l'œil est interrogateur.

– Vous êtes sûr de ce que vous avancez là, Borniche?

– Tout à fait. Girier a logé à l'hôtel Favart, rue Marivaux, où il fait des apparitions sous le nom de Dubreuil. J'ai vérifié aux garnis, le tuyau est exact. Il a quitté l'établissement pour vivre au Perreux sous le nom de René Parisis. Il va se bronzer et faire du bateau à Villennes-sur-Seine avec un ami, Paulo Goyard, qui habiterait rue Marcadet ou Championnet, dans le dix-huitième.

– Où ça, au Perreux?

– Je n'en sais rien. Il n'y a pas de fiche à ce nom. Mais il continue à faire des apparitions au Favart pour mettre au point une agression contre des convoyeurs de fonds avec Poulenard, Grimaldi et trois ou quatre truands de poids dont deux frères originaires de Nîmes ou de Béziers.

– Et votre indic vous dit que Grimaldi est dans le coup? Ça m'étonne tellement, ce que vous m'apprenez là!

– Jusqu'alors, il m'a fourni de bons tuyaux...

Ce qui m'étonne, moi, c'est le ton inhabituel du Gros, comme s'il me reprochait de lui rapporter l'information. Toutes les polices recherchent Girier dont l'évasion en compagnie d'Émile Buisson a longtemps fait la une des journaux. Il se met à marcher dans la pièce, de long en large, exécute une brusque volte-face.

– Cela me surprend d'autant plus que Marc Grimaldi est mon indic, reprend-il. Je lui accorde un permis temporaire de séjour pour qu'il me fournisse des renseignements sur le milieu corse et marseillais qu'il fréquente et jamais il ne m'a parlé de Girier. Encore moins d'une opération qui serait en cours de montage!

Délivrer une autorisation à un condamné aux travaux forcés dépasse l'entendement mais je ne puis me permettre, hiérarchiquement parlant, d'en faire de front la remarque à mon supérieur. Je trouve le biais :

– Vous n'aviez peut-être pas pu consulter son dossier, patron. Vous avez tellement à faire...

Le Gros se laisse tomber sur la chaise, près du classeur éventré dégoulinant de chemises cartonnées dépareillées. Il s'éponge le front à l'aide d'un mouchoir à carreaux aussi large qu'une serviette de table.

– Je n'ai pas eu le temps, c'est vrai ! J'ai fait confiance à Victor, le patron des Deux Marches de la rue Gît-le-Cœur qui m'a tellement bassiné avec son petit cousin corse... Si le quai des Orfèvres ou les gendarmes tombent sur l'autorisation, je vais avoir bonne mine ! Il faut le récupérer, ce papier, mais Grimaldi va se méfier si je le convoque. Et je ne peux décemment pas laisser perpétrer une agression dans Paris ! Des passants risquent de se faire flinguer ! Si on intervient avant, la tentative n'est pas punissable puisqu'il n'y a pas de commencement d'exécution. Personne ne peut être puni pour sa seule pensée. Juridiquement, l'affaire ne tient pas. Si on agit pendant, il risque d'y avoir des éclaboussures.

Deuxième séquence. Bureau de Chenevier qui a décroché le téléphone. Une table d'angle, une bibliothèque vide, le serpent empaillé dans le coin de la fenêtre aux rideaux sales. Au mur, un dessin de Dubout. Conversation avec le juge Roger Daniault au Palais de Justice.

– Un informateur dont je n'ai jusqu'ici qu'à me louer me signale qu'une agression est en train de se monter contre des convoyeurs de fonds, monsieur le juge. Girier serait assisté de repris de justice qui font l'objet de mandats d'arrêt et de condamnation aux travaux forcés par contumace. Peut-être même Buisson serait-il dans le coup. Si nous n'opérons pas le flagrant délit, l'affaire ne tiendra pas... J'entends, monsieur le juge. Toute association formée dans le but de préparer ou de commettre des crimes contre les personnes ou la propriété constitue un crime contre la paix publique. A plus forte raison, si ce sont des repris de justice. Dans ces conditions, ça change tout. Merci, monsieur le juge. Je vous tiendrais au courant.

Raccroché.

– Vous savez ce que nous allons faire, Borniche? On va surveiller discrètement ce joli monde et on verra si Girier a ou non le contact avec Buisson. S'il l'a, on les saute tous les deux.

Troisième séquence. Sus aux truands. Les maigres effectifs de la section, plus bureaucratique qu'active, sont en état de mobilisation générale. Le commissaire Boury planque. Les inspecteurs Boutheillier, Vincent, Gard, Chameroy planquent. Vergé et Dezavelle, les chauffeurs, chacun au volant de la Citroën onze familiale de la boîte, planquent. Moi, je planque aussi, par la force des choses. Seul Penot, dont la témérité ne va pas jusqu'à s'exposer au danger, a prétexté une maladie.

Le téléphone du Favart a été placé sur écoute dans le local du PCR, la police des communications radioélectriques. Wybot, le patron de la DST, m'en a donné l'autorisation. Je suis passé dans ce local, un capharnaüm où pendent et s'enchevêtrent, du sol au plafond, des fils électriques reliés à des mystérieux appareils d'enregistrement, noirs ou chromés, devant lesquels stagnent, le casque sur l'oreille, des agents spéciaux en blouse blanche, et où des voltmètres, des ampèremètres sont accrochés aux murs tels des instruments de navigation. La ligne de l'hôtel a été dérivée du central téléphonique Opéra vers la rue des Saussaies où l'aiguille enregistreuse incruste sur une bobine de cire le fatras des communications. Jusqu'alors, la voix de Givrier ne s'est pas manifestée.

Assis sur le siège avant de la voiture, le Gros s'impatiente :

– Depuis le temps qu'on est là, on ne le voit pas se monter, votre braquage, Borniche. On ne voit pas plus apparaître vos truands fantômes!

Il se retourne vers moi et, le coude gauche sur le dosseret du siège :

– Franchement, vous y croyez, à cette histoire?

– Jusqu'alors, mon indic ne m'a pas trompé, dis-je, pincé. Mais peut-on faire vraiment confiance à un indic? Voyez Marc Grimaldi...

Quatrième séquence. L'Auberge des Oiseaux est un endroit calme et discret des bords de la Marne. La salle de restaurant est vaste avec, au fond, une estrade pour les bals du dimanche.

Le propriétaire s'est précipité à ma rencontre lorsque je suis arrivé chez lui en compagnie de Marlyse. J'ai rempli ma fiche de police avec application. J'ai emprunté le nom d'un journaliste de l'hebdomadaire *Détective* et j'ai donné une adresse fantaisiste. Marlyse, elle, n'a rien rempli du tout, et le patron m'a lancé un clin d'œil complice.

Une serveuse s'empare de ma valise et nous conduit au premier étage, à la chambre 13. Si la vue sur la Marne est superbe, Marlyse n'est pas totalement satisfaite.

– Il y a des moustiques, ici?

Je n'en sais rien et je m'en fous. La seule chose qui m'intéresse est de savoir quelle chambre occupe Girier. D'après mon indic, il a quitté Le Perreux pour s'installer ici sous le nom de René Motton.

Assise sur le bord du lit, Marlyse note consciencieusement une date sur son carnet personnel : « 12 juillet 1949 – il fait chaud – Pas vu René la Canne. »

Soudain, une portière qui claque me met sur pied. Je me précipite à la fenêtre et j'arrive à temps pour apercevoir Girier, une serviette à la main, qui vient de quitter une Citroën soigneusement rangée sur le côté de l'auberge, sous l'escalier extérieur. Mentalement je note le numéro : 8982 RO 1, puis je file coller mon oreille à la porte de ma chambre. Les pas de Girier résonnent dans l'escalier, s'arrêtent sur le palier. Une clef tourne dans une serrure, une porte se referme. Doucement, j'ouvre la mienne et, pieds nus, je me hasarde dans le couloir. Il me semble que Girier est entré dans la chambre 3, mais je n'en suis pas certain. Je regagne la mienne.

Dix-huit heures trente : c'est le moment convenu pour appeler le Gros. La cabine étant à proximité du comptoir, je me résigne à aller en ville.

– Viens, dis-je à Marlyse, on va faire un tour.

Le Gros est chez le directeur lorsque j'appelle la boîte, et c'est Vincent qui me répond.

– Tu me fais une carte grise en urgence. C'est important.

Je sens, à un craquement sec dans la communication, que Vincent est passé sur la ligne directement reliée à la Préfecture de police. Trois minutes se sont à peine écoulées quand il reprend le réseau.

– Voiture volée le 8 juillet à un nommé André Graziani, industriel. Ça te suffit ?

– Oui, dis-je. Surtout ne m'appelez pas où je suis, c'est dangereux. Le Gros ?

– Il va bien. Salut.

Quand nous entrons dans la salle du restaurant, un phono débite un air de valse musette. Nous nous asseyons à la table qui nous est désignée, devant la verrière entrouverte. Il fait bon vivre à l'Auberge des Oiseaux.

Monique, la serveuse, vient de déposer le plateau des fromages lorsque je sursaute : devant moi, marchant à petits pas sur le quai, au bras d'une jolie femme, m'apparaît le Gros ! Il fait semblant de ne pas me voir mais, un peu plus loin, il se retourne et me lance un signe discret. Le moment est mal choisi pour quitter ma table, d'autant que Girier vient de faire son apparition dans la salle, une serviette à la main.

Il s'installe à une table proche de la nôtre, déplie *France-Soir* et commence sa lecture en attendant qu'on lui présente le menu. Je patiente quelques minutes, puis je me lève. Marlyse m'imite. Le regard de Girier nous suit tandis que nous nous éloignons vers le quai en nous embrassant. Enfin, nous sommes hors de sa vue. C'est à ce moment que le Gros, qui était allongé dans l'herbe, se lève :

– J'ai du nouveau, commence-t-il en me serrant la main, et vous?

– Girier est là, mais seul. Je crois qu'il occupe la chambre 3, juste à côté de la mienne.

– Bon, coupe le Gros, j'ai fait mettre l'auberge à l'écoute. Du côté Favart, on a enregistré une communication intéressante. Girier a téléphoné, on ne sait pas à qui. L'attaque doit se faire le 19 juillet. D'après lui, Buisson n'est pas très chaud et il réserve sa réponse. Il faut arrêter Girier. Compris?

Je suis catastrophé. On ne peut évidemment pas laisser l'agression se dérouler, mais j'espérais pouvoir filer Girier jusqu'à ce qu'il m'amène à Buisson.

J'essaie de gagner du temps.

– On n'est peut-être pas obligés de cravater Girier tout de suite, patron! Supposez qu'il ait rendez-vous avec Buisson dans les heures ou les jours qui viennent: par un excès de précipitation on raterait Émile.

Mon argument ébranle le Gros qui, autant que moi, aimerait lui mettre la main au collet.

– Bon. Mais si ça foire, vous en portez l'entière responsabilité, Borniche.

– D'accord, patron.

Le Gros part tranquille. En cas de coup dur, il sait qui portera le chapeau.

Le lendemain matin, du café voisin de l'Auberge des Oiseaux, je lui téléphone. D'une voix excitée, il m'annonce:

– L'agression est bien pour le 19. Tout est au point. Ils doivent faire une répétition générale le 18 à seize heures. Grimaldi a été trop bavard au téléphone. C'est lui qui conduira la voiture. Girier et Poulenard seront les exécutants. Sont aussi dans le coup les frères Louis et André Biraut, des spécialistes d'un genre particulier. Ils se déguisent en gendarmes, font arrêter les fourgons bancaires sur les routes sous prétexte de vérification, et délestent les convoyeurs de leur cargaison. Ce sont des sales fers qui ont plusieurs mandats d'arrêt au train. La fine équipe, quoi. En taule, tout ça!

– Mais, patron, dis-je en gémissant, ça fiche mes plans en l'air!

– Borniche, tranche le Gros, je ne peux pas, pour cravater Buisson, ce qui n'est pas sûr, courir le risque de laisser Girier commettre une agression sur la voie publique. En cas de fusillade, je serai tenu pour responsable, surtout si des passants sont tués ou blessés.

– Que comptez-vous faire, alors? dis-je, effondré.

– Enlever tout ce beau monde de la circulation. Il doivent se réunir aujourd'hui au bar du Favart. Nous les piquerons les uns après les autres. Je vous attends à deux heures au bureau. Soyez ponctuel pour une fois.

– Et Girier?

– D'après ce qu'a dit Grimaldi, il ne vient pas au rendez-vous. Les vedettes, c'est comme ça, on ne les prend qu'au dernier moment. Laissez-le donc aller se bronzer. Vous avez encore une petite chance qu'il se mette d'ici là en relation avec Buisson.

Je regagne l'Auberge des Oiseaux et je m'installe sur la terrasse pour griller une cigarette. Girier vient s'asseoir près de moi. Je lui souris en lui tendant mon paquet.

– Merci, non. Je me fume que des françaises.

Comme on dit, la glace est rompue. Plus je le regarde et plus je le trouve sympathique. C'est à peine croyable qu'un garçon aussi courtois soit un truand. Le journal de Marlyse glisse à terre. Girier se penche souplement, le ramasse et le pose sur ses genoux.

– Vous vous plaisez, ici? demande-t-il.

– Ma foi, oui, dis-je. Ça fait du bien de se mettre quelques jours au vert, surtout en cette période de canicule sur Paris.

Monique, la serveuse, passe à proximité. Sa jupe courte est tendue et je saisis le regard envieux de Girier.

– Jolie fille, hein?

– Oui, approuve Girier, une belle poneyte. Et pas farouche [1].

Il tire deux bouffées de sa cigarette, secoue la cendre dans la soucoupe et, l'air de rien, me lance :

– Alors, comme ça, vous êtes journaliste?

Un bon point pour la Canne : il sait se renseigner.

– Oui. C'est un métier passionnant mais qui ne rend jamais millionnaire. On travaille à l'américaine, on est commandé à l'allemande on est payé à la française. Vous voyez ce que je veux dire!

Il rit. Pendant plus d'une heure nous discutons. Il me confie qu'il est dans des affaires qui l'obligent parfois à s'absenter pendant plusieurs jours. A un certain moment, je lui demande :

– Comment avez-vous su que j'étais journaliste?

1. Il entretiendra une correspondance amoureuse très suivie du fond de sa prison de la Santé.

Je ne connais personne ici, à moins que vous ne soyez déjà venu à mon canard?

De nouveau il rit de toutes ses dents et je constate cette fois-ci qu'il lui en manque deux sur le côté droit.

– C'est simple, me répond-il avec aplomb. Je transporte souvent dans ma serviette des sommes importantes. Alors je demande au patron des renseignements sur ses clients. Simple précaution, vous comprenez.

Si je comprends! Je règle ma tournée et nous regagnons mutuellement notre chambre. Il va falloir que je surveille mes faits et gestes avec un mariolle comme Girier. Et surtout que je ne le lâche pas.

Cinquième séquence. Le grand Marius et sa maîtresse Jacqueline, perchés sur les hauts tabourets du bar du Favart, bavardent avec Virgile Viviani, le gérant.

– Si on allait au cinéma? propose Jacqueline. On a le temps, d'ici quatre heures.

Tandis qu'elle épluche le programme des spectacles, Marius jette un regard sur le titre du *Parisien Libéré* qui annonce : « L'URSS a fait exploser le 14 juillet sa première bombe atomique. »

– Ça nous réserve des beaux jours, dit Virgile qui a suivi son regard. Il fallait s'y attendre, les Occidentaux ont signé le Pacte Atlantique, alors, les Russes ripostent.

– La politique, si tu savais comme je m'en fous, rétorque Marius. Et toi, Jacqueline, tu l'as choisi, ton film?

Quelques minutes de discussion pour savoir qui

l'emportera du *Voleur de bicyclette*, de *La Chartreuse de Parme* ou des *Amoureux sont seuls au monde*. Finalement, Marius décide :

– On joue *Dick Tracy contre le gang* au California. C'est plus sympa que tous ces films à l'eau de rose.

Le couple quitte les perchoirs. A pied, bras dessus dessous, il enfile la rue Marivaux. Nous nous aplatissons dans la traction de Vergé et du Gros que j'ai retrouvés à quatorze heures. Trop occupés, Marius et Jacqueline ne prêtent pas attention aux voitures en stationnement sur le boulevard des Italiens. Poulenard, tête nue, élégant dans un costume sombre à fines rayures claires, serre toujours de près sa blonde amie, souple et mince dans la soie d'une robe d'été. Une sacrée belle fille. Comme je les aime.

– Vous les suivez doucement, ordonne Chenevier.

Notre traction démarre, longe le trottoir à vitesse lente. Marius et Jacqueline arrivent devant le California dont la façade supérieure en arc de cercle affiche le titre du film.

– Au lieu de *Dick Tracy*, ce devrait être *Les Flics contre le gang*, dis-je. Vous ne croyez pas patron?

Chenevier n'a pas l'air de goûter la plaisanterie. Il regarde le couple s'incruster dans la file des candidats à l'action. L'action, ils vont bientôt la connaître, les tourtereaux. Ainsi en a décidé le Gros.

– Borniche et Vincent, vous y allez, dit-il.

Il n'y a plus que quelques personnes devant la caisse. Marius a sorti son portefeuille en crocodile noir, s'apprête à en extirper le prix des places. Il n'en a pas le temps. Déjà je suis sur lui.

– Bouge pas, Marius! Police, tu es fait.

Poulenard sursaute. Son visage devient vert. Il n'esquisse aucun geste de défense lorsque je retire de sa ceinture un Mauser de calibre 9 mm, un joujou d'autant plus dangereux qu'une balle a été glissée dans le canon. Vincent lui passe les menottes. Chenevier, qui a eu bien du mal à extraire sa corpulence de la traction, arrive juste à temps pour soutenir la jeune beauté livide et défaillante.

La perquisition au domicile de Marius Poulenard, au 34, rue des Boulets, dans le onzième arrondissement, est fructueuse. En plus d'une garde-robe à rendre jaloux tailleurs, couturiers et chausseurs de luxe, nous y découvrons des liasses de faux billets de mille francs, de pesetas espagnoles et de livres anglaises. Sans compter les sachets de diamants dessertis, des bracelets en or démontés et même un appareil émetteur-récepteur de radio réglé sur les fréquences de la police.

Tandis que le grand Marius et sa dulcinée s'en vont poursuivre leur duo vers la rue des Saussaies, l'opération se poursuit rue Marivaux.

Un par un, les « messieurs » bien habillés, bien chaussés, bien peignés, mais peu bavards, viennent s'empêtrer dans la nasse policière sans que leur flair, pourtant aiguisé, les ait prévenus d'une quelconque menace. Marc Grimaldi, le dernier arrivé au rendez-vous du Favart, ferme la marche. L'étonnement se lit sur son visage lorsque je lui arrache des mains l'autorisation de séjour qu'il exhibait avec la tranquille assurance de passer au travers de la rafle. Il demeure muet comme un nouveau-né. Sa stupéfaction ne connaît plus de borne lorsque Chenevier surgit à son tour et lui annonce qu'il va être obligé de le conduire à la Centrale de Poissy pour y purger sa peine. Ses lèvres finissent quand même par se desserrer :

– Vous ne pouvez pas me faire ça, monsieur le commissaire. J'allais justement vous aider.

– En quoi, mon vieux?

– Vous donner une fabrique de fausses montres suisses, du côté de Belleville.

– On verra ça au bureau. En route.

Quand je regagne le soir Bry-sur-Marne, abandonnant à mes collègues le soin d'interroger les prisonniers et d'effectuer les perquisitions à leur domicile, le patron de l'auberge m'apprend que les affaires de notre ami Girier l'ont contraint à partir précipitamment.

La Citroën a disparu. Elle sera retrouvée abandonnée et accidentée quelques jours plus tard dans une impasse du dix-huitième arrondissement. L'arrondissement dans lequel réside Paulo Goyard, l'ami de Villennes-sur-Seine.

C'est donc sur Villennes qu'il va falloir désormais consacrer nos efforts.

Sixième séquence. Depuis le 19 juillet, Girier n'a reparu ni au Favart, ni à Bry-sur-Marne, ni à Villennes où nous sommes allés effectuer des sondages. Nous sommes le 30 août. La journée, comme les précédentes, a commencé dans la chaleur et la sérénité.

J'ai abandonné mon veston au dossier de ma chaise, desserré ma cravate et largement ouvert le col de ma chemise. Il est dix heures. Mon bureau est déjà une fournaise que n'arrive pas à tempérer l'air vicié de la cour de la Sûreté.

Je bâille. Le casque sur l'oreille, je regarde avec nonchalance défiler sur le rouleau du dictaphone la bobine des enregistrements téléphoniques du Favart. C'est un travail simple et fastidieux : chaque sillon peut contenir une brève communication, il importe de ne pas en sauter un.

Jusqu'alors, je n'ai recueilli que des banalités. Je connais le prénom de la maîtresse de Joseph, le barman, j'apprends que le patron du bar, Virgile Viviani, s'ennuie en prison, que son avocat Marcel Ceccaldi a déposé deux demandes de liberté provisoire qui ont été refusées et que le juge d'instruction Daniault a intérêt à accepter la troisième s'il ne veut pas avoir des ennuis avec le procureur général.

Et puis, tout à coup, au milieu du fatras inintéressant des communications, un appel sec, significatif, secoue ma torpeur.

– Joseph ? Jacques. Rien pour moi ?

– Salut ! Non.

– Je suis à Villennes. Je te rappelle demain. Tchao !

C'est tout. Par acquit de conscience, je termine le rouleau, mais je sais à l'avance qu'il ne m'apprendra plus rien. Je me précipite chez le commissaire Boury.

– Il est à Villennes !

Flegmatique comme toujours, Boury soulève sa tête de bonze et me fixe de ses petits yeux amusés.

– C'est pas vrai !

– Si. On a une chance de le cravater. Tu es prêt ?

Boury s'inquiète.

– Et le Gros?

Chenevier accueille la nouvelle de la présence de Girier dans l'île avec une joie non dissimulée. Il bondit de son siège, enfile sa veste, ordonne à son inspecteur gratte-papier de prévenir le garage. Trois quarts d'heure plus tard, nous sommes sur les bords de la Seine.

– Il ne doit pas être loin! souffle le Gros. Nous avons intérêt à ne pas nous faire voir.

D'un signe de tête, il nous ordonne de le suivre et, à l'abri de feuillages voisins, il nous précise sa pensée :

– On ne peut quitter l'île que par le bac. On va se placer de l'autre côté. Au restaurant de l'embarcadère, par exemple. De là, nous le verrons automatiquement passer.

L'idée est géniale. De la terrasse, nous avons vue sur la Seine, le passeur et la route.

– On ne peut pas le louper, répète le Gros qui se félicite de son plan.

C'est vrai. Nous prenons nos aises, au soleil, les jambes allongées, devant trois demis glacés. Vergé, le chauffeur, a quitté son volant et il est allé s'étendre dans l'herbe, les pieds dans l'eau, un journal sur la tête. Les chauffeurs et les inspecteurs, bien que copains, ne fraient pas. C'est l'usage. Un chauffeur est là pour véhiculer, pas pour penser. C'est ce que leur rabâche tous les mois leur délégué syndical : « Qu'on nous donne des traitements d'inspecteurs et nous prendrons des responsabilités. Sinon, on se contente de nos manches! » Il n'a pas tout à fait tort.

Tandis que nous discutons, optimistes, nos yeux ne quittent pas la rive. Il n'est pas loin de midi. Le Gros fouille le menu. Pourtant, au fond de moi, je sens une certaine anxiété me barrer l'estomac. Ou Girier est resté dans l'île et nous allons le voir apparaître, ou bien il est déjà parti. Dans ce cas nous pouvons poireauter longtemps.

C'est à ce moment précis que le déclic s'effectue dans mon cerveau. La voiture! Je n'y avais pas pensé plus tôt! Si Girier s'en va récupérer la Ford V8 de Paulo garée quelque part sous les arbres, il passe devant nous et nous le sautons. Mais si c'est Goyard, dont j'ai maintenant la photo en poche, qui va chercher sa voiture, nous ne pouvons que le laisser filer et il risque de repérer notre traction avant par trop caractéristique.

Je dévale les marches et je m'en vais secouer le chauffeur Vergé.

– Il faut planquer ta bagnole ailleurs, ami. Là-bas, derrière les arbres, où tu veux. Ici, on va se faire repérer!

– Bon!

Vergé n'est pas contrariant. Il ramasse son journal, se traîne jusqu'à son engin, s'y installe et va le placer au fond d'une impasse, le nez contre un bâtiment désaffecté. Il revient vers la Seine, ses clés à la main.

– Ça te va?

– Parfait!

Je reprends ma place sur la terrasse. Le Gros me donne raison, avec toutefois une réserve : si nous avons besoin de partir rapidement, nous sommes coincés.

– Il n'y a pas trente-six solutions, dis-je.

– Exact, fait le Gros dont le visage s'est soudain crispé. Il n'y en avait qu'une. Regardez.

Je tourne la tête. A dix mètres de nous, au ralenti, la Ford, surgie on ne sait d'où, passe devant l'embarcadère, brinquebalant sur les inégalités du sol. Elle prend un peu de vitesse et disparaît au détour du chemin. A la droite de Goyard, j'ai pu apercevoir le visage de Girier qui riait de toutes ses dents, les cheveux au vent.

Nous restons là, tous les trois, sidérés, rivés à nos chaises. Quand nous reprenons conscience et que nous sautons dans notre Citroën, la Ford est loin. Vergé met la gomme pour la rejoindre, sans succès.

Sous le tunnel de l'autoroute, un coude sur le dossier du siège, le Gros se retourne vers moi.

– J'ai l'impression que Girier va nous donner pas mal de fil à retordre, non? Je n'aurais jamais dû vous écouter, à Bry-sur-Marne. Nous l'avions sous la main, il fallait le cravater. Tout ça pour avoir Buisson qui n'est même pas dans le circuit. Il est beau, votre indic. Au fait, pourquoi ne vous donne-t-il plus de tuyaux comme au début?

– Parce qu'il a peur, patron. Il les avait par la bande, du côté de Poulenard. Le contact est rompu depuis que Marius est en taule. Reste les écoutes et Goyard.

– Ce Goyard, vous l'avez localisé où?

– Dans un immeuble de la rue Championnet occupé par une armée d'artistes peintres et leur famille. Pas de téléphone et quatre sorties. Il faudrait toute la Sûreté pour planquer.

– Oui, lâche le Gros dans un soupir. Si je comprends, vous commencez à baisser les bras. Je vais vous dire quelque chose, Borniche, vous avez intérêt à piquer Girier avant la P.P. Sans ça...

Il ne termine pas sa phrase lourde de menace mais je sais que j'ai intérêt à ce que l'ami Girier fasse connaissance de nos bureaux avant ceux du quai des Orfèvres.

PRÉFECTURE DE POLICE, DIRECTION DE LA POLICE JUDICIAIRE, À TOUS SERVICES PRÉFECTURE DE POLICE, SÛRETÉ NATIONALE, GENDARMERIE – STOP – IL Y A LIEU DE RECHERCHER TRÈS ACTIVEMENT LE NOMMÉ GIRIER RENÉ, DIT RENÉ LA CANNE, NÉ LE 9 NOVEMBRE 1919 À OULLINS (RHÔNE), SANS DOMICILE FIXE, SIGNALEMENT : 1,80 M, CORPULENCE MOYENNE, YEUX CLAIRS, CHEVEUX CHÂTAIN MOYEN ONDULÉS – STOP – CET INDIVIDU EST L'AUTEUR D'UNE AGRESSION À MAIN ARMÉE, COMMISE LE 22 JUILLET 1949 AVEC TROIS COMPLICES AU PRÉJUDICE DE M. BOURGUIGNON, RECEVEUR DU BUREAU DES POSTES, BOULEVARD JOURDAN À PARIS 14^{E} – STOP – A ÉTÉ IDENTIFIÉ PAR LES EMPREINTES DIGITALES LAISSÉES SUR LA VOITURE CITROËN VOLÉE LE MATIN MÊME ET ABANDONNÉE SUR LA VOIE PUBLIQUE – STOP – BUTIN : 1 023 000 FRANCS – STOP – EN CAS DE DÉCOUVERTE, PROCÉDER ARRESTATION ET AVISER D'URGENCE PRÉFECTURE DE POLICE, 36, QUAI DES ORFÈVRES, PARIS, TÉLÉPHONE TURBIGO 92-00, COMMISSAIRE PRINCIPAL CLOT OU INSPECTEUR MORIN – SIGNÉ BADIN, DIRECTEUR ADJOINT – FIN.

Sa lecture terminée, le commissaire Chenevier repose la circulaire sur son bureau. Son regard m'enveloppe. Il reste silencieux pendant un bon moment puis il se décide :

– Vous constaterez que le message est du 25 juillet 1949, c'est-à-dire trois jours après l'agression de la porte d'Orléans qui a eu lieu, elle, quatre jours après notre intervention de la rue Marivaux. Conclusion : la Canne fonctionne avec une autre équipe et il s'est mis au vert, on ne sait où, avant de réapparaître à Villennes. Vous remarquerez surtout que nous sommes fin août et que la diffusion a mis un mois pour nous parvenir malgré l'urgence. Pourquoi? Parce que la Préfecture a gardé secrète l'identification de Girier, espérant lui mettre la main dessus avant nous. N'y étant pas parvenue, elle expédie maintenant sa circulaire. Quand je dis que ce sont des hypocrites, je ne me trompe pas!

Il se tait de nouveau, m'observe sans indulgence, reprend :

– Ce n'est pas parce que la Préfecture de police a momentanément échoué qu'elle ne continue pas à lancer sa cavalerie dans la course au crâne. J'ai mes renseignements là-dessus. La Brigade volante de Clot est sur Girier, la Voie publique de Levitre est sur Girier, la Criminelle de Pinault est sur Girier. La 1re brigade de la rue de Bassano elle aussi est sur Girier! Bref, tout le monde est sur Girier. Comme nous, mais nous, nous étions les premiers. C'est donc à nous qu'il revient en priorité. Dommage que vous l'ayez laissé filer alors que vous l'aviez sous la main. Enfin! L'avantage que nous avons, ce sont les tables d'écoute. Nos concurrents ont le nombre pour eux, nous, nous avons la technique. Demain soir, Girier doit être ici.

Il me considère avec cette fois une lueur malicieuse dans la prunelle. Il exacerbe ma curiosité, guettant de ma part une question que j'évite de poser. Mon cerveau tourne à cent mille toursseconde. S'il a l'air si sûr de lui, c'est qu'il a obtenu un tuyau du service des communications radioélectriques. Je sais par Durand que la grande oreille de l'Auberge des Oiseaux n'a jusqu'à présent rien donné. Je sais aussi que l'écoute branchée sur le bar de la rue d'Orsel où travaille Marinette Girier n'a pas été plus bénéfique. Celle de Favart est donc payante.

Le Gros me tire de ma réflexion.

– Vous n'avez pas l'air très empressé de savoir, Borniche.

– Si, si, patron, je réfléchissais...

– A Éliane, la fille de René qui est en nourrice chez les François à Viarmes, dans l'Oise, sans doute? Vous ne vous en êtes jamais occupé, de sa fille... C'est ce qu'il fallait faire, Borniche. J'ai envoyé Chameroy dans le patelin et lui, au moins, a su leur tirer les vers du nez aux Français, sous prétexte de protection de l'enfance. De braves gens, qui n'y ont pas vu malice. C'est comme ça que Chameroy a su que demain, Marinette ne viendrait pas voir sa fille comme d'habitude. Elle leur a annoncé qu'elle avait rendez-vous avec son mari... Ça vous sidère, ça, hein? Oui, mon cher, aux Terrasses, un hôtel du dix-huitième arrondissement, pas loin de chez Goyard.. Voyez-vous, tout se tient dans le 18e : la rue d'Orsel, la rue Championnet, la rue Joseph-deMaistre... L'heure, on ne sait pas. Mais Chameroy et Gard planqueront rue d'Orsel. Quand ils verront Marinette quitter le bar, l'un d'eux me préviendra au bistrot de la place Clichy au numéro que je leur indiquerai. Pas de filature surtout, pour éviter d'être repérés. Qu'est-ce que vous dites de ça, Borniche? Je suis bien obligé de rattraper vos erreurs, moi...

Je ne dis rien. Je n'ai rien à dire. C'est vrai que je ne me suis pas occupé de la fillette mais comment être partout à la fois? Sa planque, le Gros va la faire rue Joseph-de-Maistre avec la section au grand complet, sauf moi. Ce sera ma punition.

Je prends les devants :

– Girier me connaît, il me paraît difficile d'aller me promener devant les Terrasses...

– Pas question de vous promener, Borniche. Vous resterez avec moi dans le bistrot. Dès qu'on aura le coup de fil, on foncera. De la rue d'Orsel à l'hôtel, le trajet est court : dix minutes à peine par la rue des Abbesses.

Séquence finale. Quand je surgis, survolté, dans la rue Caulaincourt, Girier, que j'ai aperçu l'espace d'une seconde devant l'hôtel, s'est volatilisé. Une seconde qui me semble une éternité, je reste K.O. Debout, mais K.O. Paralysé. Seules, mes lèvres balbutient une étrange complainte. « Il était là et je l'ai paumé. Je l'ai paumé... »

Mes yeux sondent la rue, les trottoirs, les rues avoisinantes. En vain. Chenevier n'a pas suivi. Je suis seul, anéanti, désintégré.

Pourtant je ne rêve pas. Il était là, Girier, devant moi, à une cinquantaine de mètres, à demi masqué par une file de voitures en stationnement. Sa chevelure crantée est caractéristique.

Un coup de vent balaie le pont, au-dessus du cimetière Montmartre, me soufflette, me redonne des forces. J'ouvre grand la bouche. Regonflé tout d'un coup, je réagis. Je m'enfonce dans la rue Joseph-de-Maistre, profitant, moi aussi, de l'écran des voitures. Un coup d'œil à gauche, au passage, vers les glaces du restaurant de l'hôtel. Un autre, à droite, vers la porte à tambour. Rien.

Si. Un pompier de Paris, un extincteur sur l'épaule!

– Vous n'auriez pas vu un grand type, beau garçon, avec des lunettes, vêtu de bleu?

Il me considère, ahuri, poursuit son chemin. En quatre enjambées, je suis rue Lepic. Obligé de me rendre à l'évidence : pas de René la Canne. Je reviens sur mes pas, fais le tour d'un bloc d'immeubles. Je me cramponne, haletant, à la grille de protection du cimetière. Je respire à grands coups pour tâcher de libérer mes poumons oppressés.

De nouveau je m'élance. Au hasard, vers la rue Danrémont. Mon cœur se met à cogner plus fort. Hors d'haleine, les yeux fous, j'aperçois l'évadé qui, plié en deux, parle au conducteur d'une voiture. Je me précipite, bouscule au passage une matrone qui me bouchait l'horizon.

– Espèce de voyou, vous ne pouvez pas faire attention?

Je vole sur le macadam. Mes tempes bourdonnent. Un coup d'œil en arrière. Toujours pas de Chenevier. Une peur irraisonnée, subite, succède à la joie de tout à l'heure. Pourvu que Girier ne m'aperçoive pas avant que je le ceinture!

Trente mètres encore à parcourir. Je me sens dans un état bizarre. Ma nervosité est à son comble. Il me semble avoir discerné, à l'arrière de la voiture, une chevelure féminine. Marinette! Mes jambes s'activent. Dix mètres encore avant le bond final. Mes joues sont brûlantes.

Une portière claque. Dans un crissement de

pneus, la voiture s'arrache du trottoir. Un dernier sursaut. Je sprinte. En vain.

Derrière moi, la voix essoufflée du Gros :

– Bon Dieu, vous le laissez filer !

Je m'immobilise, la poitrine en feu, asphyxié. Le sang cogne à mes tempes. Le Gros au bord de l'évanouissement me regarde. Nous sommes blancs comme des hosties. Pas au bout de nos humiliations.

Le lendemain, nous sommes encore plus ridicules : la presse nous apprend que l'inspecteur Morin, du quai des Orfèvres, a arrêté Girier et sa femme dans un meublé de Montfermeil. Dans une banlieue de Seine-et-Oise où le commissaire Clot n'a pas le droit d'opérer.

Avec Girier et Buisson, j'espérais faire un beau doublé. Je les ai ratés tous les deux.

MONSIEUR PAUL

De Paul Dellapina, je crois que l'on a tout dit. Le meilleur et le pire. Tant de bruit a été fait sur ses exploits de monte-en-l'air, tant de manchettes ont révélé son comportement de gentleman lors de ses tête-à-tête imprévus avec des victimes réveillées en sursaut, qu'il est difficile de cerner sa véritable personnalité. Parce qu'il avait la passion des expéditions nocturnes, qu'il escaladait murs et jardins pour pénétrer à l'intérieur des appartements, il était devenu une légende et avait ravi à René la Canne le titre envié d'Arsène Lupin des beaux quartiers. On prétend que, né pauvre, il avait voulu prendre sa revanche sur la société. Il aurait été secourable aux malheureux, distribuant des richesses qu'il s'en allait chercher, dès la nuit tombée, dans les villas bourgeoises du quartier Saint-Giniez, à Marseille, ou les hôtels particuliers du seizième arrondissement, à Paris, ou de Neuilly.

Dellapina « gentleman-cambrioleur » avait failli réaliser son rêve : s'installer avec Bianca, sa seconde femme, dans un pays lointain et ensoleillé pour y jouir d'une retraite dorée. En quelques années, il avait amassé une fortune que ses victimes ne pouvaient contester. A l'époque où la détention de l'or était prohibée, tout dépôt de plainte était impossible si l'on ne voulait pas encourir les foudres de la justice. Monsieur Paul jouait donc sur du velours. Il était ainsi devenu propriétaire d'une villa à Plan-de-Cuques, d'une autre dans le centre de Marseille, d'un magasin de vins et liqueurs à Saint-Just, d'un second rue Granoux, près de la place de Sébastopol et d'un bar, 69 boulevard Baille, à Marseille, dont il avait confié la gérance à son ami Honoré. Les chromes de sa lourde voiture américaine étincelaient sous le soleil du Vieux-Port. Une femme avait divorcé pour lui. Ses voisins le considéraient. Le Milieu, qui l'avait adopté, craignait ses sautes d'humeur. Il l'avait respectueusement appelé « Monsieur Paul ».

Coiffé d'une casquette dont la visière descendait jusqu'aux sourcils, vêtu d'une courte veste de travail en toile bleue sur un chandail à col montant qui dissimulait le bas du visage, Paul Dellapina opérait, insouciant du danger, seul ou en compagnie de deux sbires formés à son école d'équilibristes, Jacques Latti et Théo Aristoteles. Qui aurait pu reconnaître en la personne de ce propriétaire de bar élégamment vêtu d'un prince-de-galles clair son cambrioleur de la veille?

Le butin que Dellapina amassait le grisait. Il voulait toujours être plus riche, éviter que ses enfants qu'il chérissait connaissent la misère de son enfance. Alors qu'il aurait pu, enfin, mener une existence à l'abri du besoin, il avait poursuivi ses escalades, avide de prouesses. Jusqu'à ce jour du 26 novembre 1946 où le meurtre du consul de Norvège dans sa villa marseillaise du Prado avait définitivement compromis sa carrière de malfaiteur professionnel.

Pour l'instant, il est là, devant moi, Dellapina, la main gauche reliée au radiateur de mon bureau, comme ceux qui l'ont précédé et comme ceux qui lui succéderont. Je l'observe. Il n'a rien du héros de Maurice Leblanc. L'Arsène Lupin que j'imaginais à la lecture des romans était grand, svelte, beau garçon, parfaitement équilibré, tout le contraire de Monsieur Paul dont la noirceur du regard et surtout les lueurs qui le traversent par moments évoquent étrangement d'Émile Buisson. N'y avait-il pas aussi en lui un grain de folie qui le poussait à commettre des actions dont l'audace et l'extravagance, étalées à la une des journaux, le gonflaient d'orgueil ?

J'ai, sous le coude, le condensé de ses exploits parisiens : deux millions de francs le 20 janvier 1950 chez Mme Weiss, boulevard de Montmorency, un million le surlendemain chez M. Magnier, avenue Victor-Hugo, cinq millions le 25 janvier chez l'attaché d'ambassade américain Krause, boulevard Suchet, un million cinq cent mille le 28 janvier chez le comte d'Exelmans, rue Chauveau à Neuilly, six millions chez Mme Cottin, square Chauveau à Neuilly, sans parler de quarante millions de diamants chez M. Berger, douze millions le 11 février chez M. Tinguy du Pouet, sous-secrétaire d'État, villa de Madrid à Neuilly, et j'en passe...

– Dellapina, vous l'aurez par ses gosses, m'avait

confié Marinette, une belle blonde, indicatrice à ses heures, que m'avait recommandée le commissaire Mattei de la P.J. marseillaise. Son ex-femme habite Nice et depuis son retour des USA, il ne rêve que de faire venir ses enfants à Paris.

La police a toujours eu besoin d'indicateurs, un mal nécessaire qui lui est indispensable. Marinette, dont la spécialité était l'émission de chèques sans provisions, avait rendu quelques services à Mattei avant de fuir Marseille pour se mettre en ménage avec Prosper Pozzo di Borgo, une relation de François Marcantoni. En décembre 1949, j'aurais pu mettre la main sur Antoine Sinibaldi et Paul Dellapina, condamnés à mort par contumace, que Marcantoni devait retrouver à Lyon pour y commettre un hold-up important. Hélas, l'initiative malheureuse d'un gendarme m'avait privé du plaisir de faire la connaissance du gentleman-cambrioleur [1]. J'avais réfléchi à la proposition de mon informatrice.

– Je ne peux pas passer des jours à guetter le départ de Nice de ses enfants, Marinette.

Elle avait secoué sa crinière blonde :

– Bien sûr. Mais si vous planquiez au moment des vacances scolaires devant le 40 rue Lauriston, vous les verriez arriver et leur père aussi. C'est Odette Filippi qui va les chercher à Nice. Vous la connaissez, Odette, la femme de Roch?

Je ne connaissais pas mais grâce à Marinette, j'en avais arrêté un, de Filippi, auteur d'une agression commise le 20 novembre 1948 à Senlis. Dans un café de la Porte Maillot, Filippi et deux de ses compatriotes, Ange Santucci et Pascal Dellapina,

1. *Borniche Story 1. Gendarmes et Voleurs.*

le frère de Paul, jouaient au poker lorsque je les avais interpellés en compagnie de mon collègue Maurice Hours.

– Le Filippi que j'ai arrêté se prénomme Joseph et habitait au Rond-Point des Champs-Élysées...

– L'autre, c'est Roch. En ce moment, il est à Alger, parti négocier des diamants que Paul a dérobés à Neuilly...

Des heures et des heures, j'avais planqué rue Lauriston, sans succès. Mon espoir de faire réintégrer à Paul Dellapina la cellule des Baumettes qu'il avait quittée la froide nuit du 15 décembre 1947 s'amenuisait de jour en jour. Une évasion qui n'avait pu se faire sans complicité. Il avait été arrêté un an plus tôt, boulevard Baille, et M. Florent, son juge d'instruction, avait donné des ordres afin que soient prises à son encontre des mesures de haute surveillance. C'était sans compter avec la rouerie de Monsieur Paul!

***

La prison des Baumettes n'est pas le pénitencier d'Alcatraz, redouté de tous les candidats américains à l'évasion. C'est une forteresse conçue pour décourager les amateurs, bâtie au milieu des collines qui dominent le village de Mazargues. Son mur d'enceinte, parsemé de bas-reliefs qui représentent les sept péchés capitaux, court au travers des ondulations symétriques des pinèdes. Deux symboles, hautement significatifs, encadrent le porche : la Luxure et la Colère. Mais cela, on ne le voit que du dehors. Les prisonniers, eux, n'ont pas droit aux nobles formules.

Certains d'entre eux sont parvenus à s'enfuir de la prison, malgré les précautions que multiplie l'administration pénitentiaire. Pour faire honneur aux clients de marque qu'abritent la Luxure et la Colère, on a fait en sorte que les gardiens puissent tout voir du chemin de ronde. Aucun stationnement n'est autorisé sur les collines avoisinantes, mamelons brûlés par le soleil qui, une grande partie de l'année, jouent les Sahara contre les blanches murailles.

A travers les barreaux de sa fenêtre, Paul Dellapina se morfond à contempler la coulée sinueuse qui, au milieu de la verdure, aboutit à une exploitation de carrière, tache claire sous un ciel que le mistral a balayée. Sa méditation forcée devant ce paysage dont il ne voit plus que la monotonie l'a conduit à une conviction : il a une chance de s'évader, il faut qu'il la saisisse avant de comparaître en cour d'assises. Ses dénégations, les astuces de plaidoirie et les artifices de Me Raymond Guy, son avocat, n'auront pas le moindre effet sur les jurés d'Aix-en-Provence. Tout ce que veulent le commissaire Fontan, de la police marseillaise, et le juge d'instruction Florent, c'est lui faire payer le meurtre du consul de Norvège et les dix-huit hold-up et cambriolages qu'on lui prête. Son activité, connue ou inconnue, supposée ou prouvée, occulte ou évidente, en fait le type même de l'ennemi de la société. Un ennemi déconcertant, dangereux, à qui la magistrature ne fera pas de cadeaux.

Pendant des jours, des semaines, des mois, Paul Dellapina reste en observation derrière ses barreaux, au deuxième étage du bâtiment principal, juste à la hauteur de l'appartement du surveillant-chef, bâti à cheval sur le mur d'enceinte, au-dessus de la monumentale porte d'entrée.

Monsieur Paul revient toujours à cette architecture, cherchant le biais. Le plan audacieux qu'il avait imaginé pour s'évader de la prison Saint-Pierre, avant son transfert aux Baumettes, avait échoué. En échange d'une somme d'un million de francs, un gardien devait lui remettre une clé passe-partout qui lui aurait permis de gagner le fond de la cour où il aurait trouvé une échelle. Las, la clé tournait dans le vide et un brigadier, passant par hasard dans le couloir de la division, avait donné l'alerte. Suzanne, la femme de Dellapina, et le gardien véreux avaient été arrêtés. Au mois d'août 1947, le juge Florent décidait de placer son client dans un endroit mieux gardé.

Inlassablement, minutieusement, Dellapina a repéré les lieux de son nouveau havre. Il a noté les allées et venues, enregistré les habitudes du personnel, appris par cœur la routine des Baumettes. Les plans les plus fous se bousculent dans sa tête. Une fois sorti de ces maudites murailles, tout ira bien ! Il n'a que des amis à Marseille et à Paris. Ils se feront un plaisir de lui trouver une planque sûre, qui le mettra à l'abri des policiers lancés à sa poursuite, écumant les bars et les bas-fonds du Vieux-Port... Il le voit bien, le schéma de sa cavale ! La fidèle Suzanne, bientôt libérée, assurera la liaison. De temps en temps, elle ira prélever les intérêts des sommes qu'il a placées chez le docteur Fredericci [1], propriétaire d'une splendide villa aux

1. Nom fictif de ce docteur aujourd'hui décédé.

environs des Trois-Lucs. Pour le reste, François Marcantoni s'en chargera. Un cœur d'or, François. Un des derniers seigneurs, qui assure avec une aisance et une classe universellement célébrées le départ des évadés pour l'étranger. Sinibaldi, condamné aux travaux forcés à perpétuité, n'a eu qu'à se louer de ses services.

Aussi, quand les flics auront rangé leurs armes au râtelier, quand il sera certain d'avoir semé ses poursuivants, il lui demandera d'organiser son départ pour les pays du soleil où la police est gangrenée à souhait, et où les mauvais garçons font la loi.

Les yeux fermés, rêvant de cocotiers et de sable fin, Dellapina attend son heure. Dès qu'il aura réussi à s'évader, il ira se fixer sous le ciel toujours bleu des Caraïbes. Ce serait bien digne de lui, de son intelligence et de son audace, que de prendre l'avion sous un nom d'emprunt, en se moquant de la police des frontières, et de s'installer tranquillement sous les Tropiques, à claquer le fric que d'autres, moins doués, mettent des générations à acquérir.

L'œil de Dellapina met à profit chaque sortie : interrogatoires chez le juge Florent au palais de justice de Marseille, promenades obligatoires dans les cours nues et sévères, visites à l'infirmerie – plus ou moins justifiées, celles-là ! Il finit par connaître la disposition des bâtiments. Le sien est ceinturé par une passerelle où deux gardiens font la ronde en permanence, de nuit comme de jour. Chacun surveille la moitié du bâtiment de quatre étages. Ils partent ensemble du même angle, s'éloignent l'un de l'autre sur la passerelle, se rejoignent derrière le bâtiment, échangent quelques propos, se tournent le dos pour repartir dans le sens opposé et revenir à leur point de départ. C'est donc toujours le même homme qui, selon les consignes du gardien-chef, se promène devant la lucarne de l'Arsène Lupin marseillais.

Le détail capital qu'il a noté, c'est que chaque quinzaine, dans la nuit du mardi au mercredi, c'est un surveillant corse qui est de faction.

Naturellement, Dellapina réussit à lui parler à travers les barreaux. Il sait maintenant que le gardien est de Calenzana, le village des Guérini, qui ont toujours des cousins quelque part! De quoi faire jubiler Dellapina. Le maton n'entendra pas les grincements de la lame de scie, seulement le bruit des billets!

Tout dort dans le pénitencier. Seules quelques veilleuses blafardes, sinistres dans la nuit, éclairent le long couloir du bâtiment de l'hôpital, en face. Lorsque le barreau sera complètement scié, il n'y aura pas une seconde à perdre...

La direction a placé une forte tête dans la cellule de Dellapina, René Blondeau, lui aussi en instance de cour d'assises pour vols qualifiés. Un être froid, rébarbatif, hirsute. Un faciès de brute. Il est d'accord pour la cavale.

Dellapina a extrait de la semelle de son espadrille gauche la lame de scie que le gardien lui a charitablement procurée. Il peine sur l'acier. Lorsqu'il a grignoté le barreau aux neuf dixièmes, son doigt ensanglanté n'a plus la force de guider la lame. Il passe le relais à René. Encore une heure d'efforts et la coupure est nette, au ras du ciment.

– La Cadillac d'Antoine sera à quatre heures pile au rond-point de la Seigneurie, a dit le surveillant. Vous le gagnez par la carrière. Si vous êtes en avance, vous vous planquez dans le sous-sol de la dernière H.L.M. en construction, au bout à droite, boulevard du Vallon.

Oui, mais auparavant, Dellapina le sait, il faudra franchir deux murs d'enceinte de douze mètres de haut, séparés par un couloir de protection. Il faut y arriver, à ces murs! Seul, l'évasion n'est guère possible. A deux, elle est jouable, mais malaisée, truffée de pièges.

Monsieur Paul a tout prévu. En étudiant chaque pierre, il a constaté qu'un mur facile à franchir sépare le bâtiment principal du quartier des mineurs. C'est avec une intense satisfaction qu'il a remarqué qu'au fond de la cour des jeunes délinquants l'administration fait construire un local haut d'un étage, dont le toit plat s'accole au premier mur d'enceinte. Il ne reste donc que six mètres à escalader pour arriver au faîte de l'arrogante barrière principale. Six mètres, c'est beaucoup pour un détenu normal. Une paille pour un Arsène Lupin de l'envergure de Dellapina.

Le pas du gardien s'est éloigné sur la passerelle. René Blondeau, le premier, tente de passer à travers les barreaux que sa poigne puissante a écartés. L'ouverture est trop étroite pour lui. Les jambes, le bassin, pendent dans le vide mais les épaules restent coincées.

Dellapina, comme toujours, garde son sang-froid :

– Déshabille-toi, ordonne-t-il. Je te jetterai tes fringues.

Sur l'épaule nue de la brute, il applique son pied droit, pousse le plus possible, en s'arc-boutant. Cette fois, le corps passe. René se laisse glisser le long de la corde faite de bandes découpées dans les couvertures, tombe sur le toit du premier étage. Il lève les bras pour recevoir les pieds de Paul qui a décroché le nœud d'un barreau du second étage et réussit, de justesse, à le rattraper.

Il était temps.

Le garde a bouclé son tour et revient à son point de départ. Tapis dans l'ombre, les deux fugitifs retiennent leur souffle. Dès que les pas s'éloignent, Blondeau se rhabille. Dellapina entoure la corde autour de sa taille. Ils courent, sur le petit toit, jusqu'à la passerelle de ronde qu'ils franchissent, silencieux comme des ombres.

Les voici en équilibre sur le mur de séparation des cours de promenades. Ils se risquent jusqu'au bout, leurs bras servant de balanciers. Dès lors, ce n'est plus qu'un jeu de descendre de l'autre côté.

Les pas d'un surveillant de passerelle se font entendre. Les fugitifs s'aplatissent dans les broussailles. Le garde passe au-dessus d'eux, sans les voir. Dès qu'il disparaît, Blondeau s'accroupit au pied du mur, fait la courte échelle à Paul qui grimpe lestement sur ses épaules, puis sur sa tête et parvient à se hisser sur le faîte, où il s'assied à califourchon. Il lance la corde à Blondeau qui se hisse par la force des bras, prenant appui de ses pieds sur le ciment.

Ils redescendent dans la cour des mineurs, vont chercher l'échelle à coulisse que les ouvriers laissent dans le bâtiment inachevé, ouvert à tous les vents. Ils ont tôt fait d'atteindre le toit. Là, ils dressent l'échelle contre le mur d'enceinte.

Ils ont gagné la première manche.

La seconde s'annonce plus difficile.

Il faut franchir le couloir intérieur pour arriver au sommet du deuxième mur d'enceinte, d'où ils feront le saut vers la liberté – si on peut appeler liberté une cavale incertaine!

Dans un souffle, Paul explique à René que l'échelle est trop courte pour être placée en travers, comme passerelle :

– Il faut passer par la maison du gardien-chef, qui est à cheval sur les deux murs.

Dellapina commence à ramper... Qu'ils sont longs, ces cinquante mètres à plat ventre! Les mains et les genoux saignent. Mais le cœur bat plus vite, parce que la vie est là-bas, dehors.

Blondeau n'a pas la souplesse féline du gentleman-cambrioleur. Il fatigue. Il s'essouffle. Il a du mal à suivre. Dellapina s'arrête pour l'attendre. Les étoiles, dans le ciel pur, la Méditerranée, au loin, sous le clair de lune, lui rappellent la Corse. Il s'agrippe à l'étroite corniche, à plat ventre, écoute le sifflement de la corde dans le vide. Il sent qu'elle est trop courte. Deux mètres doivent manquer. Trois, sans doute.

Surtout, ne pas réfléchir!

– Tu t'allonges sur le mur, tu me la tiens et je descends.

Les paumes de ses mains le brûlent au long de la glissade. A quatre mètres du sol, la ligature des couvertures se rompt. C'est la chute libre.

Dellapina en a vu d'autres. Depuis sa tendre

enfance, il pratique le sport. Là, c'est un réflexe acquis au cours de dizaines de sauts qui le fait tendre ses muscles comme des ressorts, à la fois souples et solides. C'est tout juste s'il vacille un peu sur le côté, après le rebond.

Là-haut, René, affolé, reste avec le tronçon de corde dans les doigts. Monsieur Paul enroule autour d'une pierre le bout qui l'a suivi dans sa chute, la lance en priant le ciel qu'elle ne tombe pas de l'autre côté du mur. Dans une détente désespérée, Blondeau la cueille au vol. Il se hâte de nouer les deux extrémités rompues, fait un double nœud à l'intérieur d'un joint de la corniche et se laisse glisser à son tour. Dellapina l'attend pour amortir sa chute. La corde, cette fois, n'a pas cassé.

Ils courent vers la pinède, le dos courbé. Et quand les projecteurs inondent les murs de la prison, quand mugissent les sirènes d'alarme, Dellapina et Blondeau soupirent d'aise dans la puissante voiture d'Antoine qui, par les chemins déserts de la pinède Grandval, rejoint la route de Cassis.

***

J'avais vainement planqué devant le 40 rue Lauriston, un immeuble vieillot sur rue, au-dessus d'un porche monumental qui ouvre sur une cour-couloir bordée de part et d'autre de constructions modestes. Je m'étais méfié de la concierge. L'expérience m'a appris que les truands savent mettre la main au portefeuille pour assurer leur tranquillité contre les éventuelles incursions policières.

– Je me demande si notre informatrice ne nous

a pas raconté d'histoires pour se faire mousser, m'avait dit le Gros en ronchonnant. De toute façon, vous ne faites plus grand-chose au service, je ne vous vois plus, vous délaissez les affaires courantes.

Du coup, j'avais fait quelques apparitions rue Lauriston à son insu, sans grande illusion quant au résultat. Je grimpais au troisième étage de l'immeuble, collais mon oreille à la porte des Filippi, redescendais dans le hall sans avoir rien capté, surtout pas de rires d'enfants.

Et puis un matin, alors que je ne m'y attendais pas, coup de fil de Marinette qui, pour ne pas être identifiée par quelque oreille indiscrète, avait usé du surnom de Françoise.

– Les colis sont arrivés, m'avait-elle dit à l'écouteur. Dix ans et quatre ans et demi. Il doit les emmener déjeuner à La Cascade, au bois de Boulogne. Si vous le piquiez avant, je porterais un chapeau terrible. Donc pas d'interventions rue Lauriston. Promis ?

– Promis, avais-je dit, soudain gonflé d'espérance.

Je m'étais précipité vers le bureau de Chenevier. Sans même frapper à sa porte, j'avais annoncé :

– On tient Dellapina, patron ! Ses enfants sont à Paris. Il déjeune aujourd'hui avec eux dans un restaurant du Bois.

Dix minutes plus tard, notre traction chargée au grand complet prenait le chemin de la Grande Cascade.

Tel le maréchal Rommel pendant la bataille du désert, le commissaire Chenevier abaisse ses jumelles. Les ressorts de son siège protestent lorsqu'il se retourne vers le fond de la voiture.

– Il est bientôt deux heures de l'après-midi, Borniche. Ce n'est pas une heure pour faire manger des enfants, à ce que je sache!

J'approuve d'un grognement. Mon œil joue au périscope au-dessus des épaules imposantes du Gros. La difficulté de planquer sans se faire repérer nous a obligés à garer la traction assez loin du restaurant.

Par-dessus le marché, il pleut. Une pluie diluvienne qui tombe d'un ciel noir, noie de buée le pare-brise.

Soudain, Chenevier posa la question qui m'angoisse :

– Il a une voiture, Dellapina, pour venir jusqu'ici ?

Je n'avais pas pensé à interroger Marinette à ce sujet. Elle ne m'en avait pas parlé, non plus.

– Je ne sais pas, patron. Peut-être celle des Filippi ?

– Ils en ont une, eux?

Autre demande sans réponse à fournir, ce qui provoque un mouvement d'humeur :

– On rentre, dit brusquement le Gros. Ce rendez-vous au Bois, c'est du bidon!

A contrecœur, nous regagnons la rue des Saussaies. Sans nous douter, à cet instant, que la chance sourit aux policiers de la Préfecture de police.

– Vous n'allez pas déjeuner au Bois, avait dit Odette Filippi à Dellapina. Ma mère et mon père sont là pour quelques jours, on mange ici tous ensemble. D'ailleurs, il ne fait pas assez beau...

La table avait été dressée dans la salle à manger. Au dessert, Dellapina avait sorti d'une valise un train électrique qu'il avait acheté avant de rejoindre la rue Lauriston. C'était son cadeau d'au revoir puisqu'il devait repartir pour les USA le soir même.

Vers 14 h 30, accompagné de ses deux enfants, Monsieur Paul quittait le logement des Filippi. Il suivait la rue Lauriston puis, par la rue du Dôme, gagnait l'avenue Victor Hugo. C'est alors que tous trois descendaient les marches de l'escalier unissant les deux voies que la pluie les surprenait. Ils se mettaient à l'abri dans un magasin d'habillement où Dellapina achetait une casquette de jockey pour le benjamin. La pluie avait enfin cessé mais le sol restait trempé.

– On rentre? avait proposé l'aîné en tiraillant son père par le poignet. On veut jouer au train électrique...

Paul Dellapina avait mollement acquiescé. Il venait d'apercevoir la vitrine d'un photographe. Sa décision était prise :

– On rentre, d'accord. Mais comme je pars en voyage pour quelque temps, on va faire des photos tous les trois. Comme ça, vous ne me quitterez pas.

– Après?

– Après, je vous offre un bon gâteau et on rentre...

C'est alors qu'il pénétrait au bar-tabac de la porte Dauphine que son destin s'était joué. Deux inspecteurs du commissariat de police de la rue de la Faisanderie étaient là, par hasard, attablés devant un jeu de cartes. Dellapina ne les connaissait pas. Eux, par contre, avaient en mémoire la photographie de recherches épinglée dans tous les commissariats et gendarmeries du territoire.

L'inspecteur Bordes s'était penché à l'oreille de son collègue Morel, pendant que Monsieur Paul allait s'enfermer dans les toilettes.

– Tu as vu le type qui vient d'entrer, avec les mômes ?

Morel, de dos, ne s'était rendu compte de rien.

– Non.

– Je crois que c'est Dellapina... Tu sais, le gentleman-cambrioleur...

Paul Dellapina avait réglé sa note. Tenant ses enfants par la main, il gagnait la sortie, traversait l'avenue, se préparait à monter dans un taxi en stationnement. Ses enfants étaient déjà sur la banquette lorsqu'il se sentit saisi aux bras par-derrière et se retrouva menotté.

Monsieur Paul venait de rater son second départ pour les États-Unis. Et moi, par la même occasion, l'arrestation après laquelle je courais comme un dingue depuis de longs mois.

Au commissariat de la rue de la Faisanderie, le commissaire Gabaston jubilait. La perquisition chez les Filippi avait été fructueuse : une mitraillette Sten, un pistolet 7.65 avec une balle dans le canon, un colt 11.45 et des munitions mais Dellapina s'obstinait à ne pas divulguer son adresse. Emmené sous bonne garde au quai des Orfèvres, il devait finir par la dévoiler en échange de la liberté d'Odette Filippi.

– 170, rue de l'Université, avait-il avoué, un rictus aux lèvres. Mais vous allez être surpris.

– Pourquoi ça ? avait demandé l'inspecteur Poirier, heureux de la prise qu'il convoitait, lui aussi, depuis longtemps, selon les instructions du juge Pommier.

– Pourquoi ? Parce que la chambre de bonne que j'occupe, c'est M. Hennequin, l'ancien directeur de la P.J., qui me la loue ! Dites : Poirier, Pommier, Devaux, Bouvier, c'est le salon de l'agriculture, votre P.J. !

Sa superbe était tombée lorsque la visite de sa chambre avait entraîné la saisie d'une pince-monseigneur, d'une corde munie d'un crochet propre à l'escalade des immeubles, d'une cordelette semblable à celle qui avait servi à ligoter des victimes et de plus de dix millions de francs de bijoux de toutes sortes. Quatre-vingt-dix jours de cachot étaient venus lui rappeler que son évasion de la prison des Baumettes n'avait pas été oubliée de l'administration pénitentiaire.

***

L'imagination de Dellapina n'était jamais prise en défaut. Lors de ses transferts de la Santé au palais de justice, il avait remarqué que les planches des fourgons étaient en bois et non en tôle d'acier. Il lui suffirait d'en scier un pour pratiquer l'ouverture susceptible de livrer passage à son corps.

Une lame de scie lui était parvenue, qu'il dissimulait dans un tube en aluminium qu'il introduisait dans la partie intime de son individu. Lors de chaque extraction, il s'échinait à attaquer les planches de son box, le dernier du couloir, près de la cloison du conducteur, réservé aux détenus dangereux. Les bruits du moteur et de la circulation couvraient le grincement de la scie.

Un jour qu'il effectuait le voyage avec Roger Dekker, celui-ci lui avait fait comprendre que la réussite de l'évasion dépendait de la durée du parcours non pas entre la Santé et le Palais et vice versa, mais entre la Santé, le Palais et la prison de Fresnes puisque tel était le trajet habituel des paniers à salade. Il fallait donc pouvoir se faire hospitaliser à l'infirmerie de Fresnes.

Malheureusement pour lui, Dekker avait parlé du projet à René Girier qui mit à profit le travail commencé par Dellapina et s'évada du fourgon le 21 novembre 1950.

Il est des voyous qui inspirent la compassion, d'autres l'indifférence, d'autres, encore, une franche aversion. J'avoue que je n'éprouve pas une sympathie particulière pour Dellapina que les médias, un peu vite à mon gré, ont paré du titre de « gentleman-cambrioleur ». J'ai trop en mémoire le récit de ses victimes sur sa façon peu chevaleresque de les dévaliser pour partager ce point de vue. Et son physique, évocateur de mauvais instincts, m'indispose.

Certes, l'enfance de « Monsieur Paul » n'a pas été des plus heureuses. Mais son inclination naturelle à la paresse, au vol et à l'aventure, la recherche permanente du plaisir que procure l'argent et ses impulsions agressives en ont fait un hors-la-loi qu'il était bon de retirer une fois pour toutes de la circulation.

Dellapina est né le 6 février 1911 à Sartène, un village corse haut perché, où, chaque année au

Vendredi-Saint, se déroule la procession du Catenacciu, « l'homme enchaîné ». Son père, rescapé de la guerre de 1914-1918, trimait pour élever sa progéniture, aidé dans le dur travail de la terre par son épouse alors enceinte d'un sixième enfant. Les clauses du contrat qui le liait à un riche docteur de la région de Corte, propriétaire de terres où poussaient la vigne et les pommes, étaient draconiennes : la moitié de la vente de ses récoltes entrait inexorablement dans la caisse du médecin, connu pour sa ladrerie et son mauvais caractère. Un drame était né à l'occasion du transport d'un couffin de raisin par le jeune Paul que le praticien, sans raison, avait giflé. Puis il avait frappé d'un coup de genou au ventre sa mère venue lui reprocher son geste. Le bébé qu'elle attendait était mort-né et la malheureuse, après un coma de vingt-quatre heures, l'avait suivi dans la tombe, laissant cinq enfants en bas âge.

L'aînée, Antoinette, âgée de quatorze ans, avait pris sa succession dans la masure de Sartène que le patriarche avait réintégrée. Paul avait alors préféré cavaler dans les collines avoisinantes plutôt que de fréquenter l'école. Las des remontrances et des corrections paternelles, il était parti à l'aventure, couchant à la belle étoile dans la forêt de Vizzavona, proposant aux paysans de la région de garder leurs brebis. Il avait douze ans.

Clandestinement, en compagnie d'un cousin plus âgé, il avait quitté la Corse pour Marseille, où ses chapardages lui avaient valu d'être confié à un patronage religieux de la rue des Vertus. Il s'en échappa, bien sûr, avec une facilité déconcertante, recommença à voler jusqu'au jour où le tribunal pour enfants l'expédia à la maison de correction d'Aniane jusqu'à sa majorité.

Aniane, les Buisson, Dekker et Guillo l'avaient connue, eux aussi. La dureté du régime disciplinaire pour des jeunes de quatorze à vingt ans y était légendaire. Quand Dellapina y avait débarqué entre deux gendarmes, chaînes aux mains, il avait dû subir, comme les autres, l'humiliation de la « boule à zéro ». La perte de sa tignasse l'avait mortifié, de même que le port obligatoire de la tenue de colon : béret en forme de galette, vareuse et pantalon de drap bleu, chaussures à tiges montantes. Sa haine pour les gardiens avait décuplé. Il s'était juré de leur en faire voir de toutes les couleurs. Son indiscipline lui valut d'être muté à la Centrale de Force pour mineurs d'Eysses, où il devait subir les brutalités de surveillants armés de sabres. Il ne plia pas pour autant. Ses séjours de longue durée en cellule d'isolement, fers aux mains et aux pieds, ne faisaient qu'attiser son désir de vengeance contre les gardes-chiourmes. Vissés à ses poignets et ses chevilles et reliés entre eux par une chaîne aux lourds maillons, les cercles d'acier avaient beau entamer ses chairs, Dellapina souffrait sans se plaindre.

Six mois de ce régime, et sa punition achevée, Paul espérait retrouver l'odeur nauséabonde de sa cage à poule. Un ricanement du gardien avait provoqué un nouveau geste de mauvaise humeur. Il lui cracha au visage. Le résultat ne se fit pas attendre : passage à tabac en règle et nouvelle descente au mitard de l'établissement. Pour six mois.

Paul Dellapina, indompté, quitta enfin la Centrale d'Eysses à l'âge de vingt et un ans. Mobilisé au 25e régiment de chasseurs alpins, il déserta et, repris, joua les dingues devant les juges militaires chargés de le punir. La comédie dura de nombreux mois au cours desquels il connut les camisoles de force de plusieurs établissements psychiatriques. Libéré de l'asile Braqueville de Toulouse grâce aux interventions successives de sa sœur, il regagna Marseille où un emploi de serveur l'attendait au restaurant Le Bœuf à la Mode, cours Belzunce. Mais le désir de la cambriole était le plus fort. Dellapina partit pour Nice, se mit en ménage avec une prostituée et se livra à son activité favorite, la visite des appartements. Une nouvelle condamnation et un séjour forcé de trois années à la Centrale de Nîmes auraient dû le faire réfléchir sur les dangers de la vie marginale. Pas du tout. Son indiscipline l'entraîna, une fois encore, vers les quartiers de force avec une boule de pain et un litre d'eau tous les quatre jours.

Libéré conditionnellement, Dellapina, auréolé d'une légende de « dur », retrouva Marseille et ses mauvais garçons. La déclaration de guerre le surprit entre les quatre murs de la triste centrale de Clairvaux où une énième condamnation l'avait conduit. Jouant à nouveau les aliénés, il fut libéré, réformé et profita de la rareté des denrées née de l'occupation allemande pour trafiquer sur une grande échelle, sans renoncer pour autant à visiter des appartements et hôtels particuliers où il prélevait espèces et bijoux. Ses méfaits ne se comptaient plus. Jusqu'au jour où ses émules, Latti et Aristoteles, dénoncèrent l'intrépide et fortuné monte-en-l'air comme l'auteur du coup de feu mortel sur la personne du consul de Norvège, 505, avenue du Prado.

***

– Vous m'avez fait venir pour quoi, monsieur Borniche?

Sous la chevelure hirsute, l'œil noir de Dellapina se fait interrogateur. Il n'attend pas ma réponse pour enchaîner :

– Si c'est pour l'affaire du consul, pas la peine de m'interroger, je ne suis pour rien là-dedans. J'ai été condamné à mort par contumace et j'attends de repasser en jugement. C'est Me Badinter qui me défend. Pour les autres affaires, je n'ai rien à vous dire que je n'aie déjà dit à vos collègues de la Préfecture.

– Deux choses m'intéressent, dis-je en ouvrant le dossier Buisson. Vous étiez ami avec Mathieu Costa et François Marcantoni. Mathieu a été mortellement blessé d'un coup de couteau dans son bar de la rue Quentin-Bauchart en août 1949, Jeannot Fredericci, son meurtrier, a été abattu à Marseille. J'aimerais savoir par qui. Ça, c'est ma première question. Seconde question : où étiez-vous quand l'assassinat a eu lieu? Il m'a été rapporté que vous ne seriez pas étranger à cette exécution.

Un sourire voltige sur les lèvres de Dellapina qui hausse les épaules et répond, d'un ton où perce l'ironie :

– Je vais vous répondre deux choses, inspecteur, dit-il. D'abord, je ne suis pas un indic. Donc, pour Fredericci, vous repasserez. Ensuite, je ne suis revenu en France qu'en décembre 1949. Le mec qui m'a balancé avec mes gosses pourrait vous le confirmer...

Il m'adresse un coup d'œil avant d'ajouter :

– Le mec ou la femme... Vous voyez ce que je veux dire.

Je vois mais je me garde de répondre tout en pensant que Marinette a intérêt à disparaître rapidement de la circulation si elle ne veut pas finir au fond de la Seine, lestée de tuyaux de plomb.

– Donc vous ne voulez rien dire.

– Mais si, monsieur Borniche, je veux bien parler. De tout, du beau temps, de la politique, de votre ami Girier qui m'a soufflé l'idée de m'évader du fourgon. Pour ce qui est des affaires en cours, ma mémoire est déficiente. N'oubliez pas que j'ai été plusieurs fois interné et que les électrochocs ont balayé mes souvenirs. Si vous m'avez fait venir pour en savoir plus, vous perdez votre temps.

Je ne l'ai pas perdu longtemps. Monsieur Paul a vite réintégré sa cellule de la Santé. Mais moi, je suis resté sur ma faim. Drôle de bonhomme, l'Arsène Lupin des beaux quartiers, que la cour d'assises de la Seine devait gratifier de vingt années de travaux forcés et de la relégation, le 22 novembre 1952.

L'AVOCAT, LA PEUGEOT ET LE NUSS

Mes nerfs de chasseur, un peu engourdis par la tiédeur de ce mois d'avril, se réveillent tout d'un coup lorsque la voix du commissaire principal Grassien, de la PJ de Lille, résonne dans l'écouteur :

– La Peugeot, ça vous dit quelque chose, Borniche ?

Ce surnom me ramène instantanément six années en arrière, lorsque j'avais épluché le dossier Russac aux archives de la Police judiciaire du quai des Orfèvres.

– Oui, monsieur, Gaston Giron, dit Gaston « la Peugeot ».

– Et Michel l'Avocat?

Feu Michel l'Avocat, devrait dire Grassien. En réalité, Michel Cardeur pour l'état civil. Un homme dont l'intelligence et l'éducation auraient dû assurer la réussite sociale que son père, magistrat, attendait. Répétiteur au lycée de Montargis puis au collège de Sens, Cardeur préparait une licence de droit lorsque, brusquement, il avait changé d'idée. Renonçant au Barreau, il embrassait la carrière, plus lucrative à ses yeux, de proxénète. Son physique s'y prêtait. Sa manière de parler, de se comporter, son élégance de bon ton, lui avaient ouvert les portes d'un Milieu parisien peu habitué à la magie du verbe. Sa réputation d'intellectuel l'avait fait surnommer l'Avocat.

Mais les inspecteurs de la Brigade mondaine veillaient, et les juges devant lesquels Cardeur comparut à plusieurs reprises, peu enclins par nature à la clémence, fût-ce pour le fils d'un de leurs collègues, avaient orné son casier judiciaire de condamnations peu flatteuses, assorties d'une peine d'interdiction de séjour. L'âme et le portefeuille en déroute, Michel l'Avocat avait pris le chemin de l'exil.

Il était né en Normandie. Quoi de plus naturel que Le Havre accueille l'enfant de la région? La police locale, sans doute parce que le meublé qu'il prit en gérance était un fief de la prostitution, s'intéressa de très près à son activité d'hôtelier. L'établissement fut fermé. Qu'à cela ne tienne. Un hôtel-restaurant était en vente à Oudalle, sur la route de Rouen. Cardeur s'y précipita, l'acheta, s'y installa. Les affaires marchaient bien, grâce à Madeleine, sa compagne qui s'efforçait de satisfaire l'honorable clientèle de la nouvelle Hostellerie des Vallées. Tout serait même allé pour le mieux si la crainte de perdre le contact avec le Milieu n'avait pas rongé Cardeur. Il se mit à solliciter d'anciennes relations, leur offrit l'hospitalité, leur fit visiter la région. Parmi elles, Jean-Baptiste Buisson, dit le Nuss, qu'il avait connu à La Sirène, un bar de la rue Saint-Denis à Paris et qui cherchait, lui aussi, un café à acquérir afin d'y installer sa concubine. L'Avocat n'ignorait pas la réputation de tueurs des frères Buisson mais il se montra accueillant. Quand les deux hommes se séparèrent, le Nuss n'avait rien trouvé à acheter mais il s'était fait un nouvel ami.

Malheureusement pour lui.

Dans l'appareil, la voix de Grassien précise :

– Si je vous demande ça, c'est parce que j'ai un tuyau sur Jean-Baptiste Buisson, en cavale depuis décembre. Il est à Cannes, planqué par la Peugeot. Peut-être pas chez lui mais sûrement pas loin. Il a été question d'une Antoinette, sans plus. En filant votre Gaston, vous devez dénicher l'assassin de Michel l'Avocat.

– Sûr ?

– Si je vous le dis ! Berthe Krauss, sa maîtresse qui tient un bistrot rue de Thionville à Lille, a reçu hier soir le coup de fil que j'espérais depuis que je l'ai mise sur écoute. Il réclame du fric. Bien qu'ils soient en froid, elle a promis de lui en faire parvenir par les soins de la Peugeot. J'espère que ça vous intéresse toujours, sinon, je passe l'information à Marseille...

Si le Nuss m'intéresse ? Plutôt deux fois qu'une. J'ai d'abord à me venger de l'affront qu'il m'a fait lorsque je suis allé l'interroger à Fresnes puis à Lyon sur sa participation à l'évasion de son frère. J'ai ensuite une revanche à prendre sur le quai des Orfèvres. L'intervention des hommes du commissaire Clot, le 26 septembre 1947, au domicile de Suzanne Fourreau, rue Bichat, m'a fait rater les arrestations qui auraient pu me propulser au grade d'inspecteur de seconde classe. A cause de cet échec, mon chef de brigade avait refusé de m'inscrire sur le tableau des candidats aptes à se présenter à l'examen d'officier de police judiciaire. Treize noms y figuraient, pas le mien. J'avais frappé à la porte de son antre :

– Inutile d'insister, Borniche! Vous n'êtes pas suffisamment doué pour réussir pareille épreuve. Et puis vous manquez par trop de pondération!

L'intervention du juge d'instruction Marquiset, qui, deux fois par semaine, me donnait des cours de droit, l'avait contraint à changer d'avis. Sa main rageuse avait ajouté mon nom à la liste. Je devenais le quatorzième candidat mais je fus le seul reçu de la brigade! Je n'avais guère eu droit aux félicitations de circonstance.

– Merci mille fois, monsieur le commissaire. Je file sur Cannes et je vous tiens au courant.

Flash-back.

Trois mois plus tôt, en cette nuit de Noël, le méchant blizzard qui balaie la rue Saint-Denis a fait perdre leur clientèle aux marchandes d'amour. Les filles ont déserté les porches à cariatides des vieux immeubles, les recoins sombres des couloirs, les entrées des hôtels de passes. Les rafales ont eu raison de la foire au sexe.

Il n'est pas loin d'une heure du matin. L'église Notre-Dame-de-Bonne-Nouvelle a craché sur le boulevard ses derniers fidèles de la messe de minuit. Au bar de La Sirène, près de la boulangerie-pâtisserie dont les loupiotes multicolores scintillent sur les bûches, quelques esseulés bavardent, accoudés au comptoir. Dans un coin de la salle, le patron Roger Lechalonny dîne, près de deux filles en cuissardes qui se sont attablées devant les cafés bouillants que Robert Guerry, le garçon, leur a servis. Il fait grise mine, le patron! Pour lui, Noël est un mauvais jour. Sa recette s'en ressent. Plus triste encore, le mauvais temps s'y met. Les filles qui, d'habitude, lui amènent les pigeons qu'elles ont dragués, histoire de percevoir la petite ristourne habituelle sur le prix des consommations, se sont égaillées en des lieux plus douillets. « A part ces deux paumées », pense Lechalonny en jetant un regard désabusé sur ses voisines au maquillage douteux.

Soudain, la porte s'ouvre. Sur le seuil, la silhouette d'un homme en pardessus clair fourré, à col de peau de mouton, feutre rabattu sur les yeux, se détache du néon de la rue. Il a un Colt dans la main, qu'il braque vers le comptoir. Un des clients qui s'est retourné bondit à sa rencontre.

– Fais pas le con! hurle-t-il. Rentre ça!

La phrase se termine dans le tonnerre de deux détonations. Le client agrippe une chaise, cassé en deux, s'écroule. Lechalonny, surpris, demeure les yeux exorbités, la fourchette en suspens. Le garçon de salle a plongé derrière le comptoir. La plus blonde des prostituées a poussé un petit cri, l'autre a placé son visage derrière son coude replié, comme pour se protéger.

Une bouffée d'air froid chasse l'odeur de la poudre. La porte se referme, l'inconnu s'évanouit dans la nuit.

Inconnu, il l'est sans aucun doute pour les deux aviateurs éméchés et le clerc de notaire en rupture d'étude qui plaisantaient, assis à la table d'angle, à droite de la salle. Il l'est peut-être pour les deux filles de joie qui, vivement, ont réglé leur consommation et se sont esquivées avant l'inévitable intervention policière. Il ne l'est pas pour Lechalonny ni pour les autres témoins de la fusillade-éclair.

Il n'aime pas les histoires, Lechalonny. Encore moins les flics qui l'ont déjà bousculé à la suite d'un autre règlement de compte, quelques années auparavant. Mais aucun des chauffeurs de taxi qu'il appelle n'ayant voulu transporter la victime dans la clinique qu'il leur indique, il lui faut se résoudre à appeler Police-Secours. Et qui dit Police-Secours dit automatiquement enquête, interrogatoire, explications à fournir.

Cette enquête, c'est à l'inspecteur Ferrière, de la Criminelle, qu'elle échoit. Un bon flic, Ferrière, qui ne se fait aucune illusion sur la nature humaine. Encore moins sur le Milieu, où les pistolets sont plus bavards que les langues. Il ne s'attend guère aux confidences de Lechalonny, qui affirme n'avoir rien vu, ni du barman, incapable de distinguer la silhouette du tireur à travers la fumée des cigarettes. Quant au client qui consommait avec la victime, il s'est volatilisé.

– Sans même payer son verre, ce salopard! fulmine Lechalonny avec une belle assurance. Vous vous rendez compte, monsieur l'inspecteur, quelle mentalité, aujourd'hui... Si j'avais pas tourné le dos à la porte quand je cassais la graine, sûr que je pourrais vous en dire plus mais en toute bonne foi...

– Gardez-la pour plus tard, votre bonne foi, conclut Ferrière, ironique et incrédule. Vous en aurez peut-être besoin.

A la salle Cusco de l'Hôtel-Dieu, où atterrissent ceux que guette une mort non naturelle, le blessé, inscrit sous le nom de Cardeur Michel, né le 24 février 1913 à Lillebonne (Seine-Maritime), gémit, mais le nom de celui qui l'a abattu ne sort pas de ses lèvres. L'interne, sceptique sur ses chances de survie, doute qu'il puisse répondre à un interrogatoire. Malgré tout Ferrière attend, assis sur une chaise, devant les grilles de la salle, qu'une indication soit lâchée, un nom, un prénom, un surnom. Mais rien ne vient qui pourrait le mettre sur la voie. Cardeur suant de fièvre, se tordant de douleur sur son lit d'hôpital, reste désespérément muet.

Ferrière ne se décourage pas. Il a eu la présence d'esprit de prévenir Madeleine, la compagne de Cardeur qui a quitté précipitamment l'Hostellerie des Vallées. Il espère que Cardeur, dans un moment de lucidité, lui soufflera la révélation qui le mettra sur la voie. Sa patience est récompensée. Quand l'inspecteur quitte la salle Cusco, en cette glaciale soirée de décembre, il emporte avec lui son cadeau de Noël. Michel Cardeur, dans un éclair de connaissance, a réussi à lâcher : « C'est le Nuss qui m'a arrangé, mais c'était pas pour moi. » Quelques jours plus tard, il rend le dernier soupir.

Par vengeance, Madeleine s'est mise à table. Ferrière apprend ainsi que Cardeur avait donné rendez-vous à l'un de ses amis, Jean Coret, au bar La Sirène ce 24 décembre.

Vers minuit et demi, le Nuss avait pénétré dans le bar. Cardeur, qui l'avait reçu quelques jours chez lui, s'était avancé pour lui serrer la main, mais Coret l'en avait empêché, le tirant par sa veste :

– Laisse tomber, Michel, on s'en va. Les Buisson

sont des lavettes, Émile est un indic et celui-là ne vaut pas mieux.

Le Nuss avait pâli :

– Qu'est-ce qu'il a celui-là? avait-il demandé à Cardeur.

Contenant sa fureur, il avait quitté l'établissement, prétextant qu'il allait chercher un paquet de cigarettes. A la lueur qui avait traversé son regard d'illuminé, Roger Lechalonny avait compris que l'affaire risquait de se gâter. Vingt minutes plus tard, Buisson revenait, armé d'un Colt, visait Coret. Cardeur, marchant vers lui, avait voulu s'interposer :

– Fais pas le con, rentre ça!

Trop tard. Le Colt avait craché deux flammes rageuses. Les balles destinées à l'insulteur avaient foudroyé un ami.

– C'est Lechalonny qui vous a raconté la scène? demande Ferrière à Madeleine.

– Non. C'est Jean Coret. Il est venu me voir au petit matin. Il était catastrophé.

Le Nuss, Ferrière connaît. Qui, d'ailleurs, à la Criminelle, ne connaît pas Jean-Baptiste Buisson, dont les titres de noblesse très spéciale lui ont été décernés par ses pairs à la suite d'un nombre respectable de condamnations? Sans atteindre à la triste notoriété de son frère Émile, il jouit dans le Milieu d'une réputation de méchant. Le surnom dont sa mère l'a affublé à sa naissance s'appliquait à son frère, Cassius, emporté par une méningite à l'âge de dix-huit mois. Les lèvres de Cassius bébé ne pouvaient, et pour cause, balbutier convenablement le mot qui se transformait, selon les jours, en uss, iuss ou nuss. La mère riait. Aussi, lorsque Jean-Baptiste était né, le 20 avril 1895, sur une péniche entre Digoin et Paray-le-Monial, le sobriquet de Nuss lui avait été appliqué en souvenir de l'enfant disparu. Il lui était resté.

Vingt années plus tard, on le connaîtra aussi sous le surnom de Fatalitas en raison d'un tatouage qu'il s'était fait dessiner, à l'encre bleue, sur le cou. Un tel pseudonyme classe un homme dans les rangs de la grande truanderie. D'autant que Jean-Baptiste Buisson avait accumulé les années de prison au point d'en comptabiliser une bonne trentaine à l'âge de cinquante ans.

Ferrière eut beau sonder le labyrinthe obscur et fangeux du Milieu, le Nuss avait disparu de la circulation. Sa maîtresse, Berthe Krauss, qu'il avait connue à Lyon, qui l'avait suivi à Bordeaux où il s'était fourvoyé dans le commerce clandestin des cuirs et peaux, ne l'avait plus revu depuis ce soir de Noël. Pendant trois mois, Ferrière mena les recherches, pensant que, sans argent, le meurtrier de Cardeur finirait bien par sortir de sa tanière. La circulaire générale de recherches qu'il lança en désespoir de cause ne lui donna aucune piste.

Le Nuss avait véritablement tiré le rideau derrière lui.

***

Le soleil resplendit. Chemin des Collines, la baie de Cannes s'étire sur un fond brun d'Esterel en un arc marin constellé de voiles blanches. Un décor de carte postale.

J'ai eu beau torturer l'annuaire de Cannes, du

Cannet et de Vallauris, je n'y ai pas découvert le nom de Gaston Giron. La Peugeot est un homme discret. Heureusement, le receveur des postes de la rue Notre-Dame, au vu de mon insigne et sous le sceau du secret, a volé à mon secours.

– J'ai bien un Giron sur la liste des abonnés à ne pas communiquer mais je ne sais pas si c'est celui-là. Villa Anita au Cannet, ça vous dit quelque chose ? Juste à côté de Yakimour, la villa de l'Agha Khan, avenue Victoria...

Le chauffeur que Gaston Acrome, le commissaire d'Antibes, a mis à ma disposition, range sa Traction en douceur, à l'ombre d'un palmier géant, à proximité de Yakimour. Il n'y a pas que l'assassin qui revient toujours sur le lieu de ses exploits. Les flics aussi puisque, quatre ans plus tôt, je courais après les voleurs des deux cents millions de bijoux dérobés à la Bégum alors qu'elle s'apprêtait à rejoindre l'aéroport de Nice pour Deauville.

Trois cents mètres environ sous le soleil de plomb et je tombe en arrêt devant la Villa Anita. L'inscription est gravée en creux dans la pierre du pilier droit. Gaston la Peugeot a bien fait les choses. Il n'a lésiné ni sur le matériau ni sur les prix. Anita, d'après Maguy, était une des premières gagneuses de Gaston. Il l'avait connue toute jeune au bal Bouscat, l'établissement auvergnat mal famé de la rue de Lappe, la pépinière de la prostitution. Comme pour tant d'autres, la vie parisienne d'Anita avait commencé gare Montparnasse. Elle débarquait de Rostrenen, au cœur de la Bretagne bretonnante, pour tenter sa chance à Paris. Gaston, beau garçon, dansait bien. Il parlait encore mieux. Il l'avait envoûtée.

– C'est pas un nom, Annick! avait-il décrété. Ça fait galette de sarrasin. Anita, c'est autrement plus exotique. A partir d'aujourd'hui, tu es Anita.

Timide, elle avait dit d'accord. Pour fêter le baptême, Gaston avait fait couper les nattes et teindre en brun sa chevelure à frange. Il lui avait fait prendre des cours d'espagnol, des cours de maintien. Annick était douée. Elle progressait à pas de géant dans une profession qui la changeait de celle de bonne à tout faire. Elle rapporta bientôt tant de dollars à son protecteur qu'il put s'offrir le luxe de cinq autres femmes, aussi actives les unes que les autres. « Une pour chaque jour du Seigneur. »

Grâce à Anita, Gaston coulait des jours heureux entre le boulevard Suchet et sa résidence cannoise. Envolés les vils soucis de ce bas monde. Jusqu'au moment où une table d'écoute judicieusement branchée sur le téléphone de Berthe Krauss mit la gent policière à ses trousses.

Les graviers blancs de l'allée crissent sous les pas de la Peugeot. Il est là, devant moi, pachyderme sous le chapeau de jardinier, un sécateur à la main, vêtu d'un short de soie claire. Sur un estomac proéminent, la poitrine velue évoque une écrevisse bien cuite et des coups de soleil ont zébré ses épaules comme jadis, dit-on, les coups de fouet le dos de bagnards.

Trois secondes d'hésitation, une exclamation :

– C'est pour quoi?

Mon coup de sonnette l'a mis sur ses gardes mais des verres fumés me protègent. De l'index, je lui fais signe de s'approcher un peu plus de la grille.

– Salut, Gaston, dis-je le nez entre les barreaux. Un petit bonjour en passant...

Le front dévoré de taches de rousseur se plisse, les yeux se rétrécissent au point de ne plus former qu'une fente. Le sécateur est resté à la position verticale, au bout du bras gauche.

– Excusez-moi mais je ne vois pas...

– Police, dis-je dans un souffle. J'aimerais vous parler. Deux secondes, pas plus.

Je le sens réticent, inquiet, mais ma plaque de police a le don de forcer les obstacles. Ce n'est pas la première fois. C'est étrange comme une médaille à feuilles d'acanthe précieusement dorées fascine, hypnotise, trouble. Deux tours de clé bruyants dans l'énorme serrure. Une claque sur le museau du dogue qui souhaitait visiblement me dévorer tout cru, et me voici cheminant dans l'allée, à la droite d'une masse de chair qui me guide vers son repaire de quiétude.

Derrière les lis, apparaît une luxueuse bâtisse aux murs de crépi blanc sous la toiture de tuileaux brique, chauffés par le soleil.

– Qu'est-ce que j'ai à faire avec la police, moi?

– Avec la police, rien. Avec la justice, en revanche...

Il fait frais dans le grand salon. Le climatiseur ronronne. On se croirait dans une galerie, avec tous ces tableaux de maîtres suspendus aux murs. Gaston est un connaisseur. Il me désigne un fauteuil bas. Je me laisse envelopper par le cuir brun.

– Je ne comprends pas...

Les épaules se soulèvent, le sourcil se fait interrogateur.

– Moi je comprends, dis-je. Vous avez là une bien jolie propriété.

Il pose le sécateur sur une table d'acajou, sans ménagement, tente de minimiser sa fortune.

– N'exagérons rien... Ça fait de l'effet comme ça, au coup d'œil, mais quand on y regarde de plus près...

Je le coupe, sourire ironique à l'appui :

– On voit ce que six nanas peuvent rapporter à un homme bien organisé. Pas de soucis à vous faire de ce côté-là. Elles marchent bien, vos affaires. Mieux que celles du pauvre Henri...

Il ne répond pas tout de suite, se demandant sans doute où je veux en venir.

– Quel Henri ? finit-il par dire.

– Russac, tiens ! Qui s'est fait salement dessouder en forêt d'Andrésy. On n'a jamais pu savoir qui de Buisson ou de Dekker l'avait flingué. Le juge Daniault a eu beau les interroger, les confronter, se transporter sur les lieux en décembre dernier, chacun est resté sur ses positions. Dekker accuse Buisson et Buisson accuse Dekker. Alors, je me suis dit que, peut-être, vous pouviez avoir une petite idée là-dessus. Ça m'arrangerait bien...

Gaston Giron soupire, comme délivré d'un poids. Il secoue la tête à plusieurs reprises avant d'émettre :

– Je vous sers une petite coupe, inspecteur ?

Ma main décline l'invitation.

– Merci. Alors ?

– Alors, c'est de l'histoire ancienne, Russac. Pensez, il y a au moins cinq à six ans ! Qu'est-ce que vous voulez que je vous dise, je ne le connaissais pas plus que ça, Russac...

Le cerveau d'un truand devient une pépinière d'idées dès lors qu'il s'agit de se soustraire aux questions insidieuses. Loin de le terroriser, cette perspective l'excite, l'oblige à trouver une explication, une justification, une excuse. C'est ce qu'on appelle la technique de la fuite en avant. Mais j'ai ma parade toute prête. Si la Peugeot ne sait pas qui a descendu Russac, alors, foi de Borniche, personne ne le saura jamais. Et Giron peut non seulement me fournir l'information choc mais aussi le tuyau qui me permettra de coincer Jean-Baptiste Buisson. Mais ça, il ne le sait pas encore.

– C'est peut-être de l'histoire ancienne mais les crimes se prescrivent par dix ans, dis-je. On a encore le temps de tirer l'affaire au clair. D'après ce que je sais, vous connaissiez Russac beaucoup plus que vous ne voulez le dire. Vous veniez presque toutes les semaines lui rendre visite à La Sirène, le bistrot de Lechalonny, rue Saint-Denis. Les rapports de la Mondaine sont formels. Un bistrot de macs, La Sirène. Où on se flingue entre macs, pas vrai ?

– J'ignore, dit Gaston, avec un geste d'ignorence théâtral. Vous savez, moi, en dehors du boulevard Suchet...

– Et de la Madeleine ! Je vous disais ça parce qu'en septembre 1948, juste un an après la mort de Russac, le 27 très exactement, une bagarre a éclaté à La Sirène. On venait d'arroser copieusement un dîner d'enterrement. Les vapeurs sont mauvaises conseillères. Deux flics qui passaient par là ont rétabli l'ordre, momentanément du moins. Mais à peine avaient-ils la pèlerine tournée qu'un de vos amis, Robert Descaires, se retrouvait le nez dans la sciure. Deux balles dans le ventre. Vous vous en souvenez ? Vous aviez été interrogé par l'inspecteur principal Leloup, de la Mondaine. Les tuyaux qu'il avait eus sur la tuerie lui avaient permis de mettre la main sur son homonyme, Roger Leloup, patron d'un café du 24 rue Blondel. Eh bien Roger Leloup, qui s'était mis au vert un bon bout de temps, qui avait été condamné à mort par contumace, avait réussi à faire rétracter les témoins. Il a présenté un alibi en béton et a été acquitté. Ça vous revient, maintenant ?

Gaston se tait. Il réalise que les archives ont parlé et que je connais assez bien mon affaire. Sous son crâne de truand, une tempête se déchaîne. J'en profite pour revenir à la charge :

– Un bon mouvement, Gaston. Alors, pour Russac ? Dekker ou Buisson ?

– Je n'en sais rien, monsieur l'inspecteur. Je ne les connais ni l'un ni l'autre.

– Dommage, dis-je en le regardant bien en face. Michel l'Avocat, vous le connaissiez, lui, au moins ? Russac, Descaires, Cardeur, ça fait beaucoup pour La Sirène, non ?

Je me lève, emprunte l'allée de graviers jusqu'à la lourde grille, fait pivoter le bouton de fer forgé. Quand je me retourne pour fermer le vantail, Gaston la Peugeot est là-bas, les bras ballants, cloué sur le seuil de la villa.

Gaston la Peugeot marche dans la rue d'Antibes, en direction de la rue des Serbes. La canicule de ce jeudi d'avril transforme en chewing-gum l'asphalte cannois. Gaston transpire. La sueur colle à sa peau sous la chemisette bleu ciel, et ses pieds gonflent malgré les espadrilles de toile blanche. Il éponge fréquemment son large front.

Pourtant il ne ralentit pas l'allure. La Peugeot n'est pas tranquille. Il n'a pas du tout apprécié l'irruption d'un flic chez lui, pour une histoire vieille de six ans. Cela masque sûrement autre chose. Il sait, par expérience, que lorsqu'un policier se dérange, on n'est pas sûr de ne pas le revoir les jours suivants. Surtout un policier parisien. Un Méridional est reconnaissable à son accent, celui-là n'en avait pas. Et puis il a fait état de rapports de la Brigade mondaine. La Mondaine, c'est la Préfecture de police. Il n'a donc pas fait le déplacement pour rien.

Gaston presse le pas. A mots couverts, il a donné rendez-vous à Antoinette, une payse à lui, propriétaire du bistrot tristounet de la place des Lilas, à Juan-les-Pins.

– On peut se voir, chez mon boucher, tout à l'heure?

– Dans combien de temps?

– Je ne sais pas. Une heure, non? Le temps de venir.

Gaston a hésité plusieurs fois avant d'appeler Antoinette. Son téléphone pouvait être mis sous écoute. La voix éraillée l'a rassuré. S'il y avait eu quoi que ce soit d'insolite, la Lyonnaise l'aurait prévenu. C'est une maligne, Antoinette, qui a dupé plus d'un flic lorsqu'elle tenait l'hôtel-restaurant de la Pinardière, sur les rives de la Saône. Un établissement tranquille, douillet, où les soyeux venaient se divertir en compagnie de call-girls autrement émancipées que ses routinières de la Madeleine. Les six chambres du premier étage, aménagées dans la pure tradition du défunt One Two Two parisien, ne désemplissaient pas. Il avait fallu qu'un coup malheureux oblige la police à venir mettre son grain de sel dans ses affaires, le décès d'un industriel de Saint-Étienne lors d'une séance de flagellation, pour que tout ce beau rêve s'écroule. L'enquête avait entraîné la fermeture définitive de l'établissement. Antoinette avait dû changer de climat.

« C'est quand même bizarre qu'un poulet soit venu comme ça, là-haut, pour Russac. »

Gaston se rend compte qu'il a parlé tout haut. Affolé, il s'arrête, regarde autour de lui. Personne ne lui prête attention. Il reprend sa marche chaloupée vers la rue des Belges. Les paroles du flic se bousculent dans son cerveau. Il a parlé de Russac, le flic, de Dekker, mais aussi de Buisson, le frère du Nuss!

La boucherie n'est plus très loin. Gaston ralentit. Il se répète qu'il n'est pas possible que la police soit sur la piste du Nuss à qui il a déniché une chambre chez Antoinette. Après le meurtre, Jean-Baptiste Buisson était allé dormir chez Antoine, rue de Tracy. Jusqu'à onze heures du matin. Aucun remords. L'Avocat devait être un indic. Lors de sa balade normande, il avait présenté au Nuss un ami, un adjudant de gendarmerie avec lequel il jouait au billard. On ne copine pas sans raison avec un flic, encore moins avec un pandore! Le lendemain soir, le Nuss avait pris le train pour Libourne, celui qu'il avait raté la veille, avec les jouets pour sa fille, en nourrice.

Bruno le mac l'avait reçu, hébergé quelques jours. Pas plus. Les Mœurs s'occupaient de son clandé. Mais Bruno avait un ami, un ami sûr, la Peugeot. Un coup de fil et Gaston était venu cueillir Jean-Baptiste à l'arrivée du train Bordeaux-Nice, au petit matin.

– Tu m'excuseras mais chez moi, c'est dangereux, tu pourrais pas sortir. Il y a des flics en permanence qui surveillent la villa de la Bégum.

Le Nuss avait pris possession de la chambre qu'Antoinette avait mise à sa disposition. Pas luxueuse, non : un lit, une armoire bancale, une cuvette et un broc en faïence décorée de bleuets. Pas le rêve, mais la pension n'était pas chère. Il ne fallait pas se montrer difficile. Si seulement Berthe pouvait lui faire parvenir un peu d'argent de temps en temps ! Mais elle était en pétard après son homme, Berthe. En attendant, Antoinette lui faisait crédit, mais jusqu'à quand ? Et Gaston qui l'avait dépanné jusqu'à maintenant ne pouvait pas être tapé à vie. Question de principe.

– Oh ! Gaston !

Cette voix sèche, impérative, surgie au milieu de ses pensées, le paralyse. Il se retourne d'un coup, surpris, avec un sursaut qui me révèle le trouble de ses nerfs.

– Venez, mon vieux. On a à parler tous les deux. Très sérieusement.

Là-bas, à quelques dizaines de mètres, la traction avant qu'il n'a pas décelée au passage avance doucement dans notre direction. La gorge de Giron se contracte. Ses pressentiments ne l'ont pas trompé.

– Ben... se contente-t-il de dire, jetant un œil apeuré vers la boucherie voisine.

La traction s'arrête, la portière s'ouvre. Gaston s'introduit dans la voiture, prend place sur la banquette arrière, se colle contre Leclerc, mon collègue, qui a réussi une bien jolie filature. Je m'assieds sur le siège avant.

Les yeux de Gaston s'agrandissent, interrogent. Le coude sur le dosseret, je me retourne vers lui, alors que la Citroën emprunte la Croisette.

– On va à Antibes, dis-je. On sera beaucoup mieux là-bas pour discuter.

Giron ne répond pas. Il comprend de moins en moins. Ou plutôt, il comprend de plus en plus. La police agit toujours de la même façon. Elle envoie un type en éclaireur, un faux cul, histoire de vous tirer les vers du nez et alors que tout semble aller comme sur des roulettes, elle vous emballe, vous fait mariner en cellule jusqu'à ce que vous crachiez le morceau. A moins que...

L'histoire de Bartoloméo lui revient en mémoire. Un dur, Bartoloméo, un seigneur, un terrible! Le mot « flic » lui donnait de l'urticaire. Il n'avait jamais avoué. Un jour, à Marseille, il est cueilli à la sortie d'un bureau de tabac. Comme lui aujourd'hui. On l'oblige à monter en voiture. Mais les flics ne prennent pas le chemin de la P.J. Sous le prétexte d'une vérification sur les lieux d'un cambriolage, ils l'entraînent dans un coin de la forêt de Cuges-les-Pins, un vrai désert. Là, personne ne peut entendre ni les questions, ni les cris, ni les coups. Jules n'endosse pas ce qu'on tente de lui faire avouer : le braquage d'un encaisseur. Un flic excédé s'approche de lui, lui colle sur la tempe le canon d'un pistolet de fort calibre. Les yeux sont si menaçants que Jules réalise qu'il va mourir et que son corps sera enseveli là, dans le trou couvert de feuilles mortes près duquel on l'a amené. Il avoue. Soulagés d'avoir enfin obtenu ses confidences, les policiers regagnent leur bureau. A leur stupéfaction, Jules, contre toute évidence, leur annonce qu'ils ont rêvé, qu'il ne leur a jamais rien dit. A force de nier, il réussit à se faire relâcher.

Aujourd'hui, c'est peut-être le même coup. On veut lui faire peur, le forcer à parler malgré lui de l'affaire Russac dans laquelle il n'a rien à voir. Ou du Nuss...

Gaston reprend un peu ses esprits. Sur la route d'Antibes que suit maintenant la traction, on ne pourrait pas lui faire de mal.

Il se hasarde :

– Je n'ai rien à faire à Antibes, monsieur l'inspecteur. Et puis où on va, à Antibes?

– Au commissariat, où t'attend Jean-Baptiste Buisson, ton ami, dis-je, employant à dessein le tutoiement. Il va falloir que tu me dises pourquoi tu l'as planqué après l'assassinat de Michel l'Avocat mais surtout pourquoi tu m'as raconté des histoires. On parlera aussi de Russac, mais ça, ça m'intéresse moins.

Giron ouvre la bouche mais ne trouve rien à dire, tant mon propos l'ahurit. Je ne lui laisse pas le temps de la réflexion pour enchaîner :

– Que tu nous dises blanc ou noir, c'est pareil. Le Nuss nous a tout raconté. Il ne roulait pas sur l'or, Jean-Baptiste, depuis sa cavale. Il lui fallait du fric. Son tort a été de téléphoner à sa femme. On n'attendait que ça. Un coup d'avion et on est là...

La tempête du désastre souffle dans le bureau du premier étage que le commissaire Acrome a mis à notre disposition, malgré le calme plat de la grande Bleue.

Il n'en mène pas large, l'ami Gaston. Moi non plus. Tout, désormais, va dépendre de ses révélations. Mais la partie me semble bien engagée.

– Je crois qu'on a fait une connerie, m'avait dit Leclerc lorsque j'avais quitté la villa Anita. On le filochait, il nous amenait au Nuss et l'affaire était réglée. Maintenant, il te connaît.

– Mais pas toi, avais-je rétorqué. On aurait pu rester longtemps en planque devant chez lui sans qu'il le rencontre ou peu de temps sans qu'on se fasse repérer. Il n'y a qu'une route pour sortir de Victoria et gagner Cannes. On va l'attendre au croisement de Carnot.

– Et s'il téléphone au Nuss?

J'avais eu un geste évasif:

– Ça!

Un souteneur n'est pas aussi coriace à faire avouer qu'un tueur ou un truand de haut vol. Son gagne-pain est en jeu et risquer de le perdre lui donne à réfléchir. C'en serait fini de sa vie bourgeoise de père tranquille dans un lieu où il jouit d'une considération voisine du respect. Le Code considère comme proxénète celui qui sous une forme quelconque reçoit les subsides d'une personne se livrant habituellement à la prostitution ou celui qui embauche, entraîne ou entretient une personne, même majeure, même avec son consentement, en vue de la prostitution et de la débauche. Giron, qui ne peut justifier de ressources suffisantes pour lui permettre de subvenir seul à ses besoins et d'entretenir appartement et villa, n'a guère de chances d'échapper à l'inculpation s'il fait la forte tête. Cela il le sait. C'est la raison pour laquelle il se dandine sur sa chaise et essuie sans cesse, du coude de sa chemisette, un front dégoulinant de sueur.

– Alors, Gaston? dis-je en m'installant à califourchon sur une chaise, en face de lui. On attend tes explications...

Il lève vers moi son visage rougeaud. Ses yeux hésitants, asphyxiés comme des poissons privés de leur bocal, clignotent. Je poursuis :

– Tu n'es pas un dur, Gaston. Je te connais par les archives et par des hommes du Milieu qui m'ont parlé de toi. On sait que tu n'aimes pas trahir des amis mais on sait aussi que tu es intelligent. Alors, il ne faut pas hésiter. Tu as voulu rendre service au Nuss et on aimerait te l'entendre dire, pour voir si tu es franc du collier.

La ficelle est grosse mais la Peugeot, qui dansotte sur sa chaise, a autre chose à analyser que mon propos. Il attend, angoissé, que je lui dise ce que je vais faire de lui.

Il sue la peur, Gaston le gras. Sa tranquillité, sa résidence, ses économies sont en jeu. Lydie aussi, sa dernière recrue qui doit remplacer Lucky partie cracher ses poumons au sanatorium de Hauteville... Il a eu du mal à la dénicher, Lydie. Bruno le mac, de Libourne, l'a dépanné. Une sacrée gagneuse. Aussi, quand il lui a demandé de faire quelque chose pour le Nuss, en retour... S'il est arrêté, si son nom dans la presse est associé à celui des frères Buisson, il est cuit. Qu'est-ce qu'il est venu faire dans cette histoire! Si le Nuss a été piqué, comment se fait-il qu'Antoinette ne lui en ait pas parlé? A moins qu'elle n'en sache rien encore. Jean-Baptiste a pu être arrêté au cours d'une balade le long de la plage de Juan-les-Pins.

Il n'en fait qu'à sa tête. Impossible de lui faire comprendre qu'il ne doit pas trop s'écarter de sa planque...

L'impatience me gagne.

– On ne va pas rester des heures à parlementer, dis-je en me levant et repoussant ma chaise. Je suis au courant de tout. Tu entends, Gaston, de tout. De deux choses l'une : ou tu continues à te foutre de ma gueule et tu tombes pour proxénétisme, association de malfaiteurs et complicité d'assassinat ou tu nous expliques pourquoi tu t'es occupé du Nuss. Il nous a parlé de toi et je vais te confronter avec lui. Auparavant, je voudrais voir si vos explications correspondent. Ensuite je te parlerai d'Antoinette.

Gaston Giron, Gaston la Peugeot, Gaston la Lavette accuse le coup. Le prénom d'Antoinette, lâché comme ça, au hasard de la conversation, le liquéfie. J'ai l'impression qu'il va s'affaisser, bêtement, victime d'une attaque. Il me fixe. Je n'avais pas encore remarqué que ses petits yeux de goret étaient si lugubres.

Il s'effondre. Le spectre de la pauvreté, plus que celui de la prison, le rend loquace :

– Je ne tiens pas à être confronté, lâche-t-il dans un souffle, en se tournant vers la porte vitrée comme s'il craignait de la voir s'ouvrir pour laisser passage à Jean-Baptiste Buisson. Je m'en serais passé, vous savez, de ce sale type!

Je devrais sauter de joie. Je respire lentement pour freiner mon enthousiasme, hoche la tête à plusieurs reprises en signe de compréhension, me garde de l'interrompre.

– Tout ça, c'est la faute à Lechalonny, le patron de La Sirène. Et celle de Bruno, un copain bordelais. S'ils ne m'avaient pas recommandé le Nuss, je ne m'en serais jamais occupé. Mais vous savez ce que c'est, si on ne soutient pas un mec en cavale, on est vite borduré dans le Milieu. Vous allez aussi l'ennuyer, Antoinette ?

***

Le crissement des cigales dans les platanes, les corps bronzés des filles en bikini, allongées sur le sable blond de la plage, ne sauraient me faire oublier le bistrot-hôtel à l'enseigne Chez Antoinette où se prélasse notre client.

– Qu'est-ce qu'il fout, ce bon Dieu de Nuss ! Il ne dort tout de même pas toute la journée !

Coincé dans la traction garée de l'autre côté de la place des Lilas, Leclerc répète cette phrase pour la troisième fois au moins. Il est midi vingt. Cela fait une heure, vingt minutes et quarante-cinq secondes que nous épions les fenêtres de Jean-Baptiste Buisson. Quatre-vingts longues minutes depuis que la Peugeot nous a confié son adresse, non sans un serrement de cœur, mais en échange de sa liberté. En attendant d'avoir coincé Jean-Baptiste et pour éviter une fuite toujours possible, nous l'avons mis à l'ombre. Une bonne vieille cellule de commissariat, nauséabonde à souhait, parsemée de graffiti évocateurs du genre « Les flics c'est des cons ».

– Surtout je ne veux pas le voir, avait pleurniché Gaston. Il penserait que c'est moi qui l'ai balancé.

J'avais pris l'air le plus jésuite qui soit pour le rassurer :

– Pas question que tu le voies, mais on va être obligés de rédiger le procès-verbal habituel quand nous reviendrons. On n'a rien trouvé chez toi, il faut que le juge le sache. On s'absente une heure avec lui, histoire de perquisitionner sa piaule et on revient te libérer.

Je ne sais pas si Giron a apprécié ma gentillesse mais j'ai cru le sentir délivré d'un poids. Au fond, la sagesse n'est-elle pas de se ranger du côté du plus fort ? Il vaut toujours mieux avoir affaire aux flics qu'aux truands, surtout lorsque ceux-ci ne peuvent apporter que des ennuis. Les flics, même si ce sont des cons, sont toujours au courant de tout. Mieux vaut ne pas les décevoir si on veut conserver son gagne-pain. Si Buisson n'avait pas eu l'idée de téléphoner à sa femme et de prononcer le nom d'Antoinette, il n'en serait pas là, Gaston ! Du moins c'est ce qu'il pense. Coincé, il a choisi de passer aux aveux, minimisant sa responsabilité à l'extrême. Du coup, les flics n'ont parlé que d'un procès-verbal. Pas question de recel de malfaiteur. Encore moins de proxénétisme. Son garde-manger est sauvé. Lydie et ses consœurs peuvent tapiner tranquilles.

Leclerc en est à sa quatrième jérémiade quand, brusquement, une silhouette se détache de la fenêtre de gauche, au rez-de-chaussée de l'hôtel. Elle va, vient, se déplace, disparaît, réapparaît, se stabilise. Je force ma vue. Cette silhouette qui ne tient pas en place ne peut être que celle de Jean-Baptiste. Derrière les vitres sales que fait miroiter le soleil de midi, je la devine plus que je la reconnais. Je ne peux que regretter de ne pas avoir de jumelles à portée de la main. Une lacune dans ma panoplie de flic qu'il faudra combler la prochaine fois.

La silhouette se plante maintenant à l'entrée de l'établissement, un peu en retrait de la porte grande ouverte. C'est bien celle du Nuss. La tête et le buste dans la pénombre, face à la place, les mains sur les hanches, il semble humer le parfum des mimosas de la terrasse. Le voilà enfin, à vingt mètres de moi, dans une attitude insouciante, oublieux de son passé. Sans la distance que j'aurais à parcourir à découvert, je bondirais sur lui comme, trois années plus tôt, j'avais bondi sur son frère, armé d'un Colt et d'une grenade pour se faire sauter avec le flic qui l'arrêterait. Approcher le Nuss sans attirer son attention est une autre histoire. Il me connaît. Je l'ai interpellé à Lyon en 1950, ramené à Paris pour un tête-à-tête avec Émile dont j'espérais, tapi dans le bureau voisin, tirer de précieux renseignements. J'en avais été pour mes frais.

– On devrait changer de coin, dit Leclerc. Une traction avant sur la place, on va finir par se faire repérer.

Déjà les doigts du gardien-chauffeur, heureusement sans képi, griffent la tirette du démarreur. Je stoppe sa manœuvre, la main sur son poignet.

– Pas maintenant. Il est capable de filer par-derrière s'il entend un bruit de moteur. Giron a dit qu'il aimait se balader sur la plage. On attend.

Leclerc soupire. Buisson a disparu de l'encadrement. Les minutes s'écoulent. Il est maintenant douze heures quarante. Le doute commence à m'envahir. Il faut que je trouve le moyen de passer à l'action pour me débarrasser de mon appréhension le plus rapidement possible. Mais comment?

– Ça fait dix minutes qu'on ne le voit plus, marmonne Leclerc, il nous a retapissés, c'est sûr!

Je sens mon estomac se crisper. L'impatience de mon collègue ajoute à mon désarroi. Je me demande si je ne ferais pas mieux de quitter la traction, de me couler dans la bordure de fusains qui sépare la place d'un terrain vague où gît une carcasse de voiture, échouée là on ne sait comment. De là, je pourrais atteindre l'arrière de l'hôtel. C'est le seul moyen d'arriver jusqu'à Buisson sans qu'il fasse un carton sur moi. A moins de patienter encore...

– Sale histoire, dit Leclerc. Ça se goupille mal. Si on demandait du renfort pour encercler le bistrot?

– Pas la peine. Regarde la porte. On dirait qu'il attend quelqu'un.

Une nouvelle fois, en effet, le Nuss est apparu dans l'encadrement, en pleine lumière. Vêtu d'une veste de tweed beige sur un pantalon marron, il expédie vers l'extérieur quelques bouffées de fumée de cigarette, le regard dirigé vers l'entrée de la place. Il tend le cou puis, tranquillement, il pivote sur ses talons. C'est le moment.

J'ouvre doucement la portière, me glisse hors de la voiture, me faufile le long de la haie, à demi courbé. Déjà, je suis à l'angle de l'immeuble, à trois mètres de l'entrée. Je retiens mon souffle. Une voix de femme me parvient, grasseyante, à laquelle, au bout de quelques secondes, une voix assourdie répond des paroles incompréhensibles. Je m'avance un peu plus encore, sous la protection du muret extérieur. Maintenant ce sont des bruits de verre sur le comptoir qui percent le silence. A proximité de la porte, je me redresse d'un coup; je bondis.

D'un brusque écart, je m'abats sur Buisson qui allait se retourner, soudain conscient d'un danger. Je le ceinture, le soulève de terre. Je sens ses muscles se contracter. Il se démène pour échapper à ma prise mais ma griserie décuple mes forces. Il grogne, se débat encore, parvient à dire, haletant, à demi étouffé :

– Mais qu'est-ce qui vous prend?

– Bouge pas, Nuss, dis-je. Tu es fait. Borniche.

Antoinette a assisté à la scène, les yeux ronds, sans broncher. Comme si de rien n'était, elle promène d'un geste automatique un chiffon mouillé sur le zinc du comptoir. Leclerc m'a rejoint. Dans un cliquetis métallique, ses menottes encerclent les poignets de Jean-Baptiste. Je relâche mon étreinte. Le Nuss se retourne, me dévisage.

– Ah, ben ça, alors! Ah, ben ça, alors! répète-t-il avec l'accent de Saône-et-Loire qui lui fait rouler les « r ». Vous ne nous foutrez donc jamais la paix, vous? Qu'est-ce que j'ai encore fait? Si vous continuez à m'emmerder, je me plaindrai à Me Carboni!

– Tu en auras besoin, de Carboni, dis-je tandis que je tâte ses poches sans découvrir d'arme. Parce qu'il va falloir t'expliquer sur le meurtre de Cardeur. Ça fait plus de trois mois que Ferrière voudrait avoir une petite conversation avec toi.

Le Nuss hausse les épaules.

– Qui c'est ça, Cardeur? dit-il. Moi, pas connaître.

Il me lance un regard où percent l'ironie et la méchanceté. Je réalise une fois de plus qu'avec

Jean-Baptiste Buisson, il sera inutile de jouer au chat et à la souris. La souris, ce serait moi. Il ne dira rien sur le meurtre de Russac, pas plus sur l'évasion de Villejuif que sur l'agression de l'Auberge d'Arbois. Je plains Ferrière.

Le moteur ronronne. Malgré les glaces baissées, la chaleur qui règne dans la traction trop longtemps exposée au soleil est insoutenable. Leclerc me rejoint sur la banquette arrière.

– On va où? s'inquiète le Nuss, coincé entre nous. Je suppose qu'on ne rentre pas à Paris tout de suite? Vous allez me descendre en taule directo, hein? Bien que je n'aie rien à me reprocher?

Je ne réponds pas. La Citroën emprunte la Nationale 7 en direction du commissariat d'Antibes. Je dois tenir ma promesse : relâcher Gaston la Peugeot avant que le Nuss puisse s'appesantir à son tour sur le sens du graffiti qu'une main vengeresse a inscrit sur le mur de la cellule du commissariat.

S'il est franc avec lui-même, il en conclura sans doute que les flics ne sont pas si cons que ça.

Ferrière n'a rien pu tirer de Jean-Baptiste Buisson. Malgré une enquête approfondie, malgré des témoignages accablants, il a persisté dans ses dénégations. Il ne connaissait pas bien Cardeur, il ne connaît pas Coret, il ne connaît pas Lechalonny. Bref, il ne connaît personne. Le juge Sacotte, chargé de l'instruction, désespère de pouvoir la clôturer sur des aveux. Surtout quand Buisson lui lâche :

– J'ai rien à vous dire, monsieur le juge, vous

entendez? Je suis in-no-cent. C'est un coup monté par les poulets. Sur quel air faut-il que je vous le chante? Je pourrai vous dire que la même chose dans dix ans!

– Enfin, Buisson! Cardeur, avant de mourir vous a désigné à son amie Madeleine, qui l'a confirmé à la police. Lechalonny n'a pu faire autrement que de raconter ce qui s'est passé le soir de Noël. Antoine, de la rue de Tracy, Bruno de Libourne ont confirmé. Si vous n'aviez rien à vous reprocher, pourquoi vous êtes-vous réfugié pendant trois mois à Juan-les-Pins?

– Parce que je préfère le soleil à l'ombre, monsieur le juge. Et si vous voulez me faire plaisir, dites à tous vos témoins bidon qu'ils aillent se faire enculer.

***

Le 6 octobre 1956, les jurés de la cour d'assises de la Seine condamnent Jean-Baptiste Buisson à la réclusion criminelle à perpétuité. Cinq mois plus tard, le 28 février, son frère Émile est guillotiné.

Le 4 mars 1969, les grâces et les remises de peine successives jouent en faveur du Nuss qui quitte définitivement la prison sanitaire de Liancourt, en libération conditionnelle. Il lui reste sept ans à se tenir tranquille s'il ne veut pas, à nouveau, connaître la rigueur des hauts murs. Il aura purgé plus de quarante années de prison sur une vie qui en comporte quatre-vingts!

En août 1973, à l'occasion de mon passage dans une librairie de Saint-Tropez, j'ai la surprise de voir apparaître le Nuss. Chemisette et pantalon clairs, il a mon livre *Flic Story* à la main, prêt à la dédicace.

– Content de vous retrouver, monsieur Borniche, m'apostrophe-t-il, la main tendue. Je viens vous dire un truc : l'Avocat et la Peugeot c'étaient deux belles salopes! Vous me le signez, le bouquin?

Et pendant que je m'exécute :

– Qu'est-ce que tu fais par ici, Jean-Baptiste?

Un sourire découvre le râtelier de fausses dents :

– Moi, je travaille, inspecteur. C'est peut-être la première fois qu'un ancien cambrioleur travaille, mais c'est comme ça.

– Et que fais-tu à ton âge?

– Gardien de propriétés, à Sainte-Maxime, monsieur Borniche. Presque flic!

ÉMILE, ABEL ET LES AUTRES

Dans le fourgon qui nous entraîne vers le fort de Montrouge, j'essaie de dégager Danos de sa gangue sanglante. Je n'y arrive pas. Trop de morts par lui, pour lui, autour de lui. Pourtant, voir mourir un homme, même si cet homme est un irrécupérable, me donne la chair de poule. Mes tempes battent, l'angoisse m'oppresse. Désignés pour accompagner le condamné jusqu'au lieu de l'exécution, les gardes républicains n'ont cure de mes états d'âme. Ils font leur métier, voilà tout. Le reste ne les intéresse pas. C'est tout juste si je ne les entends pas échanger leurs plaisanteries de caserne. Charles Carboni, lui, est soucieux. La lumière blafarde du plafonnier joue sur ses cheveux très noirs, plaqués par la couche de brillantine. Un pardessus en poil de chameau l'enveloppe. Le cuir de ses chaussures à boucle dorée est assorti à celui de son imposante serviette Hermès. Que contient-elle en cette nuit d'avant-printemps alors que les cahots font baller nos corps et que dehors le macadam luit sous le brouillard suspendu aux réverbères? Espère-t-il, le talentueux et sympathique avocat corse qui s'est aussi lancé dans la défense d'Émile Buisson, qu'une ultime plaidoirie devant le président du tribunal militaire qui nous attend, là-bas, dans la froidure du petit matin, sauvera la tête de son client?

Assis près de lui, menottes aux mains, entraves aux chevilles, Abel Danos semble indifférent. Aucune pâleur, aucun tressaillement. Le sang circule bien sous la peau des joues rosies par le froid. Il a quitté la veste de bure pour revêtir le costume gris qu'il portait le jour de son procès. Un pardessus neuf, aussi, couleur bleu nuit. Deux fois, on l'a condamné à la peine capitale. La première, le 17 mai 1949 : le jugement a été cassé pour vice de forme. La seconde le 20 juin 1951. Depuis neuf mois, il dormait sous la lumière crue du plafonnier grillagé, enchaîné sur sa couche comme tous les assujettis au grand voyage.

Au début, le cliquetis de ses chaînes provoqué de jour comme de nuit par le moindre mouvement le faisait sursauter. Comme l'impressionnait l'ampoule, allumée en permanence dans sa cellule. Il s'y était habitué. Il s'était même familiarisé avec la mort. Il savait que son appartenance à la Gestapo française l'entraînerait inéluctablement vers le poteau auquel Lafont, Bony, Chaves, ses amis de l'Occupation, n'avaient pas échappé un matin de décembre 1944, au lendemain de Noël. Il ne s'était fait aucune illusion sur son sort lorsque la justice civile, pourtant compétente en matière criminelle dans des dossiers aussi importants que celui de l'agression de la rue de la Victoire, s'était dessaisie au profit du tribunal militaire, plus expéditif. Elle voulait aller vite, la justice civile, se débarrasser d'un détenu encombrant, à qui les artifices de procédure auraient inévitablement permis de gagner du temps et, qui sait, de réussir une nouvelle évasion.

Que suis-je venu faire dans ce fourgon aux amortisseurs fatigués?

Lorsque Chenevier m'avait tiré du lit, à une heure du matin, pour m'annoncer que le recours en grâce étant rejeté ma présence à la prison de la Santé s'avérait indispensable, Marlyse avait bondi d'indignation :

– C'est pas à toi d'assister à l'exécution, Roger! C'est son affaire, au Gros...

– Il dit que Danos pourrait faire des révélations de dernière minute sur des truands encore en cavale...

– Qu'il y aille, alors! C'est bien lui qui a fourni aux juges militaires les preuves de la collusion de Danos avec les services spéciaux allemands, non? Tu n'étais pas dans la boîte, à cette époque-là. Pourquoi aujourd'hui il veut échapper à ses responsabilités? Hein, dis-moi pourquoi?

– Pourquoi, pourquoi? Est-ce que je sais, moi, pourquoi?

Ou plutôt, si! De tous les truands du temps de la guerre, Danos est certainement celui qui déclenche une décharge excessive d'adrénaline dans les veines de Chenevier. Son nom ravive en lui une haine soudaine, brutale, ineffaçable. Le souvenir amer d'une grande humiliation après le ratage de l'invraisemblable affaire Garola qui, en 1938, avait défrayé les salles de rédaction et tenu l'opinion publique en alerte.

Le corps de la gérante de la Marquise de Sévigné avait été retrouvé dans le wagon 5001 du rapide 759 du Paris-Vintimille, poignets et chevilles entravés par de fines chaînettes d'acier nickelé. Un tampon d'ouate imbibé de chlorure d'éthyle était maintenu par un mouchoir sur le nez et sur la bouche. En un rien de temps, Chenevier, qui s'était saisi de l'enquête pourtant confiée aux policiers marseillais, accumulait les preuves à l'encontre du seul suspect, le contrôleur du train Veyrac, qu'il faisait écrouer malgré ses protestations. Ébranlé par les affirmations d'une aussi éclatante autorité, le juge d'instruction refusait les demandes de liberté provisoire. Les mois passaient. Veyrac, du fond de sa prison, désespérait de voir un jour la justice reconnaître son innocence.

– J'ai suffisamment d'éléments dans mon chapeau pour l'envoyer à la guillotine, affirmait Chenevier. J'ai ma conscience pour moi. Quand j'expédie des gens en prison, je n'ai pas seulement des certitudes, mais des preuves. C'est sur mes preuves que les tribunaux se prononcent.

Il demeurait imperturbable, souriant, sûr de lui, continuant à poser pour les photographes, distribuant interview sur interview. Jusqu'au jour où le commissaire Massu et l'inspecteur Peyres, ses rivaux du quai des Orfèvres, le déboulonnaient de son piédestal. Les deux coupables, arrêtés, passaient aux aveux. Le malheureux Veyrac avait passé pour rien huit mois de sa vie derrière les barreaux.

Lors des interminables auditions de Buisson, je m'étais penché sur des dossiers qui avaient aussi fait couler beaucoup d'encre pendant la noire période de l'Occupation. Notamment, celui d'un audacieux hold-up, rue de la Victoire à Paris, qui, par une glaciale matinée de février 1941, avait rapporté près de huit millions de francs à ses auteurs. Un encaisseur, Guérin, avait malheureusement été abattu et son collègue du Crédit Industriel et Commercial, grièvement blessé.

Chenevier avait surgi dans mon bureau alors que j'achevais la lecture de l'enquête de la préfecture de police qui avait identifié Buisson, Danos, Rocca-Serra et Chaves comme coupables du forfait.

– Q'est-ce que vous lisez de beau, Borniche?

– Le dossier de la rue de la Victoire, monsieur. Rocca-Serra et Chaves sont morts mais Buisson et Danos sont vivants, eux. Si on pouvait les accrocher dans cette affaire, on ferait un pied de nez à la Préfecture...

Le sang s'était brusquement retiré du visage bouddhique. Sa mémoire avait instantanément projeté Chenevier plusieurs années en arrière. Un goût de fiel avait envahi sa bouche.

– C'est de l'histoire ancienne tout ça! Et je ne vois pas pourquoi vous perdriez votre temps là-dessus. Il n'y a plus de témoins. Ce n'est sûrement pas Buisson et Danos qui viendront vous faire des confidences. Ce qu'ils ont sur le dos leur suffit amplement. Et en ce qui concerne Danos, j'aimerais beaucoup que vous ne parliez pas du camp du Ruchard dans votre rapport final. Cela n'intéresse personne!

Il m'avait quitté en claquant la porte.

***

Ce n'était pas tellement de l'histoire ancienne. Et ça expliquait pourquoi le patron se méfiait de Danos qui lui avait déjà filé une fois entre les doigts. D'une singulière façon.

La guerre d'Espagne a précipité sur les routes du Sud-Ouest un flot d'immigrés soucieux d'échapper aux représailles de la police franquiste. Toulouse, Montauban, Agen, submergées, se sont vues dans l'obligation de les diriger vers des camps plus à même de les accueillir dans l'Agenais, le Périgord ou le Quercy.

Le village de Caylus, sur la départementale 926 qui va de Caussade à Villefranche-du-Rouergue, parque les réfugiés sur un terrain de dix hectares clôturé par une triple rangée de fil de fer barbelé et où s'élèvent, de chaque côté d'une route forestière en lacets, des baraquements de bois. Le plateau à la végétation déficiente, balayé par le vent du midi, prend vite le surnom de « camp des Espagots ».

Déclaré insalubre dans les mois qui suivent, son accès est interdit à la population espagnole que l'autorité préfectorale dirige vers des régions plus clémentes. Les Bataillons d'Afrique, les fameux Bat' d'Af', ramassis de repris de justice soumis à une discipline de fer, en prennent possession lors de la mobilisation générale de septembre 1939. Quatre cents « Joyeux », c'est ainsi qu'on appelle les têtes brûlées, occupent les marabouts abandonnés, alignés de part et d'autre de la route mal entretenue, surveillés par des gardes mobiles et des spahis marocains. Parmi eux, un truand au passé judiciaire déjà éloquent, Abel Danos.

Malgré la surveillance dont ils sont l'objet, les « Joyeux » quittent le camp chaque fois que l'envie leur en prend en utilisant les layons tracés longtemps avant par des chasseurs. Des balades qui ne sont pas sans risque, et qui ont déjà coûté des morts et des blessés, tant chez les Spahis que dans les Bat' d'Af'. Au fil des jours, la situation empire. Certains désertent, d'autres pillent les clapiers des villages environnants, escroquent et volent les habitants avant de regagner le camp où des camarades ont répondu pour eux à l'appel. Les plaintes sont si nombreuses que l'autorité militaire juge bon de transférer les « Joyeux » dans une autre région.

Le camp du Ruchard, à proximité de Tours, sera leur prochaine résidence. Abel Danos, qui n'éprouve aucun goût pour la vie militaire forcée, envisage de se faire réformer. Le processus est simple. Un tuberculeux subira l'examen de dépistage en ses lieu et place. Moyennant une somme de cinq cents francs, il a trouvé le candidat idéal. Il a malheureusement oublié que le juge d'instruction des Sables-d'Olonne réclamait sa présence pour un cambriolage commis dans la région et avait lancé contre lui un mandat d'arrêt. Jusqu'en 1939, Abel a été un « balluchonneur » du dimanche. Il flânait dans les rues des villes ou des villages choisis, repérait au passage les maisons ou les appartements dont les occupants étaient partis en promenade ou à la messe. Ce n'était qu'un jeu pour lui de fracturer portes ou fenêtres, de s'introduire dans la place et de rafler argent, bijoux et linge qu'il enfouissait dans un drap formant balluchon. Coiffé d'une casquette d'employé du gaz, il jouait parfois les releveurs de compteurs, repérait la disposition des lieux où il revenait en force, souvent en compagnie de ses amis, les frères Émile et Jean-Baptiste Buisson.

Le lieutenant-colonel commandant le camp du Ruchard est un homme avisé. Il ne manque pas de signaler à la Sûreté nationale la présence de quelques caïds dans une des sections dont il a la responsabilité. Le commissaire principal Belin charge alors Chenevier d'appréhender Danos et de lui notifier le mandat du juge vendéen.

– Prenez contact avec l'état-major afin d'éviter des frictions entre les ministères de la Guerre et de l'Intérieur, lui recommande-t-il. Et surtout vous demanderez au chef de corps de vous faire amener Danos à son bureau. Ce sera plus facile pour en prendre livraison.

Chenevier est au Ruchard. Lorsque le sergent et cinq hommes de troupe investissent la chambrée de Danos, des « Joyeux-tire-au-flanc » se prélassent sur leurs matelas de crin.

– Qu'est-ce que tu lui veux, à Abel? demande l'un d'eux au masque de Chéri-Bibi. Il est à l'infirmerie, Abel, si tu veux savoir.

– Moi rien, dit le sergent, peu rassuré. C'est la police qui veut le voir. Ils sont quatre à l'attendre...

– Alors, tu vas leur dire qu'ils aillent se faire cuire un œuf, tes poulets. Il est malade, Abel. On le réforme. Pas le moment d'aller l'emmerder.

Piteux, le sergent quitte la chambre. Que va penser le colonel s'il ne remplit pas la mission dont on l'a chargé? L'infirmerie n'est pas si loin. Assis sur une banquette, en treillis, les chaussures délacées aux pieds, Danos attend de comparaître devant le capitaine-médecin chargé de présenter le dossier au Conseil. L'officine est située de l'autre côté d'un couloir à double sortie. Le caporal-infirmier a enregistré les renseignements d'état-civil indispensables, puis les antécédents médicaux et enfin rempli la feuille du livret matricule que le médecin n'aura plus qu'à signer après son diagnostic. Danos sait que le toubib se contente de procéder aux radiographies et à l'examen du consultant sans se préoccuper de sa physionomie. C'est donc dans le couloir qu'aura lieu la substitution du vrai et au faux malade.

– Faut que vous nous suiviez chez le colonel, dit le sergent d'une voix blanche. On vous demande.

Surpris, Danos fronce le sourcil, se lève sans répondre, cherche dans le tréfonds de son cerveau ce qui peut motiver pareille démarche. Son plan de réforme aurait-il été éventé?

Le sergent ouvre la marche. Encadré par les hommes de troupe, Danos suit. C'est en arrivant devant la prison régimentaire, à deux pas de l'entrée du camp, sur l'allée centrale transformée en bourbier par la pluie incessante, qu'il réalise que des civils sont là, à attendre, près d'une limousine noire. Son flair de truand n'a aucune peine à déceler la profession des inconnus : des flics.

Chenevier, lui, jubile. L'acier des menottes brille au bout de son bras. Tout à l'attention qu'il porte à sa proie, il ne prend pas garde aux hommes de corvée que l'arrestation paraît intéresser et qui l'entourent, balais, pelles et râteaux à la main. Ce n'est pas tous les jours qu'il y a de l'imprévu, au camp! L'un d'entre eux, hilare, s'est même assis sur un tonneau vide qu'il a roulé dans la boue jusqu'à la voiture. Un autre a posé le pied droit sur une bassine retournée, le poing sous le menton, dans l'attitude du penseur de Rodin.

Abel a compris. Une de ses affaires a dû remonter à la surface. Il en a tellement fait depuis qu'il a débuté sa carrière de voyou, cédant à ses violentes et irrésistibles impulsions. Son père, un honorable employé de banque, s'en arrachait les cheveux. Un moment, il avait espéré qu'Abel, épris de sport cycliste, réussirait dans le professionalisme que dominaient des champions comme Pélissier, Leducq, Antonin Magne. Il était doué, Abel. Doté d'une force herculéenne de surcroît, et d'une facilité de récupération étonnante, il participait à des compétitions d'amateur dont il sortait fréquemment vainqueur. Lors d'un puissant démarrage, il avait même un jour brisé un pédalier. Hélas, le rêve paternel était parti en fumée. Abel écume la région dijonnaise et subit sa première condamnation. En prison, il rencontre des gens de son âge, Joseph Rocca-Serra, Émile Buisson, incorrigibles récidivistes. En leur compagnie, il suivra la route criminelle que le destin lui a tracée.

Danos tend ses poignets. Dans un bruit sec, les menottes se referment.

– En route, dit Chenevier.

Tête basse, Abel s'apprête à monter dans la voiture dont un policier au nez rond et rouge comme une tomate a ouvert la portière arrière. Un « Joyeux » s'approche, tend un paquet :

– Dis donc, Abel ! Tu nous quittes sans prendre ta brosse à dents et ton slip !

Danos, d'un brutal mouvement d'épaules,

déséquilibre l'obligeant camarade qui entraîne le policier dans sa chute. Malgré le handicap de chaussures sans lacets et malgré ses mains enchaînées, Danos fend la foule de « Joyeux » rassemblés devant la prison, tente de gagner le sous-bois. Deux inspecteurs s'élancent à sa suite, mais une bassine et un tonneau lancés avec force et précision coupent net leur élan. Un coup de pelle sur le crâne de l'un le met K.O. pour quelques secondes. L'autre préfère s'abriter sous un pilier du château d'eau.

Seul Chenevier a réussi à se frayer un passage parmi les hommes. Pistolet au poing, il s'engage sur les talons du fuyard dont l'avance a diminué.

– Si tu ne t'arrêtes pas, je tire! crie-t-il.

Abel ne stoppe pas sa course pour autant.

– Je compte jusqu'à trois! hurle Chenevier toujours courant. Un, deux...

Il n'a pas le temps de terminer. Deux manches à balai savamment lancés entre ses jambes, une marmite à frites qui atterrit sur son épaule, jugulent définitivement sa progression. Il s'affale dans la boue, les bras en croix, face contre terre. Quand il se relève et rejoint penaud la voiture sous les quolibets, son feutre et son arme ont disparu dans la bagarre. Danos aussi.

Il peut courir tranquille, Abel. Un « Joyeux » prévoyant, profitant de l'absence du chauffeur de l'équipe, s'est assuré de l'immobilité du véhicule des flics. Son poinçon a fait rendre l'âme aux pneus des quatre roues. Comble de raffinement – ou de sadisme – il n'a même pas oublié la roue de secours.

La nuit est tombée quand je referme la chemise. Pendant plus d'une heure, je me suis penché sur la cavale d'Abel Danos. La bouche cotonneuse d'avoir trop fumé, je me dis que les railleries des « Joyeux » du Ruchard doivent souvent résonner aux oreilles de mon honorable Gros. Des oreilles qui ont dû aussi siffler plus d'une fois ces derniers jours, alors que j'essayais de tirer au clair l'emploi du temps de Buisson avant son évasion de la prison de Troyes.

Dépassées la bande à Bonnot et l'affaire de la Société Générale! Le 29 décembre 1937, en compagnie de malfaiteurs chevronnés, monsieur Émile braque trois encaisseurs du Crédit Lyonnais et rafle sans casse un joli magot [1]. L'affaire fait d'autant plus de bruit qu'elle a été préparée à la perfection. Pourtant, les confidences d'un indic mettent le commissaire Belin sur la piste de Buisson qui, capturé à Lille, est écroué à la prison de Troyes. Il n'y séjourne pas longtemps!

En ce jour de juin 1940, Émile est sur le qui-vive dans la cellule de la maison d'arrêt où il a rejoint ses complices Desgrandchamps, Blanchard, Schlik, Pauly et Berthoin.

Son moral est au plus bas. Depuis son incarcération, il « pique le dix », dix pas en avant, quart de tour, dix pas en long, quart de tour, dix pas en large, quart de tour, etc. L'instruction traîne. Le mutisme collectif des inculpés a depuis longtemps découragé le magistrat instructeur. Les Allemands, qui ont déclenché leur offensive sur les

1. Voir *Flic Story*, Fayard. *Gendarmes et Voleurs*, Presses de la Cité.

Pays-Bas, la Belgique et le nord de la France, déferlent vers Abbeville, remontent vers le nord, encerclent les armées française et anglaise qui refluent vers Dunkerque. Leurs blindés culbutent les troupes que le général Weygand, un successeur de Gamelin jugé responsable de la défaite, a placées sur la Meuse. La bataille de France est déjà perdue.

Émile est aux aguets. Le bruit court que les nazis ne prisent pas les repris de justice qu'ils fusillent sans autre forme de procès, au fur et à mesure de leur marche sur Paris. Jean-Baptiste, son aîné, qui totalise vingt-huit condamnations représentant cent soixante-quinze années de prison, ne peut plus rien pour lui. La cour d'assises de Grenoble l'a expédié jusqu'à la fin de ses jours derrière les hauts murs de la centrale de Riom. Le serment qu'avaient fait les deux frères de faciliter l'évasion de celui d'entre eux qui serait emprisonné tombe à l'eau. Émile ne peut compter que sur lui.

Depuis six heures, la vieille maison d'arrêt retentit de bruits inhabituels. Vincent, le surveillant-distributeur d'eau de café, affiche un air mystérieux.

– Qu'est-ce qui se passe? s'inquiète Émile, tandis que la louche remplit son quart en aluminium.

– Les Boches arrivent, on évacue.

L'œil de Buisson s'illumine.

– Où ça?

– On sait pas. On attend l'ordre de la Préfecture. Les mobilots aussi, parce que des rigolos comme vous, on peut pas les laisser tout seuls dans la nature...

Le judas se referme dans un claquement sec. Émile, pensif, reprend sa morne déambulation. Dix pas en avant, quart de tour, dix pas en long... Évacuation, mais comment? Par le train? Par la route? A pied? Le chemin de fer et les fourgons cellulaires, il ne faut pas y compter. L'armée en a trop besoin pour transporter ses guerriers. Dans les deux sens, d'ailleurs, car les dernières nouvelles du front sont alarmantes. Soldats et officiers tournent les talons devant l'envahisseur. Les routes sont noires d'une population qui fuit vers le sud sous le soleil de plomb. Des routes encombrées de carrioles, d'enfants, de femmes, de vieillards pliant sous le poids d'objets familiers qu'ils tentent de sauver. Les routes de l'Exode. Les routes de la débâcle. Pour Émile, les routes de l'espoir.

A dix heures, la sonnerie de la cloche de la prison, répétée et prolongée comme un tocsin, annonce le rassemblement. Dans un bruit de ferraille, les portes des cellules se déverrouillent. Détenus et personnel de surveillance au grand complet s'immobilisent dans la cour centrale, devant un gardien-chef dont l'œil, sous la casquette à étoile et double liséré d'argent, enveloppe la population carcérale soudain curieusement silencieuse.

– La Préfecture a donné l'ordre de quitter nos locaux, clame-t-il d'une voix forte. Vous êtes quatre-vingts détenus dont onze femmes. Elles resteront ici. Un renfort de vingt gardes mobiles m'avait été promis, on ne m'en annonce que sept. Aussi, je fais appel à votre sens de la discipline pour ne pas tenter de fuir. Je donnerai l'ordre de tirer à vue et sans sommation sur ceux qui essaieraient de filer. Les douze paires de fers que j'ai à ma disposition serviront à enchaîner l'un à l'autre les récidivistes. Deux jours de vivres par personne vont vous êtres distribués. Regagnez vos cellules. Rassemblement général dans dix minutes.

Dans un brouhaha de voix, les détenus s'égaillent dans les divisions. Au passage, Émile interpelle Desgrandchamps :

– Tu tâcheras de te coller à moi, murmure-t-il. L'emmerdant c'est qu'ils vont sans doute nous filer les chaînes aux pieds...

– Pas possible, on pourrait pas marcher, souffle Paturons, ainsi surnommé en raison de la démesure de ses pieds. La balade tombe à pic, j'ai une lime dont j'avais pas pu me servir jusqu'à présent. Je l'emporte avec ma brosse à dents.

– La fouille?

– La fouille! Avec le trouillomètre à zéro qu'ils ont en ce moment, les gaffes ont autre chose à penser qu'à nous zieuter les miches!

Alors que l'horloge monumentale de l'établissement indique onze heures vingt, les portes de la prison s'ouvrent. Le convoi s'ébranle lentement. Buisson et Desgrandchamps sont liés par les poignets l'un à l'autre. Ervy, sur la route de Saint-Florentin, a été choisi comme terme de la première étape. Trente-cinq kilomètres à parcourir au sein d'une horde de soldats en déroute et de civils terrorisés.

– T'as pas oublié la lime, au moins? questionne Buisson, les lèvres en coin dès que le garde mobile casqué et armé d'un mousqueton qui marchait à leur côté s'est éloigné.

– J'ai même glissé un pied de châlit dans la jambe de mon pantalon. Celui qui m'emmerde, je l'assomme. Seulement, la ficelle me rentre dans la peau.

Chaleur et poussière entravent la lente progression. L'horaire préconisé par le surveillant-chef est loin d'être respecté. De pitoyables traîne-la-patte ont des difficultés à garder leur place dans le chapelet qui s'étire en accordéon.

Soudain, alors que la tête de la caravane atteint le village de Breuilly, des vrombissements se font entendre, sourds puis stridents. Des stukas surgissent en rase-mottes, lâchent leurs bombes au passage avant de reprendre de la hauteur dans un sifflement assourdissant. Des cris s'élèvent dans l'air surchauffé. Des femmes hurlent, tentent de gagner l'abri hypothétique des fossés, de se glisser sous les véhicules arrêtés en bord de route.

Les bombardiers ont à peine disparu dans la profondeur du ciel bleu qu'une nouvelle vague surgit. Des chasseurs Messerschmitt, cette fois, qui déclenchent le staccato rageur de leurs mitrailleuses. La panique est générale. Les premiers, les gardes mobiles ont fui, abandonnant à leur sort les prisonniers dont ils avaient la charge. Plus un seul casque à l'horizon.

Lorsque, l'alerte terminée, le surveillant-chef, émergeant d'un abri provisoire, rééquilibre sa casquette, il ne peut que constater les dégâts. Sur les douze paires de prisonniers enchaînés, il n'en reste que quatre, et encore, parce que deux d'entre eux ont été sévèrement touchés.

Malgré leurs fers, Émile Buisson et Charles Desgrandchamps se sont volatilisés dans la nature champenoise.

Émile n'aura pas été long à retrouver son vieux copain Abel Danos pour monter, en 1941, une affaire encore plus juteuse que l'agression de Troyes. Mais quand, dans le calme de mon bureau, j'avais évoqué la tuerie, son visage s'était fermé ; le regard était devenu dur.

– Si c'est pour ça que vous m'avez fait venir aujourd'hui, on ne va plus être copains, monsieur Borniche.

– Tu ne vas pas me dire que tu n'étais pas dans le coup du Crédit Industriel et Commercial, quand même ! Tout le Milieu était au courant... Le commissaire Chenevier, qui a repris l'enquête après la Préfecture de police, m'en a encore parlé hier soir. Il a établi ta participation à l'agression avec tes amis Abel Danos, Joseph Rocca-Serra dit Jean la Mitraille et Jean-Michel Chaves, qu'on surnomme Nez de Braise à cause de la couleur de son nez.

Buisson ôte *Le Figaro* de ses genoux, le lance sur la table, hausse les épaules.

– Chenevier est bien gentil, dit-il d'un ton où perce l'ironie, mais il me voit partout ! Même où je ne suis pas et où il n'est pas. A Lille, quand j'ai été piqué pour l'affaire de Troyes, il est allé raconter aux journalistes qu'il m'avait mis les menottes. C'est son patron Belin qui me les avait passées. Quand j'ai été arrêté par les Allemands dans le train de Vierzon et transféré à Orléans sous le nom de Charles Métadieu, il s'est encore fait mousser en prétendant m'avoir piqué. Quand vous m'avez sauté à la Mère Odue, avec votre femme, il était où Chenevier ? Pas avec vous, en tout cas. Ça ne l'a pas empêché de tenir une conférence de presse et de claironner qu'il m'arrêtait pour la troisième fois! Alors vous savez, tout ce qu'il peut venir dire, Chenevier...

– N'empêche que dans l'agression de la Victoire il t'accuse d'avoir tiré sur l'encaisseur. Il en est sûr.

Le masque, jusqu'alors impassible, vire à la colère.

– Sûr de quoi? Qu'il m'amène des témoins si je suis coupable. Depuis le temps, il l'aurait déjà fait, d'ailleurs...

– Ne plaisantons pas, Émile. L'encaisseur est mort des suites de ses blessures, tu le sais...

– C'est pour ça que l'affaire ne tient pas, conclut Buisson sarcastique.

Le visage a vite retrouvé sa candeur. Je suis étonné du sang-froid du personnage. Pourtant, avant de décéder, l'encaisseur a parfaitement décrit son agresseur : petit, brun, grands yeux noirs, qui roulait les « r ». Exactement le signalement de Buisson dont l'accent est caractéristique.

– C'est pour ça, en effet, que l'affaire ne tient pas, Émile, dis-je. A l'époque, tu as nié ta participation à ce coup. Mais c'est aussi pour ne pas être inculpé que ton ami Danos, arrêté peu après pour usage de faux papiers, a préféré s'évader de l'infirmerie de Fresnes et s'est empressé de signer un engagement chez Henri Lafont, le patron de la Gestapo française grâce à son ami Nez de Braise qui l'avait fait s'échapper. Protégé par la police allemande, il pouvait ainsi se moquer de la justice de son pays!

– Une bien belle évasion, entre nous, soupire Buisson qui ne pense qu'à la belle. Il a dû en faire, une gueule, le père Chenevier!

***

A dix kilomètres au sud de Paris Notre-Dame, la prison de Fresnes dresse le granit de ses bâtiments au milieu d'un parterre de jardins potagers.

Un drôle d'univers, Fresnes, tombeau des espérances des voyous, sur le territoire d'une banlieue au souvenir de campagne.

A deux cents mètres des locaux de détention, le long de la voie qu'un humoriste a baptisée avenue de la Liberté, le blockhaus de l'infirmerie centrale est percé de deux portes : l'une, monumentale, pour le passage des fourgons, l'autre, plus modeste, réservée au personnel et aux visiteurs.

Les détenus, tout le monde le sait, ont besoin du secours moral de leurs proches. On a donc transformé en parloir une pièce du pavillon de médecine. Entre deux cloisons grillagées, le surveillant de service se meut, l'œil soupçonneux et l'oreille attentive aux conversations criées de part et d'autre, tandis que les doigts se crispent sur le grillage.

Depuis six jours qu'il occupe une chambre dans le nez du bâtiment de l'infirmerie, face à l'impassible muraille, Abel Danos ressasse ses chances de réussite. Cela fait un bout de temps que l'idée de sauter le mur lui trotte dans la tête. Chaque prison a son point faible, le tout est de le trouver.

Dès son arrivée à Fresnes, il a eu droit à la considération due à son rang. Les journalistes ont vanté son appartenance au monde mystérieux du Milieu, étalé à profusion sa participation au hold-up de la rue de la Victoire et à la mort du malheureux employé. Abel n'a pas perdu son temps. Rapidement il a repéré que les rondes de nuit s'effectuaient avec une régularité de métronome. Il a comparé ce rythme avec le tintement de la grosse horloge dont les quarts, les demies et les heures s'égrènent au-dessus de la prison endormie.

Dans le dos de la Bible dont il ne se sépare jamais, il dissimule une lame de scie en acier suédois que Nez de Braise lui a fait parvenir dans une semelle d'espadrille, entre deux couches de gomme. Le préposé au contrôle l'a laissé passer. On ne découpe pas des pantoufles comme des rondelles de saucisson. D'un naturel méfiant, le maton les a pourtant pliées, à défaut de les passer à l'appareil à rayons malencontreusement tombé en panne, mais la mince lame a suivi le mouvement, discrète, invisible.

Souvent, Danos a pensé s'évader de l'infirmerie. Il y est venu plusieurs fois, pour des bricoles : un mauvais rhume, une intoxication alimentaire due à des conserves douteuses. C'est au cours d'un de ces séjours que le déclic s'est produit.

De la cellule qu'il partageait avec un jeune escroc, il dominait l'enclos et, au loin, la terre labourée où les surveillants taquinent le tubercule, le soir, après le service.

– T'as vu ces cons, disait le jeunot, ils ont planté un mélèze dans la cour.

Abel regardait le sombre conifère, droit, haut, dont la cime dépassait le mur d'enceinte, rêvant quelques minutes aux exploits de monte-en-l'air de sa jeunesse, avant de conclure qu'un bond de vingt mètres était impossible à réaliser, même lorsque l'on a, comme lui, l'habitude des rattrapages in extremis, tout au bord des gouttières.

– Et alors, il te dérange ce mélèze? avait-il demandé avec son inimitable accent bourguignon.

– Ma foi, non! Mais je trouve qu'un mélèze dans une taule, ça fait con!

Bavardages de prisonniers qui s'ennuient, mais paroles lourdes de conséquences. Puisque le mélèze ne peut servir de tremplin, Abel l'utilisera autrement. Comme point de repère, par exemple, pour qu'on lui lance une corde par-dessus le mur, dans l'axe de l'arbre...

Embryonnaire au début, puis confuse, l'idée germe. Peu à peu, tout s'emboîte et Danos est de plus en plus certain de son coup : il se fera transférer à l'infirmerie, sciera un barreau, descendra dans la cour jusqu'au mélèze, attendra le filin libérateur.

Oui, il suffira que Nez de Braise s'enfonce dans les jardins potagers. Il suffira qu'il jette de l'autre côté de la muraille un objet lourd, une pierre, une clé anglaise, auquel serait attachée une ficelle reliée à une corde à nœuds. En tirant dessus, Abel fera franchir le mur au cordage. Cela ne posera aucun problème. Le tout est de se faire hospitaliser.

Il s'est tout d'un coup souvenu qu'un légionnaire, las de subir les brimades journalières d'un adjudant, s'était enfoncé un clou rouillé dans la main. Justement, Abel en a repéré un au cours de la promenade, dans l'aire réservée aux fortes têtes. Dès le lendemain, il a commencé par élargir la ronde. Puis, il a frôlé le mur. A chaque passage, ses doigts serrés comme des pinces ont agrippé le clou, l'ont trituré au point qu'au bout de trois semaines, il a fini par l'arracher.

Danos, le soir même, a expédié son bol de bouillon malodorant. Il s'est allongé sur le lit. Auparavant, comme le règlement l'exige, il a déposé ses vêtements de jour devant la porte. Dans la faible lumière de la lampe bleutée, il attend la ronde de vingt heures.

Puis il agit.

Las, la pointe du clou, trop émoussée, ne s'enfonce pas dans la main! Abel essaie le bras. En vain. L'épaisseur de la rouille a rendu le clou rugueux. Il pense à la scie. Il sort la lame de la reliure, soulève sa chemise.

Du pouce et de l'index de la main gauche, il pince le muscle interne de sa cuisse, en fait une boursouflure qu'il ouvre d'un coup sec. La plaie bâille, le sang coule.

Abel juge de l'effet produit, donne un nouveau coup de scie. Serrant les dents, il introduit le clou rouillé dans l'ouverture sanglante. Son index pousse la tête écrasée si profondément dans les chairs qu'un rictus étire ses traits. Lorsqu'elle a disparu, Danos comprime la cuisse à l'aide de deux chaussettes nouées, puis il remet furtivement la lame dans sa Bible.

Les jours passent. Le phlegmon tarde. Il faut hâter l'infection.

« Une injection de térébenthine, il y a que ça pour provoquer un abcès artificiel », a-t-il pensé.

Le yoyo, l'indispensable ficelle à laquelle les prisonniers attachent des messages et qu'il laissent pendre ou font tournoyer à travers les barreaux pour atteindre les fenêtres latérales, lui a apporté un flacon d'échantillon de parfum, rempli de térébenthine. Un détenu affecté aux travaux de peinture s'est montré compréhensif.

Danos surveille l'évolution de l'abcès comme, de l'autre côté du mur, les jardiniers regardent pousser leurs tomates. Il a retiré le clou avant la visite médicale. La fièvre ne cesse de monter.

Le voici enfin hospitalisé. On lui a remis une tenue rayée bleu et blanc dès son admission. On l'a conduit dans une chambre-cellule du premier étage, dans l'aile droite du bâtiment.

Le médecin-chef, un petit gros à calotte blanche, n'a pas été dupe.

– Dis donc, tu ne te foutrais pas de ma fiole, par hasard ?

Ce disant, il a tranché l'abcès d'un coup de bistouri, fait les points de suture. Et il a conclu, plus familier :

– Huit jours de convalo. Mais, la prochaine fois, pense au tétanos...

Danos n'a pas bronché. Intérieurement, il a remercié le toubib. Une semaine d'infirmerie, c'est plus qu'il n'en faut.

Le troisième jour, il a pu se rendre au parloir. Entre deux allées et venues du maton, il a donné ses instructions à sa femme :

– Quand tu sors d'ici, à droite, tu suis le mur jusqu'à l'angle. Tu tombes dans les terres labourées. Tu fais encore quarante mètres. En t'écartant, tu dois voir le mélèze.

Et, comme le gardien s'approche :

– Je suis content que les petits aillent bien. Embrasse-les pour moi. Dis-leur que je serai bientôt dehors.

Le gardien s'éloigne en ricanant. Abel poursuit :

– Tu n'as pas à te tromper, c'est le seul arbre dans le coin. Si Michel me balance une corde plombée à deux heures du matin, juste dans l'axe, ça peut être bon...

– Compris, dit sa femme. Comment tu sauras l'heure?

– L'horloge.

Cette nuit, c'est l'angoisse. On a collé deux autres malades dans sa cellule. Abel a été obligé de les mettre au courant. Eux aussi, des lourdes peines, sont d'accord pour s'évader.

Entre deux rondes, une fois de plus il a attaqué le barreau du milieu. La scie a mordu l'acier au ras du béton. Il suffira de pousser le barreau vers l'extérieur.

A huit heures du soir, la cellule s'éclaire. Enfoui sous ses couvertures, Danos feint de dormir. Le pas du gardien décroît dans le couloir. Selon l'immuable régularité des rondes, la chambre s'illumine à dix heures, puis à minuit. Abel sent l'œil du maton collé au judas. L'œilleton retombe avec un léger bruit métallique.

Toujours prudent, Danos retient son souffle, attend quelques secondes. Quand il est rassuré, il repousse du pied sa couverture, se lève, sort la lame de scie, abaisse le vasistas. Il a pris soin, entre chaque opération, de calfeutrer l'entaille avec de la mie de pain noircie. Le bout de la lame fait sauter ce curieux enduit puis attaque à nouveau le barreau. Des gouttes de sueur perlent à son front. Les dents mordent le métal, le traversent enfin. Un peu hébété, Danos contemple son œuvre, colmate la fente avec la mie de pain, se recouche. Les deux autres le regardent, médusés.

L'horloge égrène les quarts, les demies. Deux heures du matin. Nouvelle vérification. Le frôlement des chaussons sur le plancher s'éloigne, ponctué d'arrêts devant les portes du couloir.

Abel quitte sa couche. Il déchire ses draps par le milieu, les torsade, les noue l'un à l'autre, puis colle son oreille au panneau de la porte. L'infirmerie sommeille. Il bande ses muscles pour écarter le barreau. Les veines de son front saillent. L'ouverture est à peine suffisante pour sa corpulence. Il faut faire un essai. Il enjambe l'appui de la lucarne, glisse sa tête vers l'extérieur. Les épaules passent tout juste. Moment de panique. Il rentre son buste avec difficulté, reprend son souffle, fixe à un barreau le bout d'un des draps qu'il a liés entre eux, lance l'autre extrémité dans le vide. Une seconde fois, il enjambe le rebord, s'assure de la solidité des liens, passe la tête et le buste. Il se laisse enfin glisser. La descente, rapide, lui brûle les paumes. Les deux autres l'ont suivi.

Danos s'est laissé tomber, au jugé, dans le noir. Il longe l'infirmerie, rampe sous les arbustes qui la bordent, s'écorche les mains et les genoux. Il jure à voix basse. En face du mélèze, il s'élance. Son cœur bat la breloque. Si la sentinelle du mirador aperçoit le sillon blanc des draps accrochés à la fenêtre, c'est foutu. Il ferme les yeux. C'est cela ou la prison à vie.

Dans le noir, il attend. Puis, il lui vient l'idée de signaler sa présence. Le caillou qu'il jette pardessus le mur retombe de l'autre côté avec un bruit mat qui l'effraie. Il se terre, imité par ses compagnons de cavale.

Des nuages courent sur la lune. Le ciel, couleur d'encre, s'étend à l'infini, lugubre. Abel lutte contre le découragement. Il n'en est pourtant pas à sa première évasion!

Soudain, un choc dans la terre meuble, presque à ses pieds. Il se ressaisit. Un Colt! L'arme aurait pu l'assommer dans sa chute. Il ramasse le pistolet, attaché à une ficelle, la tire avec précaution. Il ne faut surtout pas que les aspérités du mur l'effilent ou la coupent. Le fil se tend, se fait de plus en plus lourd. Abel, gonflé d'espoir, tire toujours, doucement, en silence. Une corde à nœuds apparaît qui touche le sol. D'une traction, il évalue sa résistance. Elle semble solidement maintenue. Revigoré, il s'élance, s'aidant de ses mains plus que de ses pieds.

Abel a atteint le faîte de la muraille. Ses yeux se sont habitués à l'obscurité. Dans le champ, en dessous de lui, Nez de Braise lui fait des signes. Abel tâtonne maintenant sur la surface râpeuse, le canon du Colt entre les dents, la corde serrée dans la main gauche. Ses mains saignent, ses genoux sont à vif. Il va falloir descendre. Heureusement, sur la paroi interne, le second détenu, en cours d'escalade, fait contrepoids. Le troisième, par contre, joue de malchance. Le froid qui l'a saisi lui donne envie d'éternuer. Il se contient, le poing dans la bouche mais plus il se retient, plus le nez le chatouille. Le bruit qu'il tente d'assourdir dans le creux de son coude suffit néanmoins à alerter la sentinelle.

Trois détonations crèvent le silence, cependant que le rayon d'une lampe-torche éclaire le faîte du mur. Le crâne de Danos a à peine disparu qu'une quatrième balle ricoche sur le ciment. Quand le cinquième coup de feu retentit, le câble se détend, tout d'un coup. Abel chute lourdement. Atteint d'un projectile au bras, son compagnon d'évasion qui faisait contrepoids a basculé côté prison alors même que ses doigts agrippaient le sommet du mur.

Quant à l'imprudent éternueur, il gît au pied du chemin de ronde, dans une mare de sang.

Trois heures plus tard, Abel Danos, confortablement allongé dans le lit que Nez de Braise a mis à sa disposition, dort du sommeil des justes.

***

Le fourgon du condamné à mort a coupé le boulevard Jourdan. Je m'en suis rendu compte au roulement des camions laitiers qui dès les premières lueurs de l'aube viennent ravitailler Paris. Je connais d'autant plus l'endroit qui sépare la capitale de Montrouge que j'y ai passé des nuits à y guetter, sans succès, l'apparition de Pierre Carrot et de sa bande, les spécialistes de cambriolages dans la banlieue sud.

La nuit s'éternise. Malgré la montée douce d'une nouvelle journée de mars vers un ciel de printemps qui sera froid mais bleu, l'obscurité demeure installée dans le panier à salade. La lumière du plafonnier rend livides les visages de ses occupants. Dans moins d'une demi-heure, tout sera consommé. Les fossoyeurs jetteront le corps de Danos dans un cercueil aux planches disjointes, semblable à une caisse à œufs. Moi, je repartirai vers la vie, sans saluer personne, honteux, dans ce vendredi qui précède la cueillette des premières jonquilles.

Un ordre est un ordre. J'ai été obligé de m'y soumettre, malgré la répulsion que m'inspire la mort, cet épouvantail désuet embusqué dans le Code, que les magistrats sortent de temps à autre de sa poussière. Ils ne sont pas les seuls. Les jurés, que les médias ont plus ou moins influencés, sont là pour les aider. En 1939, l'exécution de Weidmann, à Versailles, a été la dernière en place publique au sein de l'hystérie collective. La mort par salve doit mieux faire passer la barbarie de la chose. Mais les révélations de dernière minute, je n'y crois pas. Depuis mon réveil, je me suis préparé tant bien que mal à me planter, spectateur muet et pâle d'horreur, à courte distance du poteau d'exécution. J'ai tenté de me fabriquer la conviction que tout allait être juste. Je me suis répété cent fois que Danos, comme Buisson qui attend son châtiment dans sa cellule d'isolement de la Santé, a été plusieurs fois assassin. Un tueur auquel la Gestapo s'adressait lorsqu'elle avait besoin d'exécutants chevronnés, et qui avait inventé le coup du camion pour appâter et trucider les maquisards.

Son initiative avait été payante.

Les hommes de la clandestinité cherchaient par tous les moyens à se procurer de l'essence, au besoin en attaquant les convois allemands lorsqu'ils en avaient la possibilité.

– Laisse-moi faire, avait dit Abel à Henri Lafont. Quand ils auront goûté à ce que je leur réserve, ils ne recommenceront plus.

– Quoi donc ?

– Laisse-moi faire, je te dis. Tu verras que les chleus eux aussi seront contents.

Danos avait fait entasser sur le plateau d'un énorme camion trente fûts de deux cents litres portant les inscriptions B.P. et Azur. Le poids lourd, convoyé par deux hommes en tout et pour tout, avait pris la route de Tulle. Les maquisards s'étaient précipités sur l'aubaine, mais, jaillissant des fûts vides, Abel et ses hommes, Rocca-Serra en tête, les avaient mitraillés à bout portant. Aucun résistant n'avait échappé à la tuerie. L'exploit de Danos lui avait permis d'endosser l'uniforme allemand avec le grade de lieutenant. Pour lui, la guerre prenait un nouvel aspect. Les Alliés, les Juifs, les réfractaires, les maquisards, tous les ennemis du IIIe Reich étaient devenus ses propres ennemis. Il fallait les éliminer. Comme il avait éliminé l'officier britannique parachuté dans l'Orne, sous les ordres d'Adrien le Basque, un des premiers truands entrés au service de Lafont.

La traction avant file sur la route d'Alençon. Tout en la conduisant d'une main experte, le Basque évoque à ses sbires les recommandations du Patron :

– Je ne sais pas pourquoi il lui en veut à ce point, mais il ne faut pas le rater. Henri a cravaté un copain du type que nous allons cueillir et il lui a mis le marché en main : le lieu et la date du parachutage sinon sa mère, sa femme et ses trois enfants seraient passés à la baignoire. Quand Abel a arraché les ongles de la femme, le garagiste a parlé... Tiens, on arrive.

Adrien désigne un pavillon composé d'un seul rez-de-chaussée dont les volets sont clos comme s'il était abandonné, explique :

– C'est là-dedans que ça va se passer. Le côté donnant sur la route est protégé par le muret surmonté d'une grille. Les trois autres sont bordés de buis. On peut traverser la haie facilement. La porte d'entrée se trouve derrière le pavillon. Abel, tu as le passe. Le type pénètre dans la bicoque pour enlever sa tenue de lieutenant britannique et endosser des vêtements civils. Quand il entrera, Abel sera déjà dans la planque. Faudra pas le manquer sinon il y aurait du grabuge. Il tire bien, selon Henri. Moi et Nez de Braise, on se planque dans le taillis à droite. Avec nos mitraillettes on aura les deux portes en enfilade.

Les trois hommes gagnent un hôtel cossu réquisitionné par l'armée allemande, exhibent leurs cartes et s'installent confortablement. Dans sa chambre, Adrien confie à Abel Danos un Luger et une torche électrique.

– Il vaut mieux que tu en aies deux, dit-il. Des fois que le premier s'enraye... Cette nuit, c'est la nouvelle lune et il fera nuit noire entre minuit et deux heures. Faudra agir à ce moment-là.

Vers minuit, après un confortable dîner, la voiture reprend le chemin de la villa. Le Basque la dissimule dans un hangar voisin.

– Si par hasard c'est toi qui sors, recommande-t-il à Abel, allume la torche, qu'on ne te flingue pas...

Dès qu'il pénètre dans le pavillon, Danos tire la porte sur lui en prenant soin de donner le même nombre de tours de clé que celui dont il a usé pour ouvrir : deux au verrou du haut, un en bas.

A l'aide de sa torche, il inspecte les lieux. Devant lui, un couloir aboutit à l'entrée principale. A sa droite, deux portes ouvrent sur deux pièces contiguës dont une chambre. A sa gauche, une cuisine à laquelle fait suite une pièce qui doit servir de salle à manger. Seule, la chambre paraît propre, mais une odeur de moisissure le prend à la gorge.

Il s'installe dans la cuisine, dont la porte ouverte lui permet d'observer en sécurité celle par où le visiteur doit pénétrer.

L'obscurité et le silence l'enveloppent. Il retient son envie de fumer. Une heure et demie. Deux heures. Trois heures dix. Quatre heures moins le quart. « Qu'est-ce qu'il fout, nom de Dieu? pense-t-il. Son parachute n'a pas dû s'ouvrir. Sera pas content, Henri, si je lui ramène pas son ami. Dans un quart d'heure, s'il n'est pas là, je me tire. »

Il en est là de ses réflexions lorsqu'il perçoit un bruissement de feuilles agitées par la brise. Un autre son aussi infime, métallique cette fois, l'avertit que l'on touche la serrure. Déjà, il a le doigt sur la détente.

La porte s'ouvre, se referme rapidement. L'arrivant se retourne pour donner un tour de clé à la serrure. C'est sa perte.

Le faisceau lumineux de la torche que Danos tend au bout de son bras gauche décalque une silhouette élancée sur le gris de la porte. Deux, trois, quatre coups de feu claquent, atteignant l'inconnu dans le dos, les reins et le cou. Il vacille, tombe à genoux. Abel vide son chargeur. Trois autres coups de feu retentissent. L'homme s'écroule.

Méfiant, Danos éteint sa torche, s'écarte d'un bond, la rallume vivement. Il s'approche du corps immobile puis, constatant que l'homme ne bouge plus, tourne le commutateur qui donne à la pièce un éclairage blafard.

Rassuré, Danos fouille la valise que le mort portait lorsqu'il est entré, inspecte les vêtements et les chaussures, dépouille le cadavre de son uniforme. Après quelques secondes de réflexion, il pénètre dans la chambre d'où il ressort porteur d'une grosse valise dans laquelle il entasse les dépouilles de sa victime. A cinq heures moins vingt, le front ruisselant de sueur, une valise dans chaque main, il réapparaît enfin à l'air libre.

Le jour se lève. Nez de Braise vient à la rencontre de son ami, le soulage d'une valise, l'accompagne jusqu'à leur voiture.

A cette heure, la circulation est nulle. Adrien appuie sur le champignon, espérant atteindre rapidement Paris.

– Ça ne t'a pas semblé trop long? demande le Basque.

Les yeux à demi fermés, Abel répond :

– Au moment où je voulais me casser, le piaf s'est radiné.

Adrien secoue la tête :

– Pour être franc, avoue-t-il, je te dirai que je ne l'ai pas vu arriver. Il faisait trop noir. On a entendu les coups de feu mais on n'a pas pu entrer, t'avais refermé la porte. Elle est vachement lourde la valise.

Nez de Braise se retourne vers Adrien, le visage éclairé d'un large sourire :

– Forcément! En plus de ses affaires, Abel a piqué un paquet de billets. De quoi nous saouler la gueule au champagne tous les soirs, avec nos nanas, jusqu'à la fin du monde!

A dix heures, la traction stoppe devant le 93, rue Lauriston à Paris. Sous les yeux de son bras droit, l'ex-inspecteur Bonny, Henri Lafont ouvre une des valises, examine avec ironie l'uniforme de la victime, tend une liasse de billets aux trois hommes, une lueur de satisfaction dans le regard :

– Il y en a au moins pour un million, dit-il. Ça couvrira toujours vos frais de déplacements. Le reste, je le garde. Maintenant, il va falloir dépouiller et classer toutes les paperasses qui sont là-dedans, et une fois que ce sera fait il y aura du sport !

Il se tait, soudain songeur. Adrien questionne avec déférence :

– Quelque chose ne va pas, Henri ? T'as l'air tout drôle...

Lafont fait un large geste de la main :

– Non, non, ça va, je suis content. Je me demande seulement si c'est bien mon type que vous avez descendu... Il ne faudrait pas qu'un autre parachutiste se soit substitué à lui. J'aurais été plus tranquille si j'avais eu l'occasion de voir sa sale gueule devant moi.

Sans mot dire, Danos s'empare de la seconde valise, la pose sur le bureau du patron, en soulève le couvercle.

– Pleure plus, Henri, dit-il en souriant. J'ai pensé à toi : le voilà, ton cigare !

Posée sur un coussin de plumes, lui-même calé par des vêtements et des chaussures, la tête livide du malheureux parachutiste, les yeux grands ouverts, les narines pincées et la bouche déformée par un rictus, se trouve là.

Abel l'avait détachée du tronc à grands coups de couteau de cuisine.

Ses innombrables méfaits au cours de l'Occupation ont rapporté à Adrien le Basque une fortune considérable qu'il a prudemment transformée en diamants. Assez intelligent pour comprendre, au début de 1944, que la Gestapo de la rue Lauriston vivait ses derniers mois, il décide de s'expatrier sans prévenir quiconque de son projet.

Son coiffeur de la rue de l'Échiquier le présente à un docteur en médecine dont le cabinet se trouve rue Caumartin, à deux pas des magasins du Printemps. Au cours d'une première entrevue, le prix du passage est débattu. Lors de la seconde, Adrien règle sa dette. Peu après, il convertit en devises et lingots d'or l'argent qui lui reste.

Le voyage sera long, il le sait. Le docteur doit lui remettre passeport et visas nécessaires au franchissement des frontières espagnole et portugaise d'où il s'embarquera pour l'Amérique du Sud. Un troisième rendez-vous lui est fixé. Chez Ruc, à la gare Saint-Lazare. Il patiente.

Quelques jours plus tard, porteur d'une fortune contenue dans une lourde valise et répartie dans une ceinture à poches plaquées sur son abdomen, Adrien est pris en main par un passeur. Dans le plus grand secret, il se rend à l'hôtel particulier du médecin, rue Lesueur, dans le seizième arrondissement.

Au signal convenu, la porte s'ouvre. Adrien, soulagé, n'a pas un seul regard en arrière. Il ignore encore que son cadavre va venir grossir le charnier qui se trouve déjà à l'intérieur de l'hôtel.

Le médecin n'était autre que le sinistre docteur Petiot [1].

A quoi pense Danos pendant que notre tape-cul dévale l'avenue Aristide-Briand en direction du fort de Montrouge? A sa jeune et jolie femme qu'il a connue du temps où, par fanfaronnade, il s'exhibait dans les restaurants et les boîtes de nuit de la capitale en uniforme d'officier allemand? Aux deux enfants qu'elle lui a donnés et qu'il adore? A son père qui a mis fin à ses jours en se pendant, le 29 décembre 1948, se considérant déshonoré par les crimes de son fils?

A moins que se superposent dans sa mémoire les visages de ceux qui l'ont précédé dans la tombe, Lafont, Bony, Chaves, fusillés pour intelligence avec l'ennemi le 26 décembre 1944.

C'est à Saint-Étienne, place du Peuple, qu'il avait fait la connaissance de Chaves, un personnage haut en couleur du milieu stéphanois. Émile Buisson l'avait adressé à lui, peu de temps avant l'affaire de la rue de la Victoire.

– Tu sais, Abel, lui avait confié Émile, j'ai partagé quelques mois le gourbi d'un battant à la Centrale de Melun. Un pays à moi qui est en cheville avec les Fridolins. Il passe comme il veut la ligne de démarcation. On l'appelle Nez de Braise. Tu vas aller le voir pour lui expliquer le topo.

1. Le fameux docteur Petiot a tué soixante-trois personnes au 21, rue Lesueur, entre 1941 et 1944. Il découpait les cadavres et enterrait les débris ou les disséminait dans la nature. Soupçonné de Résistance, il est arrêté par la Gestapo en mai 1943 et relâché huit mois après sur l'intervention d'un de ses amis de la rue Lauriston. Au printemps 1944, le commissaire Massu découvre le pot aux roses. Petiot disparaît. Il sera arrêté le 31 octobre 1944 et exécuté le 25 mai 1948.

Danos avait été impressionné par le nez épaté, aux narines larges et velues, planté dans le visage écarlate aux pommettes luisantes et couperosées de l'ami de Buisson. Un nez rubescent qui, selon les jours, passait de l'écarlate au vermillon avec, sur les ailes, des reflets violet cardinal. Il avait surtout été frappé par la facilité d'ingurgitation de son propriétaire attablé devant six pots de Fleurie qu'il vidait, les uns après les autres, avec des rots de satisfaction.

Nez de Braise avait tendu sa main d'étrangleur :

– Si t'es l'ami d'Émile, ça me suffit. Il ne s'entoure que de gars au poil, Émile. Avec lui, on est toujours sûr d'en toucher une belle. Comment que c'est ton blaze?

– Abel.

– Bon, eh bien Abel, on va commencer par s'en jeter un pour sceller notre amitié. Après, on discutera de l'opération. Parce que l'affaire, Emile m'en avait déjà touché deux mots. Moi, je fournis la Quinze Citroën, avec l'ausweiss allemand. Numéro bidon, bien sûr. Si j'ai bien compris, les types transportent le pognon dans une voiturette, style planteur de Caïffa. On arrive, on les braque et on colle le triporteur dans la malle arrière. Du cousu main! C'est bien ça?

Danos avait approuvé. Chaves s'était essuyé les lèvres d'un revers de main, et avait ajouté :

– Puisque t'es en cavale, je peux te faire entrer chez Henri. Un mec bien, Lafont, tu verras.

A cette époque, la Gestapo opérait en France à l'aveuglette. Le plus souvent, sur dénonciations. Henri Chamberlain dit Lafont avait eu l'idée de seconder les Allemands en créant une Gestapo française. Il lui fallait pour cela des hommes de main. Ancien truand, il réalisa vite que ses auxiliaires les plus fidèles seraient d'anciens complices qui avaient fait leurs preuves dans le banditisme. Accompagné d'un officier allemand, il débarqua au palais de justice et ordonna aux juges d'instruction d'ouvrir les cellules de Fresnes et de la Santé où moisissaient ses amis. Les magistrats s'inclinèrent. Dans le monde des prisons, Monsieur Henri fit rapidement figure de héros. Et parce que les hommes qu'il a libérés se sentaient désormais liés l'un à l'autre, dans le profit comme dans le danger, tels le pilote et le mitrailleur d'un avion, l'équipe de la rue Lauriston devint la « Carlingue ».

– Je verrai, dit Danos. Les chleus, moi...

– T'es comme Mimile, alors! Un conseil, Abel, ne dis jamais fontaine je ne boirai pas de ton eau. En attendant, goûte-moi donc ce nectar de Beaujolais...

***

Mon regard revient à Danos. Derrière le masque impénétrable, le passé doit défiler. En accéléré puisque l'échéance est proche. Il n'en reste plus guère de ses amis de l'Occupation. En Corse, des compatriotes qui convoitaient sa récente fortune ont abattu Rocca-Serra. Loutrel, le Pierrot le Fou numéro un qu'il avait connu rue Lauriston, est mort en 1946, des suites d'une blessure qu'il s'était involontairement infligée au cours d'une agression. Raymond Naudy, avec lequel il avait fui la France et s'était associé pour perpétrer plusieurs meurtres et agressions en Italie, a lui aussi trouvé la mort en 1948, à Menton, lors de leur débarquement clandestin. Les rangs de la grande truanderie se sont singulièrement éclaircis. Jo Attia, Georges Boucheseiche, Émile Buisson, ses anciens complices, attendent eux aussi le châtiment.

Au cours d'un rapide entretien, lorsque j'avais évoqué sa désertion du camp du Ruchard et sa libération de la prison de Dijon quelques mois plus tard, lors de l'avance allemande, le flegme de Danos m'avait surpris :

– Une défaite est toujours pleine de bénédictions, inspecteur, m'avait-il rétorqué.

La bénédiction du Ciel ne lui avait profité que peu de temps. Il avait néanmoins pleinement profité de son appartenance à la Carlingue qui lui assurait fortune et impunité. Les saisies d'or, de lingots, de bijoux, fruits de perquisitions chez les malheureux Juifs qu'il livrait ensuite aux Allemands, l'avaient mis à l'abri du besoin. A Clichy, il avait fait l'acquisition d'un bar, où la bande se réunissait. Il avait aménagé un superbe appartement avenue Charles-Floquet, où se pressaient trafiquants du marché noir, femmes du monde et du demi-monde, marchands de tableaux et de mobilier d'art, gens de théâtre et de cinéma, médecins, banquiers et truands. Parmi eux, Nez de Braise, bien sûr, et le fidèle Rocca-Serra, surnommé Jean la Mitraille en raison de sa rapidité à ouvrir le feu, au parabellum ou à la mitraillette.

C'est à la maison de force de Poissy que Danos avait fait la connaissance de Joseph Rocca-Serra qui y purgeait une peine de cinq années de réclusion. Admis dans le même gourbi, affectés à l'atelier des brosses réservé aux fortes têtes, les deux hommes avaient vite sympathisé. Ils avaient connu les rigueurs du quartier cellulaire, au sous-sol du bâtiment central où les prévôts, ces détenus passés au service de la chiourme, leur souhaitaient la « bienvenue ».

Un escalier de ciment, aux marches hautes et étroites, faisait communiquer le prétoire situé au rez-de-chaussée de l'établissement avec le sous-sol. Le prisonnier que le directeur et ses assesseurs venaient de punir était entraîné vers la porte du sombre escalier, puis happé par deux aides-prévôts tapis derrière le panneau qui le précipitaient, sans ménagement, au bas des marches. La chute était douloureuse. Deux autres aides-prévôts chargés de le recevoir au bas des marches, au cri de « Bienvenue », le rouaient de coups avant de le jeter, évanoui le plus souvent, dans le cachot dit « mitard ».

Les souffrances endurées par les deux hommes à la centrale de Poissy, dont la devise était « On entre ici lion, on en ressort mouton », avaient resserré leur amitié. Elle ne s'était jamais relâchée.

C'est en souvenir de cette amitié que Danos, chargé du recrutement d'auxiliaires bénévoles à Marseille, Toulon et Nice, en profita pour identifier et abattre les assassins de son ancien ami. Pour se mettre à l'abri, ils avaient cru bon de poser leur candidature à la désormais puissante Gestapo française de la rue Lauriston, ignorant qu'Abel la représentait.

Tout à l'heure, lorsque nous sommes venus le chercher au quartier de la mort, Danos, le visage serein, s'est levé comme s'il allait boire un coup au café d'en face. Il a simplement prononcé : « Ça y est ? C'est l'heure ? Bon, allons-y. »

J'essaie de me mettre à la place d'un condamné à mort. J'ai les fers aux pieds, et j'espère. J'espère que lors de mon rendez-vous avec la Dame en Noir, je ne serai pas veule, hagard, tremblant. Mon imagination déborde. Me voici tiré brusquement de mon rêve au petit matin blême. Je m'étais endormi tard. Un condamné à mort s'endort toujours tard. Ou tôt, si l'on préfère. Quand arrive l'heure de l'exécution, il dort profondément. La lumière qui inonde la cellule rend plus sinistres encore les visages des magistrats et des gardiens qui m'entourent. On m'enlève les chaînes. Depuis mon incarcération, mon costume de ville reposait dans le vestiaire du greffe. Je l'enfile. Mon col de chemise est intact puisque le peloton remplace la guillotine. L'apparat militaire est, paraît-il, plus propre que la cérémonie barbare du lourd couperet d'acier. Tout est silence. J'abandonne le tabouret où d'autres condamnés se sont assis devant moi. Je jette un dernier regard aux murs gris qui ont reçu tant de graffiti, puis au lit où j'ai tant de fois tenté de récupérer mes nuits d'angoisse. Un ultime coup d'œil à la porte que je franchis, frontière du non-retour. Le père Devoyod, l'aumônier de la prison, m'a confessé. J'ai communié. Et c'est le départ après que l'on m'a proposé d'écrire ma dernière lettre à celle ou ceux que je ne reverrai plus. Je décline l'offre de verre de rhum. L'alcool me donne des haut-le-cœur.

Un coup de frein brutal me ramène à la réalité. C'est sans doute ainsi que s'est passé le réveil de Danos. Nous pénétrons dans l'enceinte du fort.

Les dernières minutes. Alors que le fourgon bringuebale, que le gros garde républicain bâille, protégeant de sa carrure le guichet grillagé de la porte arrière, la voix de Me Carboni rompt le silence.

– Nous arrivons, Abel. Pourquoi vous n'avez pas écrit à votre femme ?

– Parce qu'elle apprendra bien assez tôt que j'ai été fusillé, maître.

L'avocat sort de sa serviette un bloc de papier quadrillé, un stylo en or de sa veste, le décapuchonne, les tend au condamné.

– Faites-moi plaisir, Abel. Il nous reste deux minutes. Mettez-lui un mot, ordonne-t-il d'une voix à la fois sévère et suppliante.

Danos hausse les épaules, pose le bloc sur ses genoux. Ses mains triturent un instant le stylo. Il se décide.

De l'emplacement où je suis, assis sur la banquette, face à lui, entre deux gardes qui suivent la scène d'un air morne, je ne puis voir grand-chose si ce n'est que Danos, dont les mains sont menottées, a quelque difficulté pour transcrire sa pensée. Je crois deviner, à sa façon d'écrire d'énormes lettres, la formule « Ma chère Hélène. Je... »

C'est tout. Du moins, c'est tout ce que j'entrevois. C'est aussi ce que Me Carboni a dû constater avant que Danos lui rende stylo et bloc dont il arrache le feuillet qu'il froisse entre ses mains liées et projette devant lui. La boulette tombe à mes pieds, roule sous la banquette. Je ne la ramasse pas. Je le regretterai plus tard.

– Eh bien Abel ? s'étonne l'avocat. Vous n'écrivez pas ?

Et Danos d'agiter négativement la tête.

– Non, Maître. Avec les cahots du fourgon, elle croirait que j'ai tremblé devant la mort.

Au pied de la muraille, le poteau est planté dans un îlot de sciure de bois, en face d'un peloton de douze soldats commandés par un lieutenant. Les juges militaires sont là, battant la semelle dans l'aube fraîche. Au loin, on entend le roulement des voitures.

– Si vous avez des révélations à faire, dit le président, c'est le moment, Danos. Pour libérer votre conscience.

– Aucune, monsieur.

Je me suis figé, loin derrière le commissaire du gouvernement, le juge d'instruction, son greffier et le docteur Paul. La réponse d'Abel m'est parvenue, assourdie. On lui a enlevé les menottes, les chaînes. D'un pas ferme il se dirige vers le poteau, se retourne lorsqu'il arrive à destination. Il fait face. Un sergent s'empare de ses poignets, les ramène sans égards derrière le dos, les lie au montant. Mon regard se cristallise sur cet homme qui ignore la défaillance. Je n'en mène pas large.

Un sous-officier présente un bandeau. Danos décline la proposition de la tête.

– Inutile. La mort se voit en face.

Le militaire s'écarte. La voix du lieutenant résonne :

– A mon commandement... En joue...

L'instant fatidique! Dans une seconde, Danos tombera, foudroyé. Sa figure si calme, si indifférente avant la salve, va se transformer en masque de supplicié, dans la grimace d'une douleur infligée au dixième de seconde. Le coup de grâce fera de sa cervelle un gros flocon d'ouate rose sur le sommet de son crâne.

Ce n'est pas la voix de l'officier qui s'élève, c'est la sienne, puissante, autoritaire, dans cette forme grandiloquente à laquelle la circonstance donne une force insoutenable :

– Stop !

Surprise.

Le commissaire du gouvernement, les yeux ronds, fait baisser les armes, s'avance vers le condamné. Les paroles de Chenevier sur des révélations éventuelles me reviennent.

– Vous avez quelque chose à dire ? questionne le magistrat.

– Oui monsieur, répond Danos avec une tranquille assurance. Le pardessus que je porte est neuf. Enlevez-le-moi, il pourra servir à un malheureux.

Los Angeles, 17 mai 1992

TABLE

Imprimé en France par la Société Nouvelle Firmin Didot
Dépot légal : août 1992
N° d'édition : 6048 - N° d'impression : 21256